비판적 4·3 연구

비판적 4·3 연구

2023년 3월 27일 초판 1쇄 발행

엮은이 고성만 **펴낸이** 김영훈 **편집장** 김지희 **디자인** 김영훈 **편집부** 이은아, 부건영, 강은미
펴낸곳 한그루 **출판등록** 제651-2008-000003호 **주소** 제주특별자치도 제주시 복지로1길 21
전화 064-723-7580 **전송** 064-753-7580 **전자우편** onetreebook@daum.net **누리방** onetreebook.com

ISBN 979-11-6867-089-1 (03300)

값 15,000원

이 책의 본문은 친환경 재생용지를 사용했습니다.

이재승

문경수

김동현

김민환

김종곤

이지치 노리코

고성만

비판적 4·3 연구

고성만 엮음

한그루

비판적 4·3 연구를
열어가며

『제주 4·3 연구』[1]는 정치사, 군사사, 사건사 중심의 기존 정통사학에서 탈피하여 의학, 법학 등 각계의 4·3 연구가 결집했던 최초의 융복합 연구서이다. 4·3에 대한 다면적, 다층적 접근을 통해 개개의 사실과 해석이 상호 연관 속에서 '전체사'를 추구하는 방식으로 기획됐는데, 수록된 11편의 연구논문 가운데서도 후학들에게는 특히 다음의 논의가 인상적이다.

사건 이후 50년간 도민들이 겪었던 치욕과 분노, 좌절과 체념, 그리고 가슴속 응어리진 피해의식 등 '4·3이 제주도민과 공동체에 끼친 영향'에 대한 연구는 본래 사회학자나 문화인류학자들이 맡아야 할 주제라 할 것이다. 그러나 아직 이에 대해 본격적으로 논의되거나 연구된 바는 없다. 이는 무엇보다도 '4·3' 그 자체에 대한 진상규명이 제대로 이뤄지지 않았기 때문이다. 역사 연구도 미진하고 개별적인 사례조사조차 충분하지 못한 탓에 '4·3 이후'에 대한 연구는 좀 더 기다려야 할 것 같다.[2]

그러나 '4·3 이후 50년'을 맞는 시기에 진단된 "4·3 이후" 연구의 불/가능성에 관한 예측은 머지않아 수정되어야 했다. 상황이 급변했기 때문이다. 2000년 1월 제주4·3특별법이 제정되고 공적 영역에서 과거청산 프로그램이 본격화되면서 각 분야에서 "'4·3' 그 자체에 대한 진상규명"이 활발히 전개되고, "역사 연구"나 "개별적인 사례조사"의 성과도 속속 발표되기 시작했다.[3] 윗글의 전망대로라면 "'4·3' 그 자체"를 넘어 "4·3 이후"에 대한 연구 환경이 비로소 조성된 셈이다.

한편 이러한 지적은 "'4·3' 그 자체"와 "4·3 이후"를 구획지어 각각을 별개의 세계로 배치하도록 빌미를 제공한다. 4·3과 4·3 이후, 4·3 그 자체와 4·3이 끼친 영향, 사실(史實)을 발굴·고증하고 의미를 분석·탐구하는 일이 분담되는 현상은 '4·3 이후 50년' 이후 20여 년간 두드러지게 나타났다. 그 과정에서 "'4·3' 그 자체"의 범주를 묻는 질문은 생략됐고,[4] "'4·3' 그 자체"로 합의된 시공간 속에 "4·3이 끼친 영향"은 고려되지 못해 왔다.

"4·3 이후"에 대한 고찰이 병행되지 않는 "'4·3' 그 자체"에 관한 연구는 가능한 것일까? 마찬가지로 "4·3 이후"를 탐구하는 작업에서 "'4·3' 그 자체"로 규정된 지식을 넘어서기 위한 시도 역시 부족했다. 어쩌면 이 두 영역은 상보적이며 선후 관계를 규정짓기 어려운, 맞거울(opposite mirrors) 같은 것은 아닐까?

"4·3이 제주도민과 공동체에 끼친 영향"에 대한 연구가 쉽지 않은 이유에 대해 혹자는 사건 자체가 8년 가까이 지속됐고 또 '진압' 이후 70년 이상 경과했다는 점을 꼽는다. 사건의 여파와 후유증이 두세 세대를 거치면서 이미 우리의 생활 깊숙한 곳까지 침투해 버린 까닭에 가려내기 어려운 측면이 있다는 것이다. 그러나 그 분별하기 어려움은 그때그때의 변화들에 둔감했음을 자인하는 것으로, 경계를 정당화하는 감각에서 비롯되는 것은 아닐까.

4·3특별법 체제하에서도 상황은 다르지 않아 보인다. 공적 해결 과정에서 획득한 유무형의 성과를 사회화하지 못한 채 유리관 속에 가두어 놓고, 모든 해결의 단위를 '희생자'로 한정해 온 결과, 혐오와 배제의 감정 체계가 4·3의 상흔 위에서 새로운 싹을 틔우게 됐다. 신자유주의적 세계화와 신냉전적 질서 속에 빚어지는 갈등

과 충돌의 한복판에서 주민들의 자기결정권이 위협받을 때마다 4·3의 경험과 기억이 소환되지만, 4·3 연구가 유리관 밖으로 나와 현실의 문제에 응답하기를 요청하는 연대의 목소리에 무응답한 지 이미 오래다.

따라서 작은 실천으로서, "'4·3' 그 자체"와 "4·3 이후" 사이의 벽을 허물고, 경험과 기억, 유산을 현대세계의 다종다양한 사회 문제와 접합시키기 위한 질문을 던질 때다. 이를 위해 4·3을 단순히 밝혀지거나 정리, 청산되는 피동적인 대상이 아닌, 현재를 이해하고 미래를 예측하기 위한 창이자 경험례로서, 또한 현대사회의 부조리, 그리고 미래의 과제와 연결고리를 만들어 긴장 관계를 형성할 수 있는 매개로 인식해야 하지 않을까.

"'4·3' 그 자체"가 그러하듯 "4·3이 끼친 영향"에도 탈/식민의 과제와 탈/냉전의 과제가 착종되어 나타난다. 근현대사를 관통하는 아시아·태평양지역의 장기적 냉전 현상에 대한 입체적인 시야가 4·3 연구에 필요한 것은 그 때문이다.

4·3특별법 체제에서 절충과 합의를 통해 "'4·3' 그 자체"가 규명되어 온 과정과 성과, 의미에 대한 분석 또한 중요하다. 2000년 이후 제도권 영역에서 '희생자/유족'이나 '유적지', '평화', '화해'와 같은

용어가 새로운 정치적, 사회적, 문화적 의미를 획득하고, 본래의 개념이나 기능과 동떨어진 의미 지형을 구축해 가는 상황을 동시적으로 분석하는 일 역시 소홀히 해서는 안 될 작업이다.[5] 이 책의 필자들이 지적하는 것처럼, '대한민국 재외공관'이나 '제주4·3공원', '트라우마센터'와 같은 공간은 과거청산의 이념이 전파되고 특정한 '모델'이 구축, 재생산되는 곳일 뿐 아니라 다양한 해석과 의미의 각축장이 된 지 오래다.

'완전한 해결'을 견인하는 문법만으로 다종다양한 주체들의 각기 다른 사회적 처지와 다층적 기억에 접근하기 어려운 상황 속에서, '4·3 이후 50년' 이후 20여 년이 지난 제주는 새로운 전환기를 맞고 있다. 『순이삼촌』[6]의 배경인 북촌리에서 동네잔치처럼 펼쳐지던 한밤중의 제사 풍경도 세대와 의식이 바뀌면서 마을과 떨어진 도회지나 해외에서 조상신을 맞아야 하는 경우가 많아졌다. 제례 공동체의 민족별, 국적별 분포 역시 다양해졌다. 하귀마을의 '영모원'은 한국사 교과서에 소개되고 대통령도 다녀가면서 '화해와 상생'의 터로 성역화하려는 욕망에 더욱 노출되게 됐다.

'진압' 이후의 인구 구조와 현상, 가족/친족의 변화에 관한 최신 연구가 발표된 지 20년이 훌쩍 넘었다.[7] 후체험 세대로의 기억 계승의 중요성을 강조하면서 새롭게 의미 부여됐던 '개방 세대'에 관한 연구 역시 2000년대 초반에 진행된 것이고, 그 이후의 세대는 어떻게 명명해야 할지도 공백으로 남아 있다.[8] 묶음 처리된 목소리, 결락된 질문들을 찾고, 현실 참여를 요청하는 호소에 4·3 연구의 응답이 더 이상 지체되어서는 안 될 것이다. '어둠에서 빛으로'로 표현되는 단선적 발전 도식에서 의식적으로 이탈하려는 질문들이 더욱 필요하게 됐다.

이 책『비판적 4·3 연구』는, 집단적 학술운동으로는 최초의 시도였던『제주 4·3 연구』의 시대 정신과 책무 의식을 계승하면서도, '완전한 해결'로 환유되는 현실과의 불화(不和)를 꾀하고, 비판적 시각과 목소리를 확보하기 위한 시도로서 기획됐다.『제주 4·3 연구』가 닦아 놓은 토대 위에 서 있기는 하나, 동시에 그것의 경계와 한계를 의식하며, 구조와 체계를 문제시하고 사각(死角)을 찾아냄으로써 '역사의 도도한 흐름'에 마냥 휩쓸리지 않도록 반작용을 도모하고자 한다.

막연한 고민과 구상을 실천의 단계로 이행하는 데에는 필자로 참여해 주신 김동현, 김민환, 김종곤, 문경수, 이재승, 이지치 노리코 선생님의 격려와 협조가 큰 힘이 되었다. 알량한 자존심과 능력 부족으로 변변찮은 고료조차 마련하지 못하는 상황을 너그러이 이해해 주셨을 뿐 아니라, 논문이 학계 바깥의 더 많은 독자와 만나

연구의 다양성과 전문성이 모색되어야 한다는 데 뜻을 함께해 주셨다. 밑돌을 놓아 주신 선생님들께 감사의 인사를 전한다.

한그루의 김영훈 대표님과 김지희 편집장님 역시 과감한 결정을 해주셨다. 논문의 새로운 쓰임에 공감하며 흔쾌히 제작을 맡아 주신 두 분께 동지애를 전한다. 제주를 거점으로 단단히 뿌리 뻗어가는 한그루의 장기 기획에 『비판적 4·3 연구』가 조금이나마 보탬이 된다면 큰 영광이다.

2023년 3월, 엮은이

비판적 4·3 연구

제주4·3사건,
민족자결권과 저항권

이재승

건국대학교 법학전문대학원 교수

이 장은 필자의 「제주4·3항쟁론과 자결권」(『일감법학』 49, 2021, 323-368쪽)을 가필, 수정한 것이다.

제주4·3사건,
민족자결권과 저항권

1. 4·3항쟁론에 대한 법적 검토

제주4·3특별법 제2조는 해방 공간의 제주도에서 발생한 저항과 그 후 민간인의 대량살상을 '제주4·3사건'으로 모호하게 개념화한다. 제주4·3사건에 대한 정명(正名) 작업은 희생자들에 대한 역사적인 애도에 선행하는 규범적 평가활동이다. 한국현대사에서 보수적인 연구자들은 제주4·3사건을 남로당의 무장반란이나 공산폭동으로 규정하고 집단희생을 진압작전의 불가피한 또는 부수적인 사정으로 취급하였다. 해외연구자 존 메릴도 특별한 이데올로기적 평가 없이 제주도의 저항적인 민란 전통에 기대어 4·3사건을 '제주도 반란'으로 불렀다. 80년대 이후의 연구들은 4·3봉기와 선거 거부를 민중항쟁이나 통일운동으로 강조하거나 집단학살을 제노사이드나 인도에 반하는 죄로 규정함으로써 대항적 시각을 제공해왔다.

이 글의 목표는 군정기에 발생한 4·3항쟁을 포함해 전국 각지의 민중항쟁을 조명할 규범적 얼개를 사고하려는 것이다. 태평양미 육군사령부 총사령관 맥아더는 포고 제1호(1945년 9월 7일)로 한국민에게 "주민은 본관 또는 본관의 권한 하에 발포한 명령에 즉각 복종할 것. 점령군에 대하여 반항행위를 하거나 질서보안을 교란하는 행위를 하는 자는 용서 없이 엄벌에 처함"을 단호히 선포하였다. 사령관의 엄명에 따라 한국민이 점령군의 명령과 지시에 무조건적으로 복종해야 하는지는 의문이다. 이러한 의문을 품고 미군정의 법령 및 정책이 국제점령법(국제인도법)과 민족자결권의 원칙에 부합하는지를 살펴볼 것이다. 법적인 것의 본질이 관계의 대칭성에 있다고 할 때 점령국과 점령지 주민 사이에도 대칭성은 존재해야 한다. 관계의 대칭성이 파괴되었을 때 이를 회복시키는 법 과정은 필수적이다. 이러한 법 과정이 부재할 때 법적 관계를 회복하려는 대칭성의 의지가 아래로부터 작동한다. 이 글은 점령이 한갓 권력사실이 아닌 법적 현상이라는 통찰에서 출발한다. 우선 점령 체제를 탈신비화하기 위해서는 널리 퍼져 있는 입장들, 즉 점령을 무력한 민족의 기구한 운명으로 자조하는 태도, 외국 군대의 점령을 사갈시하는 반식민주의, 미군정 3년을 축복으로 여기는 반공주의, '소련군은 해방군이고 미군은 점령군'이라는 편향적 시선 등을 경계해야 한다.

한국민에게 해방 공간은 롤즈의 용어로 말하면 '원초적 상황(original position)'이다. 원초적 상황은 누구든지 또는 어떠한 정치세력이든지 사회의 설계과정에 동등한 주체로서 참여할 수 있어야 한다는 사회계약적 상황을 가리킨다. 이는 해방 공간에서 한국민이 자결권이라는 집단적 권리를 자율적으로 행사해야 한다는 것을 의미한다. 그러나 점령국들은 한반도에서 체제의 형성을 한국민의 자율에 맡겨두지 않았다. 만일 한반도에서 시행된 점령군의 정책이 점령목적, 국제점령법, 유엔헌장의 자결권과 신탁에 부합했다면 점령군에 맞선 주민의 폭력적 저항을 군정법령에 따라 단죄하는 것은 합당하다. 이와 반대로 그러한 점령정책이 점령 목적과 국제법원칙을 전반적으로 침해하였다면 주민의 불복종과 항거를 저항권의 행사로 옹호해야 한다.

해방 공간에서 자결권을 침해한 점령국들에게 책임을 추궁할 수단이 당시에 존재했는지가 우선 문제이다. 점령정책을 통제할 사법장치로 말하자면 점령지의 통상재판소, 점령군의 군사재판소, 점령국 본토의 대법원, 나아가 국제사법재판소 등을 상정해볼 수 있다. 앞의 두 유형의 재판소는 점령정책의 집행기구이지 점령 당국에 대한 통제장치가 아니다. 미국 대법원도 전통적으로 외국에서 발생한 미군의 불법행위에 대해 미국 수정헌법(인권조항)의 적용을 배제해왔기 때문에 통제기구로 보기 어렵다. 제2차 세계대전 중에도 여전히 적색공포에 사로잡힌 미국 정치판에서 의회에게 점령정책을 통제할 역량을 기대할 수도 없었다. 국제사법재판소도 1970년대 이후 비로소 외세의 점령을 통제하는 논리로서 자결권을 주목하였다. 그러므로 당시에 미군정의 점령정책에 대한 효과적인 통제장치가 부재하였다고 결론지을 수 있다. 한편, 점령체제가 종식되고 70여 년의 세월이 흐른 지금 점령국들에게 법적 책임을 추궁하려는 시도가 적절한지도 의문이다. 오히려 향후 분단을 극복하는 국면에서 점령국들의 역사적 부채를 활용하는 방안은 필요해 보인다. 다른 한편, 점령을 둘러싼 책임을 높은 차원으로 승화시키는 작업은 더욱 절실해 보인다. 2001년 헌법재판소는 제주 4·3특별법의 적용을 앞두고 4·3봉기의 불법성을 전제하면서 봉기 주도세력에게 희생자의 지위를 거부한 바 있다. 헌법재판소는 4·3 봉기 당시에 존재하지도 않은 '자유민주적 기본질서'와 '대한민국의 정체성'이라는 기준을 소급적용함으로써 무수한 법적·정치적 쟁점들을 뭉개버렸다. 헌법재판소는 한국전쟁을 통해 맹위를 떨친 정오의 규범을 여명의 시간, 즉 원초적 상황에 관철시킨 것이다. 그러나 지금 우리에게 필요한 것은 억압과 저항, 전쟁과 학살로 점철된 역사를 끌어안을 황혼의 규범이다.

2. 자결권과 제주4·3항쟁

2. 1. 자결권

인디오의 정복을 둘러싸고 1550년 스페인 궁정에서 벌어진 바야돌리드 논쟁에서 자결권은 원주민의 자연적 권리로 등장했다. 당시 궁정고문관 주세폐 세풀베다는 원주민이 야만인이고 이교도이고 정신이상자들이므로 스페인이 원주민을 정복할 권리를 가진다고 강변하였던 반면, '인디오의 옹호자'라는 별칭을 가진 라스 카사스 신부는 문명과 야만의 이분법을 거부하고 원주민도 자체적인 정부에 대한 권리를 가지며 오히려 원주민이 스페인 사람들을 축출하기 위해 전쟁을 개시할 권리를 가진다고 주상하였다. 이러한 자결권은 나폴레옹의 정복전쟁 이후 19세기 유럽 세계에서 비로소 의미를 갖기 시작하였고 20세기에 이르러 국제질서의 지도적 관념으로 작동하였다. 제1차 세계대전 말미에 자결권 논의는 레닌과 윌슨과 같은 정치지도자들을 통해 활성화되었다. 러시아 혁명 과정에서 채택된 러시아 제민족의 자결권(1917)은 제국 러시아 아래 민족들의 억압상을 지적하고 이들의 연합을 통해 반혁명적 기도를 분쇄하고자 제2차 소비에트 회의에서 러시아 제민족의 평등과 주권, 자결권, 러시아 영토에 거주하는 소수민족이나 민족 집단의 자유로운 발전을 표방하였다. 제3세계 식민지에 대한 영향력에서 레닌에게 선수를 빼앗긴 윌슨이 제1차 세계대전 직후인 1918년 전후처리지침(14개조)에 자결의 원칙을 도입함으로써 자결권은 향후 국제질서에 새로운 자장을 형성하였다. 14개조의 주요 내용은 국제연맹규약 제22조에서 구체화되었다. 윌슨은 의회에 보낸 교서에서 "민족적 열망은 반드시 존중받아야 한다. 민족은 이제 스스로 동의한 경우에만 지배와 통치를 받을 수 있다. 자결은 공연한 말이 아니라 행위의 필수원칙"이라고 강조하였다.

제1차 세계대전과 제2차 세계대전 사이에 자결권 사상은 널리 확산되었지만 그 실제적인 효과에서는 패전국의 점령지나 식민지에 한정되었다. 일찍부터 다민족국가인 오스만 제국과 오스트리아 제국은 민족들의 독립운동을 억제해야 했으며, 미국, 독일, 이탈리아, 일본도 자국의 영토를 확장하려고 했다. 그리하여 제1차 세계대전 후 성립한 베르사유조약에서 자결권은 유럽 지역에서는 정치적 재조정원리로 작용했지만 제3세계의 민족들에게는 열망에 불과하였다. 사회주의자들은 자결권의 잠재력을 다른 방향으로 활용하였다. 코민테른은 부르주아 계급이 발전함에 따라 민족적 차이가 장기적으로 소멸할 것으로 예상하거나 자결권을 보편적 권리의 증진으로 나아가는 디딤돌로 이해하였다. 레닌은 부르주아 계급의 독립된 국가가 프롤레타리아 계급의 힘을 역설적으로 배양한다고 보았던 까닭에 전략적 연대의 관점에서 접근하였고 이러한 배경에서 소련은 제3세계의 민족해방투쟁을 적극적으로 지원하였다.

자결의 원칙은 국제법의 주체로서 각 민족의 "새로운 국가 창설"을 지향한다. 자결권은 완전하게 주권을 행사하지 못하는 상태에 있는 민족들이 자신의 운명을 결정할 권리를 의미한다. 제1차 세계대전 말미에 새로운 사조로 등장한 자결주의는 식민지배 상태에 있던 한민족에게 해방의 복음으로 다가왔다. 1917년 신규식, 박은식, 조소앙 등은 상해임시정부의 이념적 초안이 될 〈대동단결선언〉에서 자결권과 민족주권을 표방하였다. 이들은 한민족(韓民族)의 주권을 한민족의 고유한 사항으로 못 박고 경술년(1910년)에 이루어진 순종의 주권 이양을 무효로 선언하며 이제 주권이 한민족 전체에게 복귀했음을 천명하였다. 이들은 이미 정부(왕)와 국가를 구분하고 인민(민족)을 주권의 주체로 파악함으로써 민주공화국의 원리를 수용하였다. 이러한 주권 사상은 무오독립선언(1918년)과 기미독립선언(1919년)에서도 드러났다. 승전국 일본의 식민지에서 발생한 3·1운동은 국제사회로부터 외면당했지만 한민족은 외세를 배격하고 자주독립국을 수립할 이데올로기로서 자결권을 내면화하였다. 1919년 3월 1일의 기미독립선언은 한민족의 주권선언으로서 대한민국의 이념적 기원이라고 할 수 있다. 1948년 한국헌법도 전문에서 "우리들 대한국민은 기미 삼일운동으로 대한민국을 건국하여"라고 시작함으로써 대한민국의 정신적 기원을 밝혔다.

제2차 세계대전 후 유엔헌장은 제민족의 평등과 자결의 원칙(제1조 및 제55조)을 국제사회의 기본질서로 제시하고 이러한 원칙을 비자치지역(제73조)과 신탁통치지역(제76조)의 주민에게도 확장하고 있다. 이와 같이 약소민족의 환상과 꿈이자 국제정치질서의 요청이었던 자결권이 유엔헌장에 조문화되었다. 세계인권선언의 채택과정에서 사회주의 국가들은 자결권을 명시하려고 하였으나 식민지 종주국들의 반대로 도입하지 못했다. 그러나 1966년 자유권규약과 사회권규약 제1조는 공통적으로 자결권을 규정하고 정치적 지위를 결정할 권리, 경제적·사회적·문화적 발전을 추구할 권리, 천연자원에 대한 권리, 비자치지역 및 신탁통치지역에서 자결권의 실현을 촉진하고 이러한 권리를 존중할 의무 등을 자결권의 내용으로 부연하였다. 자결권은 제2차 세계대전 후 국제질서의 정치적·법적 기초로 이해되었고 1960년대에는 제3세계 민족해방운동의 지도적 원리가 되었다. 자결권은 식민상태에 처한 민족 또는 점령상태와 신탁통치 아래 놓인 민족에게도 타당할 뿐만 아니라 독립되었으되 분단의 치욕을 떨쳐버리지 못한 한민족에게는 미래적 의미가 남아 있다.

2. 2. 4·3항쟁과 자결권

제주도의 1947년 3·1절 기념식에서 발생한 3·1사건(군정경찰의 발포로 인해 10여 명의 사상자가 발생한 사건)은 제주4·3사건의 도화선이 되었다. 한반도 차원에서 보자면 3·1절은 군정체제 아래서도 한민족의 자주독립권과 자결권을 현시하는 중요한 정치적 의례였다. 미국과 소련에 의해 분점된 한반도의 1946년 3월 1일에 좌우 정파들은 서울에서 3·1절 기념행사를 별도로 거행하였지만 모두 3·1절을 새로운 독립국가의 출발점으로 사고하였다. 미군정 초기에 제주도의 정치지형이나 분위기는 서울과 사뭇 달랐다. 제주지역에서는 타지역에 비해 지주나 소작인보다 자작농의 비율이 높았고 이들의 강한 독립성향으로 지역정치는 좌익으로 기울었다. 미군이 다른 지역보다 제주도에 늦게 도착하여 군정체제를 제대로 정비하지 못한 상황에서 촘촘히 조직된 인민위원회가 제주도의 통치기능을 수행하였고 미군정도 점령 초기에 인민위원회에 대해 수용적 태도를 보여주었다.

미군정은 1946년 들어서 서울을 시작으로 전국 각지에서 좌익과 인민위원회를 배제하기 시작하였다. 미군정의 우경화정책은 1946년 대구의 10월항쟁을 비롯하여 전국 도처에서 총파업과 민중항쟁을 유발하였다. 미군정은 1946년 제주도를 전라남도에서 분리하여 도(道)로 승격시키고 난 다음 우경화정책을 제주도에서도 관철시켰다. 미군정은 인민위원회의 정치적 지위를 박탈하고 인민위원회에 속한 인물들을 각 기관에서 해고하고 그 자리를 우익인사로 채워나갔다. 이에 제주도의 청년학생들은 군정정책에 항의하는 집회를 연일 개최하였고 미군정은 3·1절 옥외행사를 금지하였다. 이러한 상황에서 민주주의 민족전선(민전) 제주도 위원회는 3·1절 기념행사를 강행하였다. 제주도 민전 안세훈 의장은 기념사에서 "3·1혁명 정신을 계승하여 외세를 물리치고 조국의 자주통일 민주국가를 세우자"고 기염을 토하며 독립선언서를 낭독하였다. 제주도 역시 성공하지 못한 3·1혁명의 파고 속에서 요동쳤다. 1947년 3·1절 기념행사는 군정경찰의 발포사건으로 피로 얼룩졌다. 군정당국이 3·1사건에 대해 제주도민이 제시한 수습방안을 거부하고 육지의 응원경찰과 서북청년회를 대거 투입하여 시위주동자들을 색출하고 도민에 대한 폭력적 탄압을 지속했던 까닭에 제주도민은 이듬해 4·3봉기로 나아갔다.

제주4·3특별법은 4·3사건의 기점을 제주도 남로당 청년당원들이 봉기한 1948년 4월 3일이 아닌 1947년 3월 1일로 잡았다. 1947년 3월 1일은 3·1절 시위행사에서 발생한 군정경찰의 발포사건을 가리킨다. 이러한 시각에 따르면 4·3봉기는 3·1사건, 경찰의 탄압, 서북청년회의 만행 등 미군정의 폭력에 맞선 대항폭력으로 파악할 수 있다. 그러나 3·1사건을 4·3항쟁의 도화선으로 강조하는 방식은 4·3항쟁의 의미를 제주도 지역에 한정된 우발적 사건으로 국지화할 우려도 존재한다. 오히려 4·3항쟁을 1946년 가을 이래로 남한 전역에서 미군정의 우경화정책에 맞서 일어난 민중항쟁의 마지막 국면으로 이해할 필요가 있다. 물론 미군정이 제주도의 민심 동향을 제대로 파악하여 친일경찰을 파면하고 사태를 적절하게 수습했더라면 4·3항쟁은 돌출하지 않았을 수도 있었다. 또한 미군정이 4·3봉기 이후 무장대장 김달삼과 국방경비대 연대장 김익렬 사이에 맺어진 평화협상을 단호하게 지켰다면 비극적인 희생을 막을수 있었을지도 모른다. 그러나 이러한 회고적 가정도 전국적인 또는 국제적인 시각에서 보자면 부질없는 망상이다.

친일파의 재등용, 공산당 및 남로당의 배제, 중도좌익을 포함하여 혁명적 민족주의자에 대한 억제, 친미 부르주아의 중용, 강제공출과 미국식 자본주의 경제의 수립은 해방 후 한민족으로서는 수용하기 어려운 편향적인 조치들이었다. 미군정의 점령정책에 대한 대규모 항의로서 1946년 9월 총파업, 1946년 대구 10월항쟁, 1947년 3월 총파업 등에 가담한 사람들을 반역죄나 폭동죄로 처벌한 것은 점령군의 시각에서는 자족적일 수 있으나 점령지 주민의 자결권의 관점에서는 정치적으로 의문스러운 것이었다. 물론 선험적으로 자유민주주의 체제가 정당하다는 시각에서 또는 분단을 기정사실로 수용하는 현실주의적 입장에서 미군정의 정책을 불가 피한 것으로 옹호할 수는 있다. 그럼에도 불구하고 해방 공간에서 항쟁 가담자들에게 저항할 합당한 명분이 법적으로도 존재했다는 점도 간과할 수 없다. 당시 양식을 가진 기록자에 따르면 미군은 해방자라기보다는 점령자로서 행동했으며 야만적인 경찰국가를 구축하여 민중을 억압했다.

제주4·3항쟁은 한국민의 자결권을 침해하고 민중의 열망을 외면 한 미군정에 대한 저항이었다. 제주4·3사건에 대한 미국의 책임을 논할 때 흔히 제주4·3사건 또는 초토작전에 대한 미군의 개입을 강 조한다. 그러나 민중항쟁론에서 볼 때 4·3사건의 근본적인 원인은 한국민 전체의 이익을 옹호하는 통합적인 정부를 수립해야 한다는 신탁을 무시하고, 정치적 자결권을 침해하고 남한에서 특정한 정 파들의 정치활동을 원천적으로 봉쇄한 미국의 점령정책에서 찾을 수밖에 없다. 물론 오늘날 국제강행규범의 지위를 확보한 자결권 이 1945년 해방 공간에서는 법적 권리로서 아직 숙성되지 않은 관 념으로 치부할 수도 있다. 그러나 자결권은 1945년 유엔헌장(제1조 제2항, 제55조)에 명문화되었고 식민지 인민이나 비자치지역(제73조) 과 신탁통치지역(제76조)의 주민에게도 인정되었다는 점에서 자결 권에 입각한 주장들을 마냥 시제법(時際法)의 문제로 제쳐둘 수는 없다. 자결권은 어느 시대에나 약소민족에게는 약속된 미래로서 아득한 과거부터 존재해온 규범적 보고이자 아래로부터의 국제법이었다. 그것은 집단적 자연권이었다.

3. 국제점령법

3. 1. 불법점령과 점령의 불법성

제2차 세계대전의 종결 직후 연합국에 의한 독일점령이 전시점령(occupatio bellica)인지, 아니면 다른 형태의 점령, 즉 복속(debellatio)인지가 학자들 사이에서 견해가 분분하였다. 나치독일의 환골탈태와 새로운 출발을 바라던 학자들은 연합국이 아예 주권국가처럼 독일영토를 병합하거나 분할할 수 있어야 한다는 생각에서 낡은 복속이론까지 동원하였다. 이에 비해 다수의 독일학자들은 국가로서 독일은 여전히 존속하며 연합국도 헤이그협약을 준수해야 한다는 견해를 고수하였다. 논의의 중심문제는 연합국이 헤이그 협약(1907), 특히 제43조의 구속을 받는지였다. 헤이그 협약에 나타난 점령법은 점령국이 피점령국의 정치경제적 하부구조를 변경시키지 않고 점령의 목적(항복, 배상, 전쟁책임자 처벌, 평화협정 등)을 달성한 시점에 점령지를 피점령국에 반환한다는 19세기 자유방임주의와 유럽식 세력균형론을 배경으로 한다. 점령이 일시적이어야 하고, 점령국은 점령지의 주권을 취득하지 않으며, 절대적 지장이 없는 한(군사적 필요성이 없는 한) 점령국은 점령지의 현행법과 질서를 존중해야 한다는 방침을 학자들은 '보존주의 원칙'으로 부른다. 독일과 연합국 간에 체결된 베를린 선언(Declaration of Berlin, 1945년 6월 5일)은 연합국이 독일의 최고권력을 인수하지만 이 사실이 독일의 합병을 초래하지 않는다고 밝혔다. 그러나 연합국들은 국제회의를 통해 확보한 광범위한 권력을 기반으로 나치청산을 추진함으로써 보존주의 원칙을 초과하였다. 그런 까닭에 이러한 점령은 고전적인 전시점령(belligerent occupation)과는 다른 변형적 점령(transformative occupation)'으로 이해되었다.

미국과 소련의 한반도 점령도 변형적 점령으로 거론된다. 점령국들에게 한반도는 적대국의 식민지로서 신탁통치에 관한 유엔헌장 제77조 제1항 (나)의 "제2차 세계대전의 결과로서 적국으로부터 분리될 수 있는 지역"에 해당한다. 프랭켈은 무조건항복 후 일본이 1945년 9월 2일 일본의 영토를 현재와 같은 주요도서로 한정한 포츠담선언(1945년 7월 26일)을 수용함으로써 남한에 대한 주권이 미국과 주한미군정에 귀속되었다고 한다. 주한미군정의 책무는 미영중소에 의한 신탁통치가 시행되기 이전 단계에서 일본군의 무장을 해제하고 점령지의 정치경제적 인프라구조를 개혁하고 공공질서를 관리하는 것이었다. 이러한 목표는 당시에는 '민주화'로, 최근에는 '해방'으로 불린다. 미국과 소련은 제2차 세계대전 중 국제회의를 통해 확보한 권력에 기초해 점령정책을 시행하였기 때문에 한반도에서 시행된 점령정책의 국제법적 정당성을 둘러싼 시비는 찾기 어렵다. 더구나 미국과 소련의 점령체제가 조기에 종식되고 곧이어 한국전쟁과 같은 초대형 사건이 발발했던 까닭에 점령체제의 법적 쟁점들은 덮여 버렸다. 점령체제의 종료 후 전쟁이나 내전의 발발 또는 구체제의 복귀는 점령정책이 근본적으로 잘못되었다는 점을 증명한다. 따라서 점령국의 일방통행식 정책을 배제하고 모든 점령을 국제점령법(국제인도법)과 국제인권법의 통제 아래 두어야 한다는 견해가 오늘날 힘을 얻고 있다. 1960년대 제3세계의 민족해방운동, 이스라엘에 대한 팔레스타인 점령, 미국 주도의 이라크 점령과 아프가니스탄 점령을 배경으로 장기점령이나 점령지의 인프라구조에 대한 과도한 개입을 국제법의 시각에서 의문시하는 견해들이 백출함으로써 한국점령의 국제법적 쟁점들도 이제 비판적으로 검토할 계기도 마련되었다.

불법점령이나 점령의 불법성에 관한 평가방식은 논자에 따라 현저한 차이를 보인다. 정당한 점령 사유가 존재하는지 여부에 대한 공방, 이른바 점령사유법(jus ad occupation)과 점령기간에 점령당국의 조치들이 국제법에 부합하는지에 대한 공방, 즉 점령조치법(jus in occupation)을 구분하는 것이 우선 필요하다. 이는 정전법(jus ad bellum)과 교전법(jus in bello)의 구분과도 상응한다. 중첩의 여지도 존재하지만 점령정책의 합법성 또는 정당성의 문턱이 높은 데에서 낮은 순서로 평가틀을 제시하면 다음과 같다. 첫째, 점령은 자결권과 상충하므로 본래적으로 불법적이라는 엄격한 견해이다. 이러한 견해도 점령이 필요한 최소한의 기간에 그치고 적국의 공격을 물리치기 위한 방편인 경우에는 점령을 제한적으로 정당화한다. 둘째, 정당한 점령 사유가 존재하지 않은 경우 불법적인 점령에 해당하고 점령 사유를 구비했다고 하더라도 점령조치들이 국제점령법 또는 확정적 국제규범을 위반한 때에는 불법적이라고 보는 견해이다. 식민지배와 아파르트헤이트와 같은 수준에 도달한 외세의 점령을 불법시하는 견해도 여기에 해당한다. 다수의 국제적인 문서들은 대체로 이와 같이 총체적인 방식으로 불법점령을 규정한다. 셋째, 정당한 점령 사유가 존재하지 않은 점령만을 불법적으로 보는 견해이다. 이러한 견해에 따르면 자위전쟁에 입각한 점령은 부수적인 후발적인 사정으로 불법점령이 되지 않는다. 넷째, 국제법은 점령국에게 특정한 행위를 금지할 뿐이라는 이유로 점령체제의 불법성 자체를 다투지 않는 현실주의적 입장이다.

첫 번째 견해는 국제인도법이나 유엔헌장을 과도하게 좁힌다는 점에서, 세 번째 견해는 점령국과 점령지 주민 사이에 균형을 상실하고 점령정책의 구체적인 문제점을 캐묻지 않는다는 점에서, 네 번째 견해는 점령국의 편의에만 봉사한다는 점에서 각각 규범적 맹점을 안고 있다. 점령군과 점령지 주민 간의 관계를 법적 관계로 이해할 때 양자 사이의 대칭성을 적절하게 고려하는 두 번째 견해가 타당하다. 따라서 정당한 점령 사유를 갖추지 못한 점령뿐만 아니라 국제점령법(국제인도법)이나 국제인권법, 특히 자결권의 주요 원칙을 현저히 침해하는 점령도 불법적이라고 보아야 한다. 침략행위나 유엔헌장과 양립하지 않는 무력행사에 따른 점령은 점령 사유를 갖추지 못한 점령으로서 불법적이고, 점령 사유를 갖추었다고 하더라도 국제인도법(1907년 헤이그협약과 1949년 제네바협약, 1977년 제네바협약 제1추가의정서 및 관습국제인도법)과 국제인권법의 주요 원칙을 침해하는 점령도 불법적이다. 국제인도법과 국제인권법뿐만 아니라 점령에 대한 유엔총회나 유엔안보리의 결의도 점령체제의 불법성을 판단하는 데에 중요한 기준이 된다. 국제사법재판소는 핵무기 사건, 팔레스타인 점령지의 장벽건설 사건, 콩고 사건에서 전쟁과 점령에 대해 국제인권법의 적용 가능성을 인정하였다. 그러나 점령을 규제하는 틀로서 국제인권법을 고려할 것인지에 대해서 국가관행은 상당한 차이를 보인다. 미국은 전통적으로 국제인권법을 자국의 영토 바깥이나 국제적인 무력충돌에 적용하지 않는다. 국제인도법과 국제인권법이 독자적인 법역이기 때문에 두 가지 법을 동시에 적용할 수 없다는 입장을 취한다. 해방 공간에서 주한미군정의 조치에 대해 당시 한국인이 인권침해를 이유로 미국 대법원에 제소했다고 하더라도 미국헌법의 보호를 기대할 수 없었을 것이다. 영국법원은 국가행위이론에 따라 전통적으로 소극적인 태도를 취했으나 이라크에서 영국군의 조치에 대한 이라크인 청원에 대해 유럽인권협약(ECHR) 및 영국인권법을 기준으로 영국의 대법원이 심사할 수 있다는 입장을 보여주었다.

국제적십자는 1907년 헤이그협약(제42조부터 제52조까지), 1949년 제네바 제4협약(제27조부터 제34조까지, 제47조부터 제72조까지), 1977년 제네바협약 제1추가의정서와 관습국제인도법을 국제점령법의 주요한 법원으로 인정한다. 점령당국이 취한 조치들이 특수하고 경미한 사항을 위반한 때에는 점령체제를 불법적이라고 규정하기는 어려울 것이다. 일부 학자들은 헤이그협약 제43조의 보존주의 원칙을 규범적으로 재정립함으로써 팔레스타인 점령지(OPT)에 대한 이스라엘의 점령을 불법점령으로 규정한다. 영토를 사실상 분할하거나 병합하려는 점령, 장기적인 점령, 점령지에 새로운 정착촌을 건설하기 위하여 원주민을 강제로 소개하고 자국민이나 다른 민족을 이주시키는 조치, 특정한 세력에 대한 조직적인 탄압과 박해, 점령지 인프라 구조를 과도하게 변경하는 조치 등은 점령을 불법적인 것으로 평가하는 요인들이다.

점령의 불법성을 판단하는 데에는 민족의 집단적 권리로서 자결권이 관건적이다. 유엔헌장은 자결의 원칙을 선언하고 자유권규약과 사회권규약도 자결권을 규정하고 있다. 자결권은 오늘날 강행규범의 지위를 차지한다. 아랍인권헌장은 자결권 이외에도 국가적 주권과 영토적 완전성에 대한 권리를 선언하고 외국의 점령과 지배를 인간존엄과 민족의 근본적 권리에 대한 침해로 인식한다. 자결권의 발전과정에서 인권위원회(HRC)나 인종차별철폐위원회(CERD)보다 유엔총회의 역할이 주효했다. 또한 자유권규약 제4조는 생명의 자의적 박탈 금지(제6조), 고문 또는 잔혹한, 비인도적인 또는 굴욕적인 취급 또는 형벌의 금지(제7조), 노예상태, 노예제도, 노예매매의 금지(제8조), 채무불이행으로 인한 구금의 금지(제11조), 죄형법정주의(제15조), 법 앞에서 인간으로 인정받을 권리(제16조), 사상·양심·종교의 자유의 보호(제17조)를 공공의 비상사태(public emergency)에서도 침해할 수 없는 절대적 권리로 제시한다. 자유권규약은 1945년부터 1948년까지의 해방 공간에 직접 적용할 수 없지만 이러한 권리보호가 국제인도법과 국제인권법의 공통사항이라는 점은 분명하다. 제네바협약의 공통 3조와 협약의 중대한 위반행위(grave breaches), 제네바 제4협약 제31조부터 제34조도 자유권규약 제4조와 유사한 정신을 이미 반영하고 있다.

1949년 제네바협약과 1977년 제네바협약 제1추가의정서는 한반도에서 점령체제가 종식된 이후에 성립한 시제법인 까닭에 이러한 조약과 추가의정서를 한반도의 점령에 직접 적용할 수 있는지가 문제된다. 하지만 1907년 헤이그협약은 더욱 완전한 법전을 편찬하기 전까지 민간인과 전투원이 문명국가의 법원칙, 공공양심, 인도주의의 법에서 유래하는 국제법 원칙의 보호와 통제 아래 놓여 있음을 체약 당사국이 천명하는 것이 적절하다고 간주한다고 확언하였다(마르텐스 조항). 뉴른베르크에 설치된 국제군사재판소는 헤이그협약이 최소한 제2차 세계대전의 발발(1939년) 전에는 이미 국제관습법의 지위를 얻었다고 판결하였다. 제2차 세계대전 후 미국의 잭슨 판사(국제군사재판소의 미국 측 수석검사)도 마르텐스 조항의 인도주의의 법을 원용하면서 인도에 반하는 죄를 정당화하였다. 따라서 한반도 점령에서도 점령국은 국제인도법과 자결권의 원칙에서 벗어날 수 없었다.

3. 2. 점령지 주민의 저항

현대 국제인도법의 골격은 1874년 브뤼셀회의, 1899년 헤이그회의, 1907년 헤이그회의를 통해 탄생하였다. 1874년 브뤼셀회의에서 강대국과 약소국들 간에는 근본적인 입장차가 존재하였기 때문에 회의 결과가 조약으로 성립하지 못하고 선언으로 그쳤지만

이 선언은 곧 헤이그협약에 반영되었다. 강대국들은 점령지 주민을 보호한다는 명분 아래 점령지 주민의 복종의무를 확립하고자 했다면, 약소국들은 주민의 애국적 동기를 활용하여 점령군에 대한 무장투쟁을 일으키고자 했기 때문에 주민의 복종의무를 부인하였다. 그러나 점령 사실이 점령지 주민에 대한 최고권력을 점령국에게 이관하기 때문에 점령국은 점령지 주민의 복종을 사실상 강제한다. 보드웰은 점령군이 질서와 안녕을 보존하려고 노력하는 한에서만 주민의 복종의무를 인정하고 점령군이 이를 위반하는 경우에는 점령지 주민도 복종의무에서 해방된다고 말한다. 이에 비해 오펜하임은 복종의무가 국내법이나 국제법에서 유래하지 않고 오로지 점령군의 권력에서 나온다고 지적한다. 제1차 세계대전 중 독일에 의해 점령당한 벨기에의 대법원은 점령군의 명령이 불법적인 경우에도 점령지 주민은 점령군에 복종해야 한다고 판결하였다. 물론 불법적인 명령의 법적 결과는 점령 종료 후 책임 문제를 발생시킬 것이다.

헤이그협약은 점령군에 대한 점령지 주민의 복종의무를 전제하지 않는다. 헤이그협약 제43조는 점령군에 대한 적대행위를 군사적 필요에 의해 점령군이 금지하거나 처벌하는 것을 허용할 뿐, 점령지 주민에게 어떤 의무를 직접적으로 부과하지 않는다. 오히려 헤이그협약은 점령지 주민을 점령국의 군사작전에 동원하거나 주민에게 충성서약을 강요하는 것을 금지한다(제44조, 제45조).

점령군에 저항할 권리가 점령지 주민에게 있는가? 점령국에 대한 점령지 주민의 무장저항은 금지되는가 또는 허용되는가? 실제로 강대국들은 점령과정에 한정하여 주민의 무장저항을 허용하고 이러한 저항에 참여한 민간인들에게 포로대우를 인정하고 그 대신 이미 점령된 지역의 주민에 의한 무장저항을 용납하지 않으려고 했다. 점령된 지역의 주민에 의한 무장저항을 허용할 경우 점령이 장기전쟁의 늪에 빠지지 않을까 우려하였기 때문이다. 이에 비해 약소국들은 점령국을 상대로 주민의 집요한 저항을 꾀하기 때문에 일반적으로 주민의 무장저항을 옹호했다. 현대 국제인도법의 탄생 이전에 주민의 무장저항을 최초로 규정한 법전은 리버 코드이다. 나폴레옹을 상대로 한 라이프치히 해방전쟁과 그리스 독립전쟁에 참여하였던 독일인 프란츠 리버는 영국을 거쳐 미국으로 이주한 후 콜럼비아 대학에서 전쟁법을 강의하다가 법전을 사찬(私撰)하였다. 대통령 링컨은 리버의 법전을 남북전쟁기인 1863년 일반명령 제100호로 미합중국의 군법으로 채택하였다. 리버의 군법 제52조는 점령과정에서 적군에 저항하는 의용군과 이미 점령된 지역의 저항자를 구분하고 전자에게만 포로 대우를 인정하고 후자를 전쟁범죄자로 규정하였다. 전쟁법의 논의과정(브뤼셀회의)에서 약소국들은 남북전쟁과 같은 내전을 전제로 점령지 주민의 저항을 범죄로 간주하는 리버의 견해를 국가 간의 전쟁에서는 적용할 수 없다고 판단하였다. 결과적으로 1874년 브뤼셀선언이나 1907년 헤이그협약은 조직적인 저항운동(resistance movements)을 포함해 민병(militia) 및 의용병단(volunteer corps)에 가담한 민간인에게 일정한 조건 아래서 포로 지위를 부여하였다. 헤이그협약은 부하에 대한 지휘통제의 존재, 멀리서도 식별할 수 있는 특수한 휘장의 부착, 공공연한 무기 휴대, 작전수행에 있어서 전쟁의 법과 관습의 준수를 포로 지위의 인정요건으로 규정하였다(제1조). 나아가 적이 접근하는 상황에서 아직 점령되지 않은 지역의 주민으로서 제1조에 따라 조직할 시간이 없어 스스로 무기를 들고 침략군에 대항하는 사람도 전쟁의 법과 관습을 준수할 경우 교전자(belligerent)로 인정하였다(제2조). 1949년 제네바 제3협약(포로협약)은 점령된 지역의 주민에게도 앞의 요건을 갖춘 경우 포로 지위를 추가적으로 인정하였다(제4조 제1항 나). 국제사회는 제2차 세계대전 중 레지스탕스의 중요한 활약을 목격하였기 때문에 그 후 저항운동의 의미는 국제법적으로 전혀 위축되지 않았다.

헤이그협약을 비롯해 국제점령법은 이러한 요건을 갖춘 민병과 의용병단을 교전자로 인정하고 이들에게 포로 지위를 보장한다. 그러나 점령군은 점령과정에서 또는 점령상태에서 이와 같이 조직된 무장저항 이외에도 산발적인 무장저항, 폭동뿐만 아니라 총파업, 태업, 항의시위, 비폭력적 저항 등 시민불복종에도 직면한다. 한국점령과 관련해서 보자면 미소 점령군은 한국을 식민지배로부터 해방시키는 군대로 환호의 대상이 되었기 때문에 처음에는 점령지 주민의 적대적 저항에 봉착하지 않았다. 그러나 점령군의 정책이 주민의 일반적인 이익이나 자결권에서 점차 멀어져 감에 따라 점령군은 평화적 반대뿐만 아니라 폭력적 저항에 맞닥뜨리게 되었다. 제주4·3봉기는 점령군에 대한 산발적이지만 폭력적인 저항의 마지막 사례라고 볼 수 있다.

헤이그협약은 점령지 주민의 저항을 정당화하지도 않고 불법화하지도 않는다. 국제점령법은 이상적인 국가헌법처럼 저항의 정당성이나 정당화 가능성을 완벽하게 체계화하는 법전이 아니다. 따라서 저항의 정당성은 포로 대우의 요건을 규정한 헤이그협약이나 제네바협약에 의해 판가름나지 않는다. 정당한 저항은 국제점령법의 시각에서 초법적인, 즉 국제점령법을 초월하는 사안으로서 허용법칙(lex permissiva)에 속한다. 물론 국제인도법은 일정한 요건을 갖춘 저항자에게 포로의 지위를 인정함으로써 어떤 측면에서는 저항의 정당성을 시사한다고 볼 수 있다. 한편, 국제점령법은 점령국에게 주민의 정당한 무장저항조차 무력으로 제압할 권한도 인정한다. 무장저항의 경우 일정한 요건을 갖춘 무장저항자는 포로 지위를 인정받지만 그렇지 못한 저항자들도 마르텐스 조항에 따라 제한적인 보호를 받는다.

제주4·3항쟁을 1948년 8월 15일 주권(통치권) 교체를 기준으로 고찰한다면 8월 15일 이전 미군정과 점령지 주민 간의 충돌은 국제적인 성격을 지닌 점령법의 문제이지만, 그 이후 충돌은 정부와 봉기세력 간의 순전한 국내법적인 사안이다. 제네바협약 제2추가의정서(1977년)는 일반적으로 비국제적인 성격을 지닌 무력충돌을 규율하려는 국제인도법전이다. 제주4·3항쟁을 산발적 적대행위나 폭동으로 본다면 제주4·3항쟁은 제1추가의정서뿐만 아니라 제2추가의정서의 적용 대상도 아니다. 그러나 두 의정서가 공히 이러한 유형의 저항자를 보호할 필요성을 밝힌다는 점을 주목해야 한다. 제1의정서는 "본 의정서 또는 다른 국제협정의 적용을 받지 아니하는 경우에는 민간인(civilians) 및 전투원(combatants)은 확립된 관습, 인도주의 원칙 및 공공양심의 명령으로부터 연원하는 국제법 원칙의 보호와 권한 아래 놓인다(제1조 제2항)"고 규정하며, 제2의정서도 "현행법에 의해 규율되지 않는 경우에 인간(the human persons)은 인도주의 원칙 및 공공양심의 명령의 보호 아래 놓임(전문)"을 상기시킨다.

불법점령에서 억압받는 민족은 최후의 수단으로써 저항권을 가진다. 국제점령법이나 국제인도법은 저항권의 문제를 직접적으로 거론하지 않는다. 세계인권선언은 전문에서 "폭정과 억압에 대항하는 최후의 수단으로써 반란에 호소하도록 강요받지 않으려면, 인권이 법의 지배에 의해 보호되어야 함이 필수적"이라고 확인하면서 저항권(반란권)을 시사한다. 저항권과 관련해서 유엔총회와 유엔기구들이 자결권을 식민지배와 점령상태에 있는 민족(인민)의 권리로 강조해왔다. 국제사법재판소도 나미비아 사건(1971), 동티모르 사건(1995), 팔레스타인 점령지구 사건(2004)에서 점령에 대한 자결권의 적용 가능성을 인정하였다. 유엔총회는 저항권을 명시적으로 인정하지는 않지만 "모든 인권의 완전한 향유를 위한 명령으로서 자결, 국민주권, 영토보전에 대한 제민족의 권리 및 식민지 국가와 민족에 대한 독립의 신속한 인정의 보편적 실현의 중요성"과 "가능한 모든 수단을 활용하여 독립, 영토 보전, 국민적 통일 및 식민지배와 외국의 지배, 외국의 점령으로부터 해방을 위한 제민족의 투쟁의 정당성"을 거듭 확인하였다. 아프리카 인권헌장은 모든 수단을 활용하여 식민지배에서 해방될 민족의 권리를 인정한다. 저항권은 개인의 권리라기보다는 민족의 자결권으로 이해된다. 아랍인권헌장도 자결권과 저항권을 같은 조항에서 민족의 권리로 규정한다. 지역적 인권규범이 이와 같이 저항권을 민족의 권리로 인정하지만 자유권규약은 저항권을 규정하고 있지 않다. 전쟁, 테러리즘, 폭력행사를 억제하려는 국제인도법도 저항을 권리로 규정하지 않는다. 그럼에도 불구하고 1977년 제네바협약 제1추가의정서는 "유엔헌장 및 〈유엔헌장에 따른 국가간의 우호관계와 협력에 관한 국제법원칙의 선언〉에 의하여 보장된 자결권을 행사하기 위하여 식민통치, 외국의 점령 및 인종차별체제에 대항하는 무력충돌"(제1조 4호)에 의정서를 적용한다고 규정함으로써 자결권에 입각한 무장투쟁도 규율 대상으로 고려한다. 저항권 자체가 국제인도법에 명시되지 않았다고 하더라도 저항권은 부인되지 않는다. 일국가의 차원에서도 헌법이 저항권을 명문화하지 않더라도 학자들은 철학적 전통이나 정치적 관행에 의해 저항권을 초법적-자연적인 권리로 널리 승인해 왔기 때문이다.

4. 주한미군정의 정책과 자결권

주한미군정이 한반도에서 자결권을 어떻게 침해하였는지에 대해서는 세 가지 차원에서 검토해보아야 한다. 첫째로, 한반도를 점령한 미군과 소련군은 근본적으로 한반도 전체를 아우르는 자주적인 통일국가의 수립을 저해하였으므로 가장 근본적인 의미에서 한민족의 정치적 자결권을 공동으로 침해하였다. 둘째로, 미군은 남한 점령지역에서 자주적인 좌우통합적인 국가의 수립을 저해하는 역할을 지속하였기 때문에 남한에 거주하는 인민의 정치적 자결권을 침해하였다. 북한지역에서 소련군의 역할도 마찬가지로 규정할 수 있다. 셋째로, 미군은 남한 점령지역에서 민중이 염원하는 토지개혁과 경제개혁 대신에 부르주아계급과 지주계급의 이익에 치우친 적산처리정책을 시행함으로써 경제적 자결권을 침해하였다. 이 글에서는 앞의 두 가지 차원에서 정치적 자결권의 침해양상에 대해서만 거론하겠다.

우선적으로 한국민의 자결권은 한반도 전체에서 점령국들에 의해 침해되었다. 한반도의 장래를 결정한 카이로선언(1943년 11월 27일)과 모스크바 3상회의(1945년 12월 27일)는 민족자결의 원칙을 반영하였다. 앞서 논의한 보존주의 원칙은 바로 이러한 자결권을 중심으로 작동한다. 이라크 점령에서도 보존주의 원칙의 연결고리는 배제된 구 정부가 아니라 이라크 국민 자체였다. 한반도 점령에서도 보존주의 원칙과 자결권은 퇴각한 일본이 아니라 한국 또는 한국민에게 직결된다. 따라서 점령국은 유엔헌장에 따라 한국민의 자유로운 정치과정을 조력하여 통일적인 민주국가를 수립하도록 해야 할 신성한 채무를 부담한다. 해방 공간에서 국가나 정부가 부재하였지만 주권의 잠재적 주체로서 한국민과 그 현재적인 정치적 구심체들이 엄연히 존재하였기 때문에 자결권은 이러한 구심체들과 관련해서 구체적인 의미를 가진다. 그러나 주한미군정은 대한민국 임시정부를 인정하지 않았고, 해방 전야에 여운형이 주도한 건국동맹이나 그 후 결성된 건국준비위원회나 인민공화국도 백안시하였다. 주한미군정은 자결권과 현상존중의 원칙을 무시한 것이다. 미국정부는 1946년 1월 16일 맥아더에게 하달된 〈한국 내 민사행정에 대한 초기기본지령(SWNCC 176/8)〉에서 이러한 정치적 구심체들을 공식적으로 승인하지 말라고 지시하였다. 소련점령군은 왕성한 조직활동을 전개한 인민위원회를 북한지역에서 정치적으로 활용했던 반면, 주한미군정은 인민위원회를 공산주의자들의 트로이 목마라고 속단하였다. 미군정은 당시 사회개혁을 향한 한국인의 열망을 공산주의와 연계된 위험으로 인식하였다.

1945년 12월 모스크바 3상회의는 오스트리아에 대한 미영중소 연합국의 공동관리방안과 유사한 정책을 한반도에서도 시행하고자 하였다. 그런데 이 구상은 돌연 민족의 자존을 훼손하는 신탁통치안으로 정략적으로 매도되면서 현실화되지 못했다. 연합국은 오스트리아에서는 좌우합작의 정치를 범례적으로 허용하고 정치적 자결권을 존중하였던 반면, 한국에서는 분단을 추구하고 상극체제를 형성하였다. 미소양국이 처음부터 건국준비위원회, 인민공화국, 전국적인 인민위원회를 새로운 국가의 구심점(임시정부)으로 삼거나 미국이 김규식·여운형의 좌우합작노선을 일관되게 후원했더라면, 한반도 전체에서 혹은 남한지역에서만이라도 오스트리아식 정치체제가 출현했을지도 모른다. 그러나 미국은 한반도 전체에서 반공국가를 수립할 수 없다면, 남한지역에 한정해서라도 반공체제를 수립하고자 하였다. 처음에 미국은 남한지역에서 공산당을 배제한 가운데 좌우합작을 지지하다가 미소 간의 대결이 본격화되자 좌우합작운동에 대한 지지도 철회하고 우익세력을 일방적으로 후원하였다. 1947년 7월 19일 여운형이 피살되고 2차 미소공위가 결렬되자 미국은 한반도 문제를 유엔으로 이관시켰다. 소련은 한반도 문제가 승전국들의 결정사항(모스크바 3상회의)이라며 유엔의 관여에 반대하였다. 유엔총회는 유엔감시하의 총선거를 실시하자는 미국의 제안과 소련의 동시철군안 사이에서 미국안을 채택하고 이어서 단독선거의 시행을 추인하였다. 이로써 유엔총회는 분단에 대한 미소양국의 국제법적 책임을 해제함과 동시에 그 책임을 유엔과 국제사회로 전염시켰다. 오늘날 일부 학자들은 외국군대의 점령 아래 이루어진 선거가 다른 주권국가에 대한 강박, 공갈, 위협을 금지하는 국제법 원칙을 위반한 것이므로 불법선거라고 주장한다. 점령상태 아래서의 선거가 모두 불법적이라는 데에는 동의할 수 없지만 정치적 자결권을 본질적으로 침해하였다면 그 불법성은 무시할 수 없다. 미국과 소련은 적절한 시점에 통일정부를 수립할 임무를 신탁하였지만 한민족의 주권과 영토를 분할하여 해당 점령지에서 자국에 '우호적인 정부'를 수립하는 데에 진력함으로써 한민족의 통일성과 영토의 완전성을 파괴하였다. 점령국이 점령지 주민의 자결권을 침해하면서 영토분할이나 영토합병을 시도하는 행위는 국제법적으로 정당화되지 않는다. 이와 같이 미국과 소련은 한반도 전체에서 민족자결권을 본질적으로 침해하였다. 1960년 유엔의 발전권선언도 "민족의 통일과 한 나라의 영토보전에 대한 부분적 또는 총체적 파괴를 목적으로 하는 어떠한 시도도 유엔헌장의 목적 및 원칙과 양립하지 않는다."고 천명하였다.

다음으로, 미군정은 남한의 정치질서 형성과정에서도 공산당과 좌익정당을 배제함으로써 정치적 자결권을 심각하게 침해하였다는 점을 주목해야 한다. 태평양미육군사령부는 일본에서 1945년 10월 4일 치안유지법의 폐지를 명령하였고, 주한미군정도 군정법령 제11호(1945년 10월 19일)로 예비검속법, 치안유지법, 보호관찰령 등 정치악법을 폐지하였다. 이로써 공산당은 한국에서 처음으로 합법적인 정치활동을 펼칠 수 있게 되었다. 1945년 이후 반파시즘적 세계질서관에 따르면 공공질서와 점령군의 안전을 침해하지 않는 한 정당을 금지하는 것은 상상하기 어려운 조치였다. 물론 유대인을 학살하고 침략전쟁을 자행한 나치당이나 쿠르드족을 집단살해하고 침략전쟁을 자행한 이라크의 바트당을 응징하기 위한 전쟁이라면 문제의 정당이나 방계조직을 해산하고 금지하는 조치는 정당화된다. 그런데 미군정은 제2차 세계대전 후 독일, 일본, 오스트리아, 남한 점령지 중 유독 남한에서만 공산당을 불법화하였다. 미군정은 법령 제55호 〈정당에 관한 규칙(1946년 2월 23일)〉과 법령 제 72호 〈군정위반에 대한 범죄(1946년 5월 4일)〉와 같은 우회로를 통해 공산당을 사실상 불법화하였다. 〈정당에 관한 규칙〉은 3인 이상의 조직이 정치활동을 하는 경우 정당의 활동, 당원수, 기부자명단, 주소 등을 등록·보고하도록 규정하였다. 중립적인 등록제를 추구하는 듯한 이 법령은 실제로 공산당과 좌익계열을 통제하는 장치였다(9.c 참조). 맥아더는 1945년 9월 7일 〈태평양미육군사령부포고 제1호〉와 함께 〈태평양미육군사령부포고 제2호〉를 발령하였고, 포고 제2호를 통해 주한미군정은 점령군의 보전을 도모하고 점령 지역의 공중치안, 질서의 안전을 기한다는 명목으로 포괄적인 처벌권력을 확보하였다. 포고 제2호를 상세화한 법령인 〈군정위반에 대한 범죄〉는 특히 미군정에 유해하다고 판단되는 행위를 모두 금지하였다(제15조, 제22조 참조). 워낙에 포괄적이고 위압적인 성격 때문에 이 법령을 비판하는 여론이 비등하자 당시 대법원장은 시행한 지 두 달이 되기도 전에 법집행을 정지시켰다. 그러나 포고 제2호가 건재하였기 때문에 사태는 전혀 달라지지 않았다. 미군정은 정판사위폐사건(1946년 5월)을 계기로 공산당 지도자들에게 대대적으로 체포령을 내렸으며, 이러한 상황에서 공산당은 1946년 9월 이후 남한에서 지하조직으로 변하였다. 정판사사건에서 유죄의 증거를 둘러싼 시비는 지금도 계속되고 있지만, 유죄의 증거가 확실하다고 하더라도 관련자의 처벌을 넘어 공산당 자체를 불법화하였다. 미군정의 조치는 헤이그협약 제50조 및 제네바 제4협약 제33조가 정한 집단처벌금지를 위반하였다. 집단처벌금지는 오늘날 관습국제인도법으로서 확고한 지위를 차지한다. 집단처벌금지는 다양한 형태의 경찰보안조치, 행정적 처분, 여타 괴롭힘, 즉 연좌제까지도 금지한다.

1946년 11월 이후에는 좌익계 연합정당인 남조선노동당도 공산당의 전철을 밟았다. 좋은 체제는 무장세력들조차 정치의 장으로 끌어모은다면 나쁜 체제는 정치적 경쟁자를 산(山)사람으로 만든다. 미군정은 공산당 및 남로당을 사실상 금지하는 한편, 보수적인 지주들을 정치세력화하기 위하여 한국민주당의 창당을 후원하고 이들을 군정에 대거 등용함으로써 남한 제정파들의 정치적 기회균등을 침해하였다. 좌익을 감옥에 가두고 선거를 시행하려는 상황에서 유엔한국임시위원단의 캐나다 대표 패터슨은 남한의 선거가 한국의 통일에 기여하지 않기 때문에 남한만의 단독선거는 유엔의 설립목적에 배치된다고 주장하였다. 미국은 이와 같이 좌익을 지속적으로 배제하면서 한반도에서 이데올로기적인 평정과 정치적 말살을 주도하였다.

점령국이 한국민의 주권과 자결권을 침해하였다면 그러한 점령은 불법적인 점령으로 변질된 것이고 이러한 상황에서 점령지 주민에게는 최후의 수단만이 남게 된다. 정치철학자 롤스는 심각하게 부정의한 개별적인 정책에 대해서는 평화적인 시민불복종을 옹호하지만 전체적으로 부정의한 체제, 식민지배, 폭압적 독재에 대해서라면 인민은 폭력적 또는 혁명적 행동을 강구해야 한다고 말한다. 1946년 가을 이후 전국적으로 발생한 민중항쟁이나 제주도에서 일어난 1947년의 항거들도 사실상 미군정 정책의 변화를 촉구하기 위한 평화적 행동으로서 시민불복종의 경계선을 넘지 않았다. 그러나 미군정이 대구의 10월항쟁에서 보듯이 탱크와 경찰력을 앞세워 민중을 탄압하고 고문과 살육을 감행하자 한국민도 자결권을 총체적으로 침해하는 세력에 저항함으로써 시민불복종의 분수령을 넘어가게 되었다. 1948년의 4·3봉기는 바로 그러한 사례로서 막바지 대규모 저항이었다.

재일 제주인의 시각에서 본 제주4·3

-과거청산의 아포리아: 법정립적 폭력

문경수

리츠메이칸대학 아시아·일본연구소 상석연구원

이 장은 필자의 「4·3과 재일 제주인 재론(再論)–분단과 배제의 논리를 넘어」(『4·3과 역사』 19, 2019, 89–105쪽)와 「あらためて濟州四·三を考える–抗争論の弁証」(『抗路』 9, 図書出版クレイン, 2021, 126–135쪽)를 가필, 수정한 것이다.

재일 제주인의 시각에서 본
제주4·3

-과거청산의 아포리아: 법정립적 폭력

1. 들어가며

2021년 2월 '제주4·3사건 진상규명 및 희생자 명예회복에 관한 특별법'이 전면 개정되면서, 희생자에 대한 위자료 지급을 비롯하여 수형 피해자의 특별재심, 4·3 트라우마센터 운영, 그리고 추가 진상조사 등이 신설되었다. 이어 12월에는 희생자에 대한 '위자료 등'을 '보상금'으로, 보다 세밀하게 규정한 부분 개정이 이루어지면서 4·3희생자와 유족들의 오랜 염원이었던 '보상'이 명실공히 실현되었다.

제주4·3 발발로부터 70년 남짓이 지나, 마침내 이루어진 보상에 대해 제주도 사회의 반응은 가지각색이다. 민주화는 역사의 발굴과 더불어 진행된다. 그동안 일제강점기의 피해나, 한국전쟁 전후의 민간인 학살, 그리고 권위주의 체제하의 인권 유린 등 다양한 분야에서 진상규명과 명예회복 운동이 전개되면서, 그중 적지 않은 사례에서 보상이 실현되었다. 이러한 보상을 둘러싸고 운동의 '왜곡'이나 '타락'을 지적하는 목소리도 있고, 4·3의 희생자 보상에 관해서도 그러한 부정적인 반응이 없는 것은 아니다.

하지만 4·3으로 제주도민이 겪은 참담한 희생과 4·3 이후의 반공 체제하에서 제주 사람들이 겪어 온 고통을 생각할 때 배·보상 자체를 못마땅한 것으로 보기는 어려울 것이고, 그런 이유에서 4·3으로 인해 어쩔 수 없이 이국땅에 살게 된 재일 제주인 사회에서도 환영하는 목소리가 높다. 그러나 보상이 실현되면서 오히려 그 보상의 대상이 되는 '희생자'란 과연 누구인가라는, 해결되지 못한 채 잠재해오던 문제가 다시금 수면 위로 드러날 수밖에 없는 것도 사실이다.[1]

4·3을 둘러싼 사회적 환경이 크게 변화되는 가운데, 4·3의 문제 해결은 대통령이 '4·3의 완전 해결'을 언급하는 단계까지 이르렀고, 그러한 한국에서의 진전이 일본의 4·3운동을 크게 고무하는 양자 간의 선순환도 이루어지고 있다. 그러나 한편에서는 '4·3의 완전 해결'을 위한 과제나 방향이 4·3을 둘러싼 재일 동포사회의 실태와 괴리된 채 제시되고 있지 않을까 하는 의아함을 떨칠 수 없다.

주지하다시피 2002년 제주4·3위원회는 전년도의 헌법재판소 견해를 받아들여 4·3희생자의 심의·결정 기준을 다음과 같이 정했다.

우리나라 헌법의 기본이념인 자유민주적 기본질서 및 대한민국의 정체성을 훼손하지 않는다는 원칙과의 조화가 바람직함으로써 4·3특별법의 취지를 살려 희생자의 범위를 최대한 폭넓게 인정하지만 예외적으로 자유민주적 기본질서에 어긋나는 자는 희생자에서 제외한다.[2]

이러한 규정은 분단의 현실을 전제로 하는 국가적 이데올로기를 천명한 것으로 볼 수밖에 없다. 그동안의 희생자 인정은 '최대한 폭넓게' 실시되어 온 것이 틀림없지만, 4·3특별법 이후 4·3의 문제 해결이 '국가 정체성'이라는 은밀한 '배제의 논리'를 내포한 채 추진됐다는 사실은 부인할 수 없을 것이다.[3] 미국의 책임이나 항쟁설(正名 문제)을 둘러싼 문제 제기가 그동안 그토록 활발하게 이루어져 왔음에도 불구하고 희생자 인정을 둘러싼 배제의 논리를 짚어서 공론화하기 위한 움직임은 희박했던 것으로 보인다.

이렇듯 이데올로기적 배제의 논리를 불문에 부친 채 4·3의 완전한 해결이 거론된다면 '남'과 '북'이 하나의 생활 공간을 공유하는 재일 동포사회와의 괴리는 피할 수 없을 것이다. 두말할 것도 없이 4·3 당시 죽음의 땅을 떠나 일본으로 건너간 제주인들 중에는 이를

테면 이북의 '국가 이데올로기'를 지향하는 생활 세계 속에서 '재생의 길'을 밟아온 제주인이 적지 않다. 그들은 4·3위원회가 희생자 심의기준과 관련하여 규정한 '대한민국의 정체성'의 틀을 벗어난 존재인 것이다. 재일 조선인 사회가 이처럼 다양한 가치관이나 지향성이 공존하는 사회인 만큼 좌우를 막론하고 4·3의 모든 당사자의 명예 회복이 공적으로 확인되지 않는 한 재일동포 사회에서의 4·3 문제해결은 아직 멀다고 하지 않을 수 없을 것이다.

이 글에서는 이러한 문제의식을 바탕으로 4·3의 과거청산의 특수성을 발터 벤야민의 '법정립적 폭력(die rechtsetzende Gewalt)[4]'이라는 관점에서 검토한다. '법정립적 폭력'이란, 상호 경쟁하는 세력 간의 충돌이나 내전에 승리한 세력이 '건국'을 내세워 법이나 제도를 새롭게 챙겨 내는 것을 '법정립'이라 하고, 그 과정에서 행사된 폭력을 '법정립적 폭력'이라 한다.

그런데 일단 '건국'이 성사되자마자 '건국' 과정에서 행사된 참혹한 테러의 기억은 은폐되고, 법정립의 근원으로서의 폭력은 불문에 부쳐진다. 1948년 8월의 대한민국 정부 수립도 바로 그런 과정을 거쳤다. 따라서 법정립적 폭력에 대한 물음은 대한민국이라는 국가의 정체성 자체를 겨냥하는 것이기도 하고, 한국에서의 과거청산이나 이행기 정의의 아포리아를 상징하고 있다고도 볼 수 있다. 다음 장에서 본격적으로 다루게 될 재일 제주인이야말로 그러한 아포리아를 집중적으로 짊어 살아 온 존재였다.

2. '법정립적 폭력'으로서의 4·3

4·3희생자에 대한 보상이 성사되면서, 4·3특별법이 과거청산의 모범 사례로 찬양되기도 하지만, 입법을 통한 과거청산의 획기가 된 것은 광주 5·18특별법[5]이라 할 수 있고, 여기서는 1997년 가해 책임자들에 대한 처벌도 이루어졌다. 광주 5·18을 둘러싼 일련의 성과는 입법을 통해 4·3 문제를 해결하려는 움직임을 가속화했다.

5·18의 과거청산 운동 과정에서 확립된 광주 문제 해결 5원칙(진상규명, 책임자 처벌, 명예회복, 배상, 정신 계승)은 5·18 문제의 해결 차원을 넘어, 같은 무렵에 남아프리카공화국에 들어선 '진실과 화해 위원회(TRC)'와 함께 과거청산의 국제적인 기준이나 모델로서의 의의를 가졌다. 1998년 김대중 정권이 들어서면서 인권이나 민주주의, 탈냉전의 기운이 높아지는 가운데, 한국전쟁 전후의 민간인 학살, 군사 정권기의 인권 유린, 일제강점기의 강제징용 피해 등 중층적으로 누적된 과거청산의 과제가 솟아나왔다. 참여정부 하의 2004년에는 이렇게 산발적으로 솟아나온 과거청산의 의제들을 포괄적으로 다루는 '진실·화해를 위한 과거사정리 기본법'이 제정된다.

과거사정리법은 제1조에서 '항일독립운동, 반민주적 또는 반인권적 행위에 의한 인권 유린과 폭력·학살·의문사 사건 등을 조사하여 왜곡되거나 은폐된 진실을 밝혀냄으로써 민족의 정통성을 확립하고 과거와의 화해를 통해 미래로 나아가기 위한 국민통합에 기여함'을 그 목적으로 규정했다.[6] 때를 같이해서 국제사회에서도 유엔이 사무총장 보고를 통해 '이행기 정의'를 "설명 책임을 확보하고, 정의를 다하고, 화해를 달성하기 위해, 과거의 대규모 권력 남용(abuses)의 유산을 해결하는 사회적 시도와 관련된 모든 프로세스와 메커니즘"[7]으로 규정했다. 이는 과거청산을 '이행기 정의'로서 논의하는 기운을 한국을 포함한 국제사회에서 고조시키는 계기가 됐다.

하지만 과거사정리법은 제1조의 내용에서 보다시피 '책임자 처벌' 등 '정의'의 실현을 안목으로 하는 '이행기 정의' 모델보다도 그 이름대로 남아공의 TRC 모델을 답습하고 있다. TRC는 개인들의 정화(cleansing of individuals), 공동체 형성(community-building), 정치적 변화의 공고화(consolidation of political change)라는 '3C'를 추구하고, '진실 고백'과 '사죄', '사면'이라는 '회복적 정의'의 논리에 무게를 둔다.[8] 엘스터(Jon Elster)에 따르면, 1982년 이후에 등장하여 활동해 온 20개 이상의 진실위원회가 대부분 처벌을 제안하지 않았을 뿐만 아니라 가해자의 이름마저 밝히지 않았다.[9] TRC는 예외적으로 가해자의 이름을 밝혔지만, 잘 알려진 바와 같이, 아파르트헤이트 체제하에서 행해진 가해 행위에 대해서는 '진실 말하기(truth telling)'를 조건으로 사면을 실시해 왔다.

8, 90년대 수많은 지역과 국가에서 시도해온 권위주의 혹은 사회주의 체제에서 민주주의 체제로의 이행은 그 성과만큼 많은 질문을 등장시켜 왔다. 그 가운데 가장 심각한 문제가 '정의'와 '진실' 중 무엇을 선택할 것인가라는 대목이었다. 이 질문에 많은 나라들은 그 나라가 직면하는 국제관계(탈식민지화에 따른 구 종주국과의 관계 등)나 국내정치(정치 협약[political pact][10]에 따른 수구세력과 개혁세력 간의 알력관계 등) 상황으로 인해 '정의'보다 '진실'을 우선시해 왔다. 혹은 그러한 선택을 할 수밖에 없었다.[11]

한국의 과거사정리법 및 그 집행기관이 된 진실·화해를 위한 과거사정리위원회의 활동도 예외가 아니었다. 과거사정리법이 시행된 2005년 12월부터 2010년에 이르기까지 진화위는 여러 중요한 인권 유린 사건을 규명하고, 법원의 재심 판결을 이끌어 내거나 유족들의 명예회복과 보상조치를 가능케 하는 성과를 거두었다. 하지만 여러 논자가 지적했듯이, 책임자 처벌은커녕, 진실 규명이라는 면에서도 취약한 조사 권한 때문에 제대로 된 성과를 거둘 수 없었다. 또한 진화위의 화해 조치는 법률적인 실효성이 없는 권고에 불과했고, 실제로는 입법·행정적 조치나 법원의 재심 판결에 맡

길 수밖에 없었다.

게다가 2000년대 이후 뉴라이트의 등장으로 과거사를 둘러싼 백
래쉬(backlash)가 본격화되는 가운데 2009년에는 이명박 정권이 들
어서면서 위원장을 비롯하여 대부분의 진화위 위원들이 과거청산
에 부정적인 한나라당과 이명박 정부가 추천하는 위원들로 바뀌었
다. 새로 취임한 이영조 위원장은 언론과의 인터뷰에서 진실화해
위원회의 결정이 "당시 위원회를 구성한 위원들의 지배적인 의견
을 반영할 뿐이고 오류 가능성이 있는 게 사실"[12]이라며, 참여정부
시대의 진화위 활동에 부정적인 견해를 내보이기도 했다.

진화위는 ①일제강점기 또는 그 직전에 행해진 항일독립 운동,
②해방으로부터 한국전쟁 전후의 민간인 집단희생사건, ③권위주
의 통치하의 인권침해 사건과 날조 의혹사건, ④대한민국의 적대
세력에 의한 테러나 인권 유린 등 4개 분야에서 활동을 전개했지
만, 이 가운데 ②에 속하는 안건 비율이 73.4%로 압도적으로 많았
다.[13] 그런 면에서 진화위의 활동은 국민보도연맹 학살사건 등 여
러 유형의 민간인 희생 사건에 대한 진상규명을 통해 관련 희생자
들의 명예회복과 보상을 위한 근거를 마련했고, 이는 4·3특별법 제
정 이후의 문제 해결에도 긍정적인 영향을 끼쳤다고 할 수 있다.

하지만 진화위는 이러한 민간인 학살을 권위주의 체제하의 인권
유린과 같은 방식, 즉 신청인이 진실 규명을 요구한 개별 사건별

처리 방식을 선택함으로써 시대별, 유형별 사건을 종합적으로 다루는 데 실패했다.[14] 결국 진화위의 활동은 개별 사건의 진실 규명, 즉 피해자들의 피해 사실을 입증하는 것에 그쳐, 과거의 폭력을 정당화하고 규범화하는 데 기여해 온 이념적 구조를 밝히는 일에 관해서는 거의 무력했다. 이러한 한계는 여타 과거청산의 시도에도 적용될 수 있을 뿐 아니라, 4·3 역시 예외가 아니다. 오히려 문제의 근원이 되는 '이념적 구조'를 둘러싼 한계는 4·3에서 더욱 심각하게 제기되지 않을 수 없다.

벤야민은 법과 폭력의 관계를 비판적으로 검증하면서, "수단으로서의 폭력은 모두, 법을 정립하거나, 혹은 법을 유지한다."며 새로운 법질서를 만들어 나갈 때의 폭력을 '법정립적 폭력'으로 규정하는 한편, 완성된 법질서를 지키기 위해서 경찰이나 군 등의 공권력에 의해 행사되는 폭력을 '법보존적 폭력'으로 구분했다.[15] 이에 따르면, 민주화 이후에 본격화된 한국의 과거청산은, 거의 대부분 '법보존적 폭력'의 청산이라는 틀 안에서 이루어진 것이고, 국가 형성기의 테러가 맹위를 떨친 4·3의 과거청산과는 차원을 달리한다. 4·3의 과거청산은 그 역사적 성격으로 보아 대한민국이라는 국가의 '이념구조' 자체를 묻는 차원에서 이루어질 수밖에 없는 것이다.

20세기에 접어들어 나타나는 새로운 국가 형성은 언제나 특정한 가치나 이데올로기의 제도화를 수반했다. 이 제도화는 전 세계 대부분의 지역에서 대립하는 세력이나 개인에 대한 숙청, 추방, 심지어는 광기 어린 테러와 더불어 단행되었다. 4·3에서 자행된 폭력도 그런 범주에서 이해되어야 할 것이다.

과거청산을 둘러싼 최근의 논의에서 정근식은 5·18특별법은 '이행기 정의' 모델에 따른 과거청산의 사례로서 논할 수 있는 데 비해, 4·3특별법은 '진실 화해' 모델의 사례로 보고 있다. "4·3특별법은 냉전분단 체제라는 현실적인 조건하에서 창법적 폭력(법을 만들어 내는 폭력)의 책임자들에 대한 처벌 불가능성 때문에 명예회복에 중점을 둔 진실 모델을 채택하지 않을 수 없었다"는 것이다.[16] 정근식은 해당 논문에서 '창법적 폭력'이라는 용어의 유래를 밝히지 않고 있지만, 벤야민의 '법정립적 폭력'의 여러 한국어 번역의 하나가 아닐까 생각된다.

정근식은 책임자 처벌이라는 관점에서 '이행기 정의'와 '진실·화해' 모델을 구별하고 있지만, 앞서 언급한 것처럼, 80년대 이후 한국을 비롯하여 세계 여러 나라에서 시도된 과거청산의 대부분은 '진실·화해'의 틀 안에서 진행되었다. 5·18처럼 일정한 책임자 처벌이 실현된 사례는 오히려 예외적이었다고 할 수 있다. 처벌은커녕 가해 책임을 밝히는 가해자의 '진실 말하기'에 관해서도 이를 위한 조사권이 진화위를 비롯한 대부분의 과거청산 추진기관에서 전혀 부여받지 못하거나, 지극히 초보적인 수준에 머물렀다. 4·3의 경우, 2021년 전부개정법의 토대가 됐던 17년의 발의법에는 4·3위원회가 직권으로 진상조사를 할 수 있도록 하는 규정(제8조)도 포함됐지만,[17] 개정법에는 포함되지 못했다.

'법정립적 폭력'에 그 근원을 찾아야 할 4·3의 특수성은 단지 가해 책임의 추구가 '불가능'하다는 점에 그치지 않는다. 국가폭력의 '희생자' 인정 자체에서도 풀기 어려운 아포리아에 부딪치지 않을 수 없는 것이다. 재일 제주인은 이러한 4·3의 아포리아를 전형적으로 체현하는 존재이기도 한다.

3. 4·3과 제일 제주인 사회

개정된 4·3특별법 제9조에는 '대한민국 재외공관'에 희생자 및 유족의 피해 신고를 접수하는 '신고처'를 설치하도록 규정하고 있다. 이러한 조항은 한국전쟁 당시 한국군·미군에 의한 민간인 학살의 과거사 청산 관련 입법에는 볼 수 없는 규정이다. '재외공관'이라 되어 있지만 여기서의 '재외'는 주로 일본을 가리킬 것이고, 4·3과 재일 동포사회와의 깊은 연관성을 말해 주는 규정이라 하겠다.

일제강점기에는 오사카-제주 간 '기미가요마루(君が代丸)'와 같은

그림1 제2 기미가요마루

객선 직항로가 개설되면서 1930년대 중반에는 제주도 인구의 약 4분의 1에 해당하는 5만여 명이 일본에 거주했다.[18] 제주도 출신 자들의 확고한 커뮤니티가 형성되면서 오사카는 일본-한국 간의 경계를 넘는 제주 주민들의 생활권의 일부가 되었다.

8·15 해방과 더불어 많은 제주인들이 해방된 조국으로 귀환하게 되지만, 한 번 귀환한 제주인들의 다수가 4·3을 전후한 혼란기에 다시 오사카 등지로 되돌아 왔다. 일본 점령군(GHQ)은 한 번 귀환한 한국인들의 일본으로의 도항을 엄격히 금했기 때문에 이 시기

의 한국인들의 일본행은 밀항이라는 수단을 취할 수밖에 없었다. 따라서 당시 한반도로부터의 인구이동 규모나 실태는 관련되는 기록이나 증언으로부터 추정할 수밖에 없다.

『제주4·3사건진상조사보고서』는 이와 관련하여 "제주 청년 약 3,000명이 해방 후 일본으로 건너갔지만, 주로 1947년의 일이었다. (4·3) 사태 발생 후인 48년이나, 49년에 일본에 왔다는 사람들은 거의 거짓말일 것이다."라는 김민주의 말을 인용하고 있다.[19] 『보고서』에서 당시 제주에서 일본으로의 밀항 규모에 관한 언급은 따로 보이지 않는다. 하지만, 2000년대 이후에 발굴된 증언에는 4·3 발발 이후 49년까지 일본에 건너왔다는 사실을 밝히는 자료들이 적지 않다.

김시종은 49년 6월에 관탈섬에서 숨어 지내다 아버지가 마련한 밀항선으로 고베(神戶) 스마(須磨)에 도착했다.[20] 정병춘(鄭秉春)는 해방 직후부터 1951년 말에 일본에 살기를 결심하고 아이를 데리고 밀항할 때까지 6번이나 제주와 일본을 오갔다. 4·3 와중인 6월에도 제주에서 낳은 넷째 딸의 등록을 만들기 위해서 일본에 밀항했다.[21] 48년 가을 18세였던 강정희는 어린 남동생과 여동생을 데리고 하귀에서 30km 떨어진 조천항에서 밀항선을 탔다.[22] 무장대 연락원으로서 활동하던 고난희(高蘭姬)도 48년 7~8월에 신촌 원당봉에서 밀항선을 탔다. 고난희에 의하면 같은 밀항선에는 많은 '도피자'가 타고 있었다고 한다.

2000년대 이후에 수집된 자료나 증언을 바탕으로 이 시기 밀항의 실상을 정리하면, 우선 해방 직후 1년 남짓은 출입국 관리가 미비해서 제주로 귀환하는 사람들의 흐름과 급격한 인구압력으로 인한 식량부족, 취직난, 전염병 발생 등으로 인해 일본으로 역류하는 흐름이 교차했다. 그런 상황에서 남한의 미군정 당국이 1945년 12월 한 번 귀환한 한국인이 허가 없이 다시 일본으로 도항하는 것을 금지하도록 일본의 GHQ에 요청했다.

이 요청을 수용한 GHQ는 1946년 3월 일본 정부에 대해 한국에 귀환한 "非일본인은 연합국최고사령관의 인가를 받았을 경우를 제외하고 통상 상의 교통 기관을 이용할 수 있게 될 때까지 일본에 재입국 하는 것을 허가하지 않는다."[23]라는 지령을 내렸다. 같은 해 4월부터 불법입국 단속이 본격화됐고, 이 해만 해도 2만 명 이상의 밀입국이 있었던 것으로 보인다.

GHQ가 단속을 시작해서 4·3이 발발한 48년 전후에 이르는 시기를 다룬 자료로는 그동안 G-2의 각서 'Data of Illegal Entry of Korean for the year 1930(?)-1949'[24]를 비롯하여 모리타 요시오(森田芳夫)[25], 법무성입국관리국 편(法務省入国管理局編)[26], 다케노 요시하루(武野義治)[27] 등이 후지나가 다케시 외(藤永壯ほか)[28], 김광렬(金廣烈)[29], 박사라(朴沙羅)[30] 등에 의해 발굴되어 왔다. [표 1]은 1946년

중반부터 50년까지의 수치를 정리한 것이다. 자료마다 수치가 미묘하게 다르지만 대략적인 경향은 짐작할 수 있다.

표1 밀항자 수

단위: 명

자료	1946	1947	1948	1949	합계
모리타 요시오[31]	17,733 3,683(도주)	6,010 1,467(도주)	7,978 2,046(도주)	8,302 2,710(도주)	40,023 9,906(도주)
다케노 요시하루[32]	17,733 3,683(도주)	5,422 1,467(도주)	7,813 2,046(도주)	8,660 2,709(도주)	39,628 9,905(도주)
마츠모토 쿠니히코 (松本邦彦)[33]	22,132	6,630	8,408	9,437	46,607
법무성 입국 관리국 편[34]	17,737 7,733(Korean)	6,119 6010(Korean)	8,167 7,978(Korean)	8,702 8,302(Korean)	40,725 40,023(Korean)

1946년의 1만7천여 명에서 2만 명 남짓으로 가장 많았던 밀항자 수가 47년 5월 외국인 등록령 시행 이후에는 6천여 명으로 감소, 그 후 48년에 약 8천 명, 49년 8천 명대 후반까지 증가했는데 숫자의 증감은 거의 공통되어 있다. 이상의 수치는 검거자이고 대부분은 한국으로 강제 송환되었다.

모리타[35]와 다케노[36]는 '도주 인정 인원'을 들어서 1948년의 그 합계는 1만 명 정도였다. 49년, 지방 군정을 지휘하는 제8군은 검거자를 실제 밀항자의 50%로 추정하고 있으므로, 4·3사건을 전후

한 3년 동안 2만 명 남짓이 밀항에 성공한 것으로 추정된다. 김광렬에 의하면, 실제로 미검거자는 검거자에 2, 3배에 이르며, 심지어 밀항자는 10%밖에 검거되지 않았다는 증언도 있다.[37]

밀항자의 출신지는 명확하지 않은데, 1949년 8월부터 12월 사이 '불법입국 검거자' 139명 가운데 제주도 출신자가 84명(약60%)이라는 자료가 있다.[38] 이 비율을 단순히 적용하면 4·3사건을 전후하여 제주에서 적어도 1만 명 이상이 일본으로 건너온 셈이다.

제주인들의 일본행은 한국전쟁 이후의 반공체제 하에서의 연좌제나 극심한 생활고에 의해 전쟁 이후에도 계속 이어졌고, 한일조약이 체결된 65년까지만 해도 매년 1천 명 이상이 검거됐다. 김동일(金東一)[39]을 비롯하여 정병춘[40], 강경자(姜京子)[41], 이복숙[42]도 50년대에 일본에 왔다. 재일 한국인 전체에서 차지하는 제주인의 비율도 1952년의 12%(64,117명)에서 15%(86,490)로 늘어났다. 59년 말에 시작된 북한으로의 귀국으로 많은 제주인이 귀국한 것을 고려하면 50년대부터 한일 조약에 이르는 시기에도 제주에서 일본으로의 인구 이동이 상당한 규모로 이루어진 것으로 짐작된다.

대규모의 제주인이 일본으로 재입국한 사실은 4·3 관계자나 희생자, 유족이 전후 재일 동포사회의 일각을 차지하게 된 것을 뜻한다. 4·3의 진상규명은 그러한 재일 동포사회와의 관련을 외면해서는 결코 완결될 수 없다.

한편 이렇게 난민처럼 일본에 건너와서 재일 동포사회의 일각을 차지하게 된 제주인들 가운데에는 4·3의 봉기를 주도한 무장대 관계자나 그 친인척도 적지 않다. 그들의 대부분은 총련(재일본조선인총련합회)계 조직이나 생활세계에 몸담으며 활동을 이어 왔다. 총련은 1946년 10월에 재일조선인의 권익을 대표하는 대중단체로 결성된 조련(재일본조선인연맹)을 시작으로 민전(재일조선인민주통일전선, 1951-55년)을 거쳐 소위 재일 조선인 운동의 노선 전환으로 1955년에 결성된 북한체제와 직결되는 대중조직이다. 그 세력은 [표 2]의 국적별 한국인의 추이에서 보듯이 한국계 세력(소위 민단계)을 압도했다.

표2 국적별 통계[43]

단위: 명, %

연도	한국적		조선적	
	인수	%	인수	%
1950년 3월	39, 418	7.4	495,818	92.6
1950년	77,433	14.2	467,470	85.8
1955년	143,889	24.9	433,793	75.1
1960년	179,298	30.8	401,959	69.2
1965년	244,421	41.9	339,116	58.1
1970년	331,389	54.0	282,813	46.0

[표 3]은 주로 2000년대 이후에 채록된 증언 자료를 통해서 밝혀진 4·3의 직접적 체험자로서 일본으로의 밀항 후에는 넓은 의미에서의 총련계 활동에 몸담았던 제주인을 정리한 것이다. 그중 김시종과 김동일, 고난희, 문도평(文道平), 이성호(李性好), 고기진 등은 4·3 당시 남로당 당원이나 연락원으로서 활동해 일본에 도피해 온 제주인이다. 이 외에도 이삼룡, 김민주, 조규창 등이 이미 남로당에서 활동한 것으로 알려져 있었다.

한국에서도 잘 알려진 김시종은 일본으로 밀항한 뒤 민전의 상임위원으로 활동하며 일본에서의 문예운동을 주도하지만 총련이 결성되면서 창작 활동을 둘러싸고 조직의 중앙지도부와 갈등을 빚어 60년대에는 조직에서 이탈했다. 2005년에는 국적을 조선적에서 한국 국적으로 바꾸었지만, 여전히 '조선인'을 자칭하고, '조선'이나 '재일 조선인'으로서의 정체성을 표명하고 있다.[44]

출생연도가 가장 빠른 이성호는 남편과 함께 남로당에 가입했고, 그로 인해 남편이 끔찍한 희생을 당했다. 일본으로 건너간 후에는 여성동맹 도쿄지부위원장 등을 역임해 마지막까지 조직 일꾼으로 활동했다.[45] 강정희는 밀항 후 오사카에서 제주 출신 남편을 만나, 조선 총련 오사카부 본부의 활동가가 된 남편과 함께 아들 3명을 북한으로 보냈다. 이러한 강정희의 역사와 경험은 4·3에 대한 처참한 경험의 고백과 더불어 최근 다큐멘터리 영화 '수프와 이

표3 일본으로 건너 간 4·3 체험자들

이름(출생연도)	출신	4·3과의 관련 및 피해	밀항	일본에서의 활동
김시종 (1929)	부산/ 제주	46년 12월 입당. 외삼촌이 무장대에 의해 희생됨. 아버지 대리 구금 후 병사.	49년 6월 관탈섬을 거쳐 고베 스마로 밀항	일본 공산당 입당, 민전(재일조선통일민주전선) 가입
김동일 (1932)	조천	민애청 가입, 진도 군당 위원당 비서, 어머니 병사	58년 부산에서 오사카로	총련계, 오빠 친척들 북한으로 이주
고난희 (1930)	신촌	무장대 아버지와 동생이 희생	48년 부산에서 고베로	여성동맹 이쿠노 미나미(生野南) 지부 부위원장
문도평 (1923)	제주	아버지와 동생 3명 희생		오사카경제법과대학 교수, 과협(科協) 오사카지부 회장
이성호 (1920)	한림	남편 신찬호와 같이 남로당 입당 후 무장대 활동, 남편 희생	49년 말 오사카로 밀항(수용소)	여성동맹 도쿄지부 위원장
강경자 (1937)	대정	오빠, 언니가 입산 후 희생	51~52년 부산·쓰시마· 오사카	맏형, 어머니 북한으로 이주
현정선 (1927)[47]	조천	47년 3·1절 기념 행사 때 구속·피신 가족 희생	47년 제주·오 사카·도쿄	친척 8가구 북한으로 이주
이복숙 (1936)	신촌	4·3 당시 무장대 사령관을 지낸 작은 아버지로 인해 온 집안이 희생	4번 밀항에 실패한 끝에 56 년 오사카로 밀항	조카 3명 북한으로 이주

이름(출생연도)	출신	4·3과의 관련 및 피해	밀항	일본에서의 활동
고기진 (1932)	신평	연락원으로 활동, 친인척 6명이 희생	48년 8월 구장과 함께 일본에 있던 아버지를 의지해서 도일	총련 미야기현(宮城県)본부 위원장 등 조직 책임
정병춘 (1917)	동복	아버지 희생	45-51년까지 6번 밀항	딸 북한으로 이주
강정희 (1931)	하귀	삼촌(큰아버지)이 학살당하는 것을 목격	48년 가을경에 어린 동생들을 데리고 밀항	남편이 조선 총련 오사카부 본부의 활동가로 아들 3명을 북한으로 보냄

데올로기'로 제작되어 한국에서도 상영된 바 있다.

김동일과 고난희, 고기진은 연락원으로서 무장대를 도왔고 그후 일본으로 건너왔다. 김동일은 총련의 조직 활동에 직접 참여한 것은 아니지만, 가족들이 북으로 건나간 것으로 보아 총련에 가까운 존재였음을 알 수 있다. [46]

고난희는 아버지와 남동생이 희생됐으며, 똑같이 아버지와 남동생이 희생된 남편과 일본에서 만났고, 부부가 함께 총련 산하 조직의 간부가 되었다. 고기진도 김달삼이 교편을 잡았던 대정중학교 학생으로서 '레포' 활동을 하고, 4·3 때는 큰아버지 부인이나 사촌 누이동생 등 친인척 6명이 희생을 당했다. 48년 8월에 일본으로 건

그림2 '수프와 이데올로기' 포스터

너간 후에는 도쿄에 있는 조선 학교 교육회의 총무부장을 시작으로(51년), 62년에는 총련 도쿄 이타바시(板橋)지부 조직부장, 73년 도쿄도 본부 조직부장, 89년 총련 미야기현(宮城縣) 본부 위원장 등 총련의 간부로 중책을 역임했다. 일본에서의 4·3운동과는 전혀 접촉이 없었고 이러한 경력도 서거 후에 남긴 친필의 자서전(총련중앙에 제출하는 자기총괄서)을 통해서 밝혀졌다.

이상의 4·3 체험자들의 대부분은 4·3특별법에 의거한 희생자 신고를 하지 않고 있는데, 단지 고난희만은 제주에 사는 양자가 아버지의 희생신고를 한 것으로 증언하고 있다.

[표 3]에 실린 4·3 체험자 중에서도 가장 처참하면서도 특이한 생애를 보낸 사람은 이복숙일지 모른다. 그녀는 4·3 당시 무장대 사령관을 지낸 작은아버지(이덕구)로 인해 온 집안이 희생을 당했다. 56년에 일본으로 밀항해 왔지만, 그때까지 4번이나 밀항에 실패하여 정병춘과는 대조적인 케이스라고 할 수 있다. 일본 사회당 관계

朝日新聞

530-8211 大阪市北区中之島3-2-4
6231-0131　www.asahi.com

2008年（平成20年）
4月2日
水曜日

夕刊

済州島の悲劇 封印解く

60年前の4・3事件体験者

韓国・済州島で1948年4月3日、左翼勢力の蜂起をきっかけに住民約3万人が虐殺されたといわれる事件が起きた。後に「4・3事件」と呼ばれたこの混乱で、日本に渡った在日韓国・朝鮮人もいた。「悲劇」を繰り返してはならない。つらい記憶を封印した人々が60年を経て、自らの体験を語り始めた。

泣きながら体験を語る李福淑さん。いとこの男性（左）も涙をぬぐっていた＝3月23日、大阪市天王寺区、川村直子撮影

キーワード

済州島4・3事件　48年4月3日、朝鮮半島南部の単独総選挙に反発して武装蜂起した左翼勢力を警察や軍が鎮圧する過程で、主に左翼関係者と見なされた島民ら約3万人が命を落としたとされる。弾圧は、李承晩政権下で54年まで続いた。事件は長くタブー視されたが、98年に就任した金大中大統領（当時）が真相究明に着手。03年10月、盧武鉉大統領（同）が初めて国の責任を認め、島民に謝罪した。（平野辰夫、中野晃）

在日らに継ぐ記憶

「家は焼かれ、畑は奪われました。大人も子どもも関係なく、罪のない人たちが次々と殺されたんです」

大阪市天王寺区で3月23日に開かれた事件を学ぶ集会。李福淑さん（1）＝在日の若者ら約90人の前で、時に声を震わせ、涙を流しながら記憶の引き出しを少しずつ開けていった。

朝鮮半島が南北に分断されつつあった48年。左翼勢力と軍、警察の鎮圧の過程で無関係の島民らも約3万人が殺されたという。左翼勢力の宣伝係だった李さんの叔父も捕まり、親族という理由だけで殺された。この中には、7、8歳だった李さんほかの叔父の長男もいた。

当時11歳の李さんはその後、から島内を逃げ回った。島を出なければ…。密航船で佐賀・唐津にたどり着いた。長崎の大村収容所に約5カ月間収容された後、別の叔父がいる大阪へ。喫茶店を切り盛りしながら、子ども4人を育てた。李さん自身は…

れる慰霊式に出席するため、3月31日に帰郷した。島を出てから60年。故郷に足が向かなかったのは（またつらい目に遭わされるのでは）という不安があったからだ。事件当時は中学生で、山にこもった武装隊の伝令役を…

た50年6月に朝鮮戦争が始まり、密航船で祖国を後にし、母の死の知らせが入っても本を運べなかった。慰霊祭には、済州道庁から…

悲惨な体験者の多くはこの事件を語れないまま数十年に及ぶといわれる。…だが、03年10月、政府が「国家の過ち」を認め、謝罪。李さんは07年12月、51年ぶりに島の土を踏み、叔父と親族を前に。「二度とあんな事件を起こしてほしくない」。李さんは涙をぬぐったハンカチを握りしめて訴えた。

済州島の李さんとともに招かれた、大阪の李さんは同郷の墓参りをし、死んだ仲間の生きた証しにするため、好きなヒマワリの種をふるさとの山にまきたい、と考えている。

東京都江戸川区の金東日さん（76）は3日に済州島で開かれ…

그림3 아사히신문 2008. 4. 2.

자가 일본에서의 등록을 만드는 데 많이 도와주었다고 한다.

　이복숙은 총련과도 민단과도 거리를 두면서 양 조직에 회비를 내고 있다. 그러면서도 공부하고 싶다는 3명의 조카들을 북한에 보냈다. 한편 오빠를 비롯한 희생자 신고에도 적극 나서면서 2007년에는 고향 땅에 가족묘를 조성했다. 그런가 하면 북한에 있는 조카들과 힘을 모아 대성산혁명열사릉(大成山革命烈士陵)에 '리덕구'의 비석을 세우는 데 헌신했다(그림 4). 희생자들을 위무, 위령하면서

그림4 평양에 있는 이덕구의 애국열사묘

분단 구조에서 이탈하고자 기존의 가치나 관념을 초월한 굳센 삶의 실천을 엿볼 수 있다.

4. 나가며

해방 후 한반도에서는 사회주의와 자유주의라는 두 이념과 가치가 미·소 대결이라는 국제적 맥락을 배경으로 충돌했고, 4·3은 어떤 면에서 그러한 대결이 집약된 축도 위에서 발생한 것이다. 결국 한국 정부의 수립은 후자의 이데올로기 세력에 대한 승리 선언이라 볼 수 있다. 2001년 4·3 희생자 기준에 관한 헌재 결정에서 언급된 '자유민주주의적 기본질서'와 '대한민국의 정체성'이란 그러한 승자의 입장에서 만들어진 사후적 정당화의 논리라 하겠다. 거기에는 미군, 우익, 친일 세력들이 한국 정부 수립 과정에서 '자유'와 '민주주의'를 계속 침해했다는 사실을 따지지 않는다. 결국 벤야민이 말했듯이 "법의 수립은 권력의 정립이며, 그 차원에 한해서는 폭력의 직접적인 선언의 한 토막이다."[48]

한편, 이러한 대한민국의 논리에 대항해 봉기 세력이 내건 논리의 하나는 '남북통일'이며, 그것은 소위 '항쟁설'의 유력한 변증의 논리가 되고 있다. 무장봉기에서 봉기 측이 뿌린 호소문에는 "매국적 단선·단정을 결사적으로 반대하고 조국의 통일·독립과 완전한 민족 해방을 위해서!"[49]라는 주장이 밝혀지고 있다. 하지만 여기에 대해 무장대의 주장은 '통일'이라고 해도 북한 주도의 통일이었다는 비판도 있다. 제주도 출신의 작가 현길언은 4·3의 무장봉기에서 무장대가 내걸었던 "'구국 투쟁'은 조선민주주의인민공화국 수립을 목적으로 하고 있었다."라고 비난한다.[50] 남로당원으로서 현장을 경험한 김시종도 4·3 당시, 남로당 내에서는 '반탁', 즉 '민주 기지론'이 주류였다고 증언하고 있다.[51] '민주 기지론'이란, 당시 임시 인민위원회 하에서 친일파의 배제나 사회 개혁이 진전된 북한을 '민주 기지'로 삼아 전 조선 혁명을 실현한다는 생각이다. 요컨대, 북한 주도의 통일이며, '통일'을 주장했다고 해서, 서로 대립하는 이데올로기나 가치관의 하나로서 간주할 수도 있고, 그 자체가 무조건 '정의'라고는 못 할 것이다.

4·3의 문제해결을 법학자의 관점에서 검토해 온 이재승은 폭력을 부정해, 이질성을 정치의 조건으로 받아들이는 '아고니즘(agonism)' 혹은 '경합적 민주주의(agonistic democracy)'의 관점에서 2001년 헌법재판소의 판단을 비판한다.[52] "승리자는 자신의 이념을 절대적 진리로 자부하지만 역사의 법정은 갈등하는 세력들 모두에게 제한된 정당성만 부여한다."라며 "화해와 상생의 차원에서 보자면 제주4·3사건으로 인해 희생된 사람들은 좌우를 떠나 모두 4·3사건

의 희생자로 애도받아야 한다."라고 논한다. 앞서 거듭 언급했듯이, 이 '화해와 상생'은 좌우가 같은 생활 공간을 공유하는 재일 동포사회에서 더욱 절실하게 제기된다.

어쨌든 '항쟁지도부'도 희생자로서 인정해야 한다는 주장이 '대한민국의 정체성'이라는 이데올로기에 '항쟁설'이라는 별도의 이데올로기를 대치하려는 것이라면 제주사회의 분단이나 균열을 피하지 못할 것이다. 그런 면에서 항쟁지도부의 희생자 인정 문제와 '정명' 문제는 위상을 달리하고 있다고 보아야 한다. 이복숙을 비롯한 재일 제주인의 삶의 실천은 이데올로기 그 자체를 초월한 희생자 추모의 중요함을 말해주고 있다. 이데올로기와 이데올로기가 대치하는 냉전 시대의 논리는 오늘의 탈분단 시대에 걸맞은 '정의'의 논리로 대체되어야 할 것이다.

4·3의 무장봉기에서 무장대가 내건 또 하나의 슬로건은 '탄압이면 저항이다', '뼈에 사무친 원한을 풀기 위하여!'[53]라는 것이다. 4·3 무장봉기란 3·1절 사건 이후에 제주도 사회에서 벌어진 미군정·경찰·우익들이 휘둘렀던 무참한 폭력에 대한 자기 방위적인 반격이었다. 박찬식은 이 '자기 방위적 성격'을 무장봉기의 본질로 보고 있다.[54] 그는 "제주도 남로당의 사회주의 이념은 도민들을 조직화하는 데 있어서의 사상적 외피에 불과하다."라고 하면서, 제주도민의 저항이 민족주의나 국가주의의 논리에는 회수되지 못하는 자

치의 전통이나 관습에서 비롯되는 고유의 생존 전략이었다고 본다. 이재승은 이런 자기 방위로서의 제주도민의 '항쟁'의 의미를 국제법상의 '자결권'의 맥락에서 밝히고 있다. **55**

역사의 사실은 언제나 다의적이다. 신고된 4·3 희생자 가운데 약 80%가 군이나 경찰·우익에 의한 희생이었지만, 무장대의 잔학행위가 없지 않아, 그 피해자는 2천 명 가까이에 이른다고 한다. 4·3을 통일을 위한 '항쟁'이라고 해석하는 것은 민주화 이전에 토벌대에 의한 희생자들이 그랬던 것처럼, 무장대에 의한 희생자 유족을 거꾸로 억울한 시름에 잠기게 하며, 도민들 사이에 새로운 균열을 낳을 수도 있다.

제주4·3평화재단도 이를 고려해서, 4·3을 '항쟁'으로 보는 '정명' 문제에는 신중한 자세를 보인다. 재단이 발행한 4·3의 개요를 설명하는 책자(『4·3이 머우꽈』)에는 '4·3의 이름을 정하지 못하는 까닭'이라는 항목이 마련되어 있다. 거기서는 무장대의 잔학행위를 언급하면서 "규율도 질서도 없는 보복의 형태는 4·3이 길어질수록 더 무자비해졌고 그 시기의 공포를 제주도민들은 기억하고 있습니다."라고 하고 있다.

하지만 제주4·3의 '완전한 해결'이 거론되는 현 단계에서, 역사의 명확한 자리매김 없이 문제 해결을 진척시키기에는 한계가 있다. 한국전쟁을 전후해서 8년 남짓에 달하는 4·3이 국면마다 다양한 양상을 띠었던 것은 사실이지만, 4·3을 굳이 정의해야 한다면 4월 3일의 무장봉기가 어떤 이유와 목적으로 일어난 것인지에 관한 사실을 기준으로 할 수밖에 없을 것이다. 그런 기준으로 보면 4·3의 무장봉기가, 좌우의 이데올로기를 넘은, 외부로부터 가해진 불의의 폭력에 대한 저항, 그런 차원에서의 정의의 항쟁이었다는 해석이 가능할 것이다.

가라앉은
기억들

-반공주의와 개발이라는 쌍생아

김동현

문학평론가/제주민예총 이사장

이 장은 필자의 「반공주의와 '개발'의 정치학-제주의 사례를 중심으로」(『한민족문화연구』 65, 2019, 45-72쪽)를 기필, 수정한 것이다.

가라앉은
기억들

-반공주의와 개발이라는 쌍생아

1. 끝나지 않은 4·3

4·3은 끝났는가. 비유적인 질문이 아니다. 4·3의 고통이 아직 끝나지 않았다는 의미도 아니다. 제주4·3의 비극적 죽음을 여전히 기억해야 한다는 의미는 더더욱 아니다. 말 그대로 '제주4·3은 끝이 났는가.'라는 뜻이다. 무슨 말도 안 되는 질문이냐고 할지 모른다. 학살은 오래전 끝이 났고, 4·3 특별법이 제정되고, 공식적인 진상조사보고서도 나왔고, 생존 희생자와 후유 장애인에 대한 보상도 실시되고 있는데 뜬금없다고 할 만도 하다.

"1947년 3월 1일을 기점으로 1948년 4월 3일 발생한 소요사태 및 1954년 9월 21일까지 제주도에서 발생한 무력충돌과 그 진압과정에서 주민들이 희생당한 사건", 제주4·3특별법은 '제주4·3사건'을 이처럼 정의하고 있다. 시기적으로만 따진다면 4·3은 지나간 역사이다. 하지만 다시 생각해보자. 과연 4·3은 끝났는가.

이 질문에 대해 답하기 위해서는 좀 먼 길을 돌아야 한다. 그것은 조선이 '근대'와 '자본주의 시장 체제'에 편입되어갔던 과정이 무엇이었는지를 따져봐야 하는 문제이기 때문이다. 잘 알다시피 독립국 조선이 일본 제국에 강제로 편입되는 과정은 '국권의 상실'인 동시에 '제국 자본주의 체제'의 강제적 이식이기도 했다. 일본 제국주의는 스스로를 '문명의 전달자'로 여겼고 이는 봉건국가 조선을 식민지 자본주의 체제로 탈바꿈하기 위한 시도로 이어졌다. 철도 부설과 근대적 공장의 설립, 그리고 위생 담론에 이르기까지 제국 일본의 지배는 꼼꼼하고 치밀한 '식민지 자본주의' 이식 과정이었다. 그것은 결국 '일그러진 근대'이자, '개발 없는 개발'이었고, 국민과 비국민을 나누는 동원과 배제의 정치였다. 일본 제국의 식민지 지배의 핵심은 여기에 있다. 식민주의와 자본주의는 동전의 양면이자, 억압의 두 축이었다. 이것을 일종의 식민지적 수탈의 관점에서 바라보아서는 곤란하다. 오히려 식민과 해방, 그리고 이어진 또 다른 점령에 이르기까지, '근대'와 '자본주의 시장'의 이식 과정에 수반될 수밖에 없는 폭력의 문제를 바라보기 위해서는 근대란 무엇인가를 생각해야만 한다. 제주 역시 마찬가지다. 제주4·3에 대한 사유의 출발도 여기에 있다. 과거는 기억 속에 존재하는 박제된 시간이 아니다. 과거는 끊임없이 현재로 흐르는 '여전한 오늘'이자 언제나 현재적 시간 속에서 여전히 영향력을 행사하고 있는 '영원한 오늘'이다. 오늘을 읽지 않는다면 제주4·3은 그냥 지나간 역사이자, 기억해만 하는 슬픈 과거일 뿐이다.

4·3 대학살의 폭력은 끝난 역사가 아니다. 근대 반공국가 대한민국의 수립은 '제주'라는 이데올로기적 희생양을 필요로 했다. 통일이 아닌 분단, 완전한 자주 독립이 아니라 또 다른 점령으로 이어진 역사 속에서 조선 땅 어느 곳이라도 희생양이 될 수밖에 없었다. 그런 점에서 제주4·3은 '우연한 학살'이 아니라 냉전과 분단의 역사가 시작되는 순간 발생할 수밖에 없었던 '필연적 학살'이다. 이러한 피의 대가로 세워진 것이 1948년 대한민국 정부 수립이었다. 생각해보면 1919년 3·1 운동 이후 성균관 유생 조소앙이 주축이 되어서 만들어진 대한민국 임시헌장의 전통은 반공이데올로기를 내세운 반쪽짜리 대한민국에 의해 거부되었다. 이 땅의 민중은 반쪽의 대한민국을 거부했다. 4·19혁명 이후 통일의 함성이 터져 나왔던 것도 이러한 맥락에서 바라보아야 한다. 이승만, 박정희, 전두환, 노태우로 이어지는 반공 군사정권을 민중의 힘으로 거부해온 역사가 바로 지금 우리의 민주주의다. 때문에 미소 대결의 과정에서 '제주'가 선택한 항쟁은 미국과 이승만의 입장에서는 용납될 수

없는 '사건'일 수밖에 없었다. 제주는 권력에 맞선 땅이었고, 분단을 거부한 섬이었다. 제주4·3항쟁의 근원도 여기에서부터 시작된다. 그렇기 때문에 이승만과 미군정은 제주 사람들을 철저히 '비국민'으로 간주할 수밖에 없었다. 그리고 이러한 폭력은 미증유의 대학살 이후 벌어진 '반공국가'의 재건과 개발담론으로 이어졌다.

해방 후 미국의 일본 부흥 프로젝트가 미소 대결에서 전략적 파트너로 일본을 선택하면서 시작되었다는 점을 상기해보자. '비국민'에 대한 철저한 섬멸과, 민족 상잔의 전쟁을 벌인 이후 제주는 '빨갱이'라는 낙인에서 자유로울 수 없었다. 한국전쟁 당시 '반공의 최후 보루'로 여겨졌지만 국가는 의심을 시선을 거두지 않았다. 그리고 이러한 의심의 시선은 5·16 군사 쿠데타 이후에도 여전히 작동되었다. 제주4·3의 진실이 오랫동안 강요된 침묵이었다고 생각하는 이유도 이러한 현대사의 맥락 때문이다. 하지만 이후 벌어진 '혁명 정부의 제주 개발 계획'은 강요된 침묵이 아니라 자발적 침묵의 이유가 되어갔다.

제주4·3을 끝난 역사가 아니라 현재 진행형으로 바라보기 위해서는 제주4·3과 이후의 개발 문제를 동시에 사유해야 한다. 그리고 거기에 은폐된 폭력의 구조를 근원에서 다시 보아야 한다. 그렇게 해야만 제주4·3항쟁의 의미와 이후 벌어진 대학살의 폭력, 그리고 침묵의 강요와 그것을 스스로 내면화한 과정을 동시적으로 볼 수 있다. 그것은 제주4·3을 사유하는 일이 근대성과 식민성을 동시에 문제 삼아야 하는 것이기 때문이다.

2. 제주라는 식민지, 근대라는 폭력

그렇다면 여기서 질문을 다시 던져보자. 과연 제주의 근대적 경험은 무엇이었는가. 해답이 쉽지 않다. 그렇다면 범위를 좁혀보자. 이른바 제주의 근대 문학이란 과연 무엇이었는가. 제주대학교 탐라문화연구소가 펴낸 『제주문학, 1900-1949』에는 식민지 시기 새로운 근대적 양식인 '문학'을 경험한 제주 출신들의 작품들이 실려 있다.[1] 지역문학사 연구를 위한 1차 자료의 성격이 짙은 이 책에는 제주 지역 출신들이 발표한 시, 소설, 논설 들이 실려 있다.[2] 1900년부터 1949년이라는 시간적 범주, 그리고 수록 작품의 면면을 보더라도 이 책이 지역의 근대에 대한 학적 탐구를 목적으로 하고 있음을 알 수 있다.[3] '문학이란 하(何)오'에서 이광수가 간파했듯이 문학적 경험은 전근대적 신체에 가해진 하나의 충격이었다. 1900년에서 1949년이라는 시공간에서 행해진 그들의 문학적 발언들은 근대의 자장에서 발화되었다. 그들의 문학을 이야기하는 일은 근대라는 시공간을 통과해 간 지역의 기억과 대응의 흔적들을 살피는 작업이다.

근대는 식민의 시공간이 조선이라는 봉건적 신체에 새긴 문신 같은 기억들이었다. 그 깊은 기억의 화인(火印)을 확인하는 일이 식민지 근대성에 대한 탐구들이었다. 식민지 근대를 둘러싼 오래된 논쟁을 되풀이할 생각은 없다. 다만 '근대성 담론이 따지고 보면 경성의 근대를 확인하고 강화하는 것이 아니었던가.' 하는 반성적 움직임이 로컬리티 담론을 추동하는 힘이었다는 사실은 기억해 두자. 여기에는 강고한 식민지 권력의 자장을 통과해 온 지역의 대응 방식이 같으면서도 달랐다는 전제가 깔려 있다. 경성, 부산, 목포, 군산, 인천, 제주를 단일한 시공간으로 설명하려는 욕망은 필연적으로 배제와 차별을 생산해낼 수밖에 없다. 식민지 근대를 보다 정확하게 보기 위해서는 작은 차이의 '봉합'이 아니라 작은 차이의 '다름'을 받아들이는 자세가 필요하다.

식민 이후의 문제 또한 마찬가지이다. 반공국가 '대한민국'이 수립되는 과정은 그 자체가 근대의 형성과 구축의 연속선에 놓여 있다. 이 말은 '지금-여기', 우리의 근대적 신체가 식민지 근대와 분단 체제에 의해 만들어졌음을 의미한다. 따라서 식민지 시기 경성의 근대와 지역의 근대가 같으면서 다름을 확인하는 것과 마찬가지로 분단 체제가 만들어낸 '대한민국'의 근대와 지역의 근대 역시 동일성과 비동일성을 동시에 포함할 수밖에 없다. 분단 체제의 근대성은 어떤 면에서 식민지 근대성보다 더 복잡한 양상을 지닌다. 그것은 식민지와 분단 체제라는 이중의 모순을 지니고 있기 때문일 터이다.

식민지 근대성을 문제 삼을 때 지역의 사유는 식민지 지배 체제의 모순과 함께 경성과 제주라는 지역의 차이를 동시에 물을 수밖에 없다. 식민지 지배 체제는 역설적으로 제주인들에게 상시적인 이동을 가능하게 했다. 1920년대 이후 제주와 오사카를 이었던 기미가요마루의 등장은 경성의 근대가 아닌 제국의 근대와 직접적이고 상시적인 교섭을 촉발시켰다. 이는 제주 경제가 오사카 방적공장과 고무공장을 중심으로 한 제국 노동시장에 편입되기 시작했음을 의미한다. 이를 제주 지역의 자급자족 경제의 붕괴, 혹은 식민지적 수탈의 관점에서 바라볼 수만 있을까.[4] 1930년 '우리는 우리 배로'를 내세우며 동아통항조합이 결성되었다. 자주운항 운동의 일차적 동력은 제국 자본주의의 착취 구조에 대한 반발이었다. 하지만 이러한 반발의 이면에는 자발적 이동에 대한 욕구 또한 있었음이 사실이다. 스기하라 토루가 이야기했듯이 기미가요마루는 '움직이는 제주도'였다. '고무신'과 '메리야쓰'로 상징되는 근대에 대한 열망을 품은 자발적 '월경(越境)의 욕망' 역시 존재했다.[5] 물론 그 자발성을 촉발하게 된 역사적 상황이 식민이라는 점은 부인할 수 없다. 하지만 그렇다고 해서 제국과 식민지의 경계를 횡단하는 이러한 욕망을 단순히 수탈과 저항으로 해석할 수 있을까. 민족 공동체에 대한 자각과 민족적 경계를 횡단하는 상시적 이동에는 어떤 욕망들이 내재되어 있는 것인가. 지역의 식민지 근대성에 관한 탐구를 민족지적 관점에서만 해석할 수 없는 이유도 여기에 있다.

분단 체제 역시 마찬가지다. '해방'은 신생 독립국가 조선의 국가 정체(政體)를 무엇으로 할 것인가를 두고 치열한 대결이 벌어진 시공간이었다. 이때 국가 정체(政體)가 근대 국민국가임은 자명한 사실이다. '대한민국'과 '조선민주주의인민공화국'은 해방 이후 한반도에 세워진 2개의 국민국가였다. 또한 반공국가 '대한민국'의 수립 과정에서 벌어진 제주 '4·3' 등 국가 폭력의 작동 방식은 근대 국민국가가 필연적으로 배태할 수밖에 없는 배제와 차별의 방식이었다. 국민이 국가를 선택할 것인가, 아니면 국가가 국민을 선택할 것인가. 선택의 주체는 과연 누구였는가.

제주4·3의 진실을 규명하는 작업이 단순히 비극을 드러내는 차원이 아니라 국민국가의 형성과 구축 그 자체를 근원에서부터 사유해야 하는 이유도 여기에 있다. 그동안 제주4·3문학에 대한 연구 성과들은 역사적 사실과 문학적 진실 사이의 간극을 해명하는 일이었다고 할 수 있다. 흔히 제주4·3의 진상규명사가 기억투쟁의 장이었다고 말하는 이유도 여기에 있다. 역사를 선점한 국가의 기억과 그 기억에서 배제된 지역 주체의 기억의 차이를 드러냄으로써 사실 너머의 진실을 규명하기 위한 노력, 그것이 바로 제주4·3 문학의 길이었다. 현기영에서 시작해서 뒤늦게 한국문학에 도착한 김석범에 이르기까지 제주4·3문학이 추구했던 문학적 진실은 식민지와 분단 체제의 근대가 지역의 신체에 기입한 근대적 폭력의 양상을 재현하는 것이었다.

제주 '4·3'을 지역이 감내해야 했던 근대적 경험이라고 할 때 제주 '4·3'을 일시적인 폭력이 아닌 현재적이며 연속적인 폭력의 지속으로 바라볼 수 있을 것이다. 물론 여기에는 오랫동안 침묵을 강요받은 지역의 기억도 한몫을 했다. 하지만 단순히 강요된 침묵만 존재했던 것인가. 김석범이 말한 것처럼 '기억의 말살'이 외부적 힘이었다면 '기억의 자살'은 내재적 순응의 방식이었다. 억압은 저항의 배경이기도 했지만 자발적 순응의 토대이기도 했다. '반공국가'라는 실체적 억압을 현기영은 해병 3·4기 출정식 장면을 통해 그 의미를 "선배들과의 영원한 결별"이라고 이야기한 바 있다.[6] 반공국가의 '국민'이 될 것을 강요받았던 지역의 기억들을 문제 삼을 때 우리는 '4·3'만이 아닌 지역에 기입되어 갔던 근대의 본질적 폭력을 말할 수 있을 것이다.

제주 '4·3'은 단순히 역사적 사건으로 '기억'되어서는 안 된다. 제주 '4·3'은 지역의 근대가 형성되고 구축되어갔던 시작점이자 과정이었다. '기억의 말살'과 '기억의 자살'을 동시에 가능하게 했던 근원적 폭력의 양상과 이에 대한 지역의 대응을 동시에 바라볼 때 제주 '4·3'의 현재성, 제주4·3문학이 추구하고자 했던 문학적 진실에 한 걸음 더 다가갈 수 있다.

제주 '4·3'을 "1947년 3월 1일을 기점으로 1948년 4월 3일 발생한 소요사태 및 1954년 9월 21일까지 제주도에서 발생한 무력충돌과 그 진압과정에서 주민들이 희생당한 사건"[7]만이 아니라고 할 때 우리가 던져야 하는 질문은 무엇인가. 그것은 근대 국민국가의 배제와 차별이 제주 '4·3'에만 국한되는 것인가라는 근대성 자체에 대한 질문일 것이다. 다시 말하자면 근대 국민국가 수립 과정에서 필연적으로 발생한 배제와 차별이 '지금-여기'의 자리에서 어떤 방식으로 지속되고 있는가라는 물음일 것이다. 에드워드 사이드가 "제국주의는 끝나지 않았다."고[8] 선언한 것처럼 제주 '4·3'은 끝나지 않았다고 한다면 끝나지 않은 제주 '4·3'의 기억들은 과연 무엇인가.

3. 반공국가 '대한민국'을 거부한 항쟁

그동안 제주 '4·3'과 관련해서는 침묵의 강요와 지역의 대응 양상에 주목해 왔다. 『제주4·3진상조사보고서』는 이를 잘 보여주고 있다. 보고서는 진상조사 배경을 설명하면서 "남로당에 의해 주도된 공산반란", "남로당 중앙당의 지령에 의해 제주도를 비롯해 한반도 전체를 적화시키기 위해서 공산도배들이 일으킨 폭동"이라는 반공국가의 규정에 대한 지역의 저항을 기억 투쟁의 관점에서 서술하고 있다. 또 1960년 4·19혁명 이후 지역에서의 '4·3' 진상규명 촉구 노력이 5·16 쿠데타로 좌절된 사정과 이후 '4·3'에 대한 논의가 금기시된 연유를 자세하게 설명하고 있다. 이런 관점에서 제주 4·3 진상규명운동은 "잘못 알려진 역사를 바로잡는 것"이라는 입장에서 해석되고 있다.[9]

여기에서 짚고 넘어갈 것은 "잘못 알려진 역사를 바로잡는 것"이라는 말의 의미이다. 이는 '( )의 역사는 잘못 알려졌다.' 따라서 '그것을 바로잡아야 한다.'라는 의지의 표현이다. 여기에서 괄호 안의 주체를 '제주'라고 할 때 이는 반공국가가 규정한 폭동을 거부하는 지역 주체의 인식을 반영한다. 따라서 '공산도배들의 폭동'이라는 규정은 왜곡이며 마땅히 배척되어야 하는 오류이다. 이렇게 규정할 때 국가는 왜곡과 오류를 생산하고 확대하는 주체가 된다. 국가 책임의 문제는 여기에서 발생한다. 하지만 여기에서 '바로잡는다'라는 과정으로 넘어가면 문제는 간단하지 않다. '바로잡음'의 대상이 지역의 역사인지 아니면 지역의 역사를 왜곡해온 국가의 역사인지 하는 문제가 발생한다. 지역의 기억(history)과 국가의 기억(History)이 대결할 수밖에 없다.

제주 '4·3'은 이러한 대결과 긴장의 국면에서 이해되어야 한다. 제주 '4·3' 진상규명 운동의 한 축이 진상규명의 법제화 과정이었다는 점을 기억하자. 진상규명 특별법 제정 운동이 제주4·3 운동 진영의 오래된 과제였고 법 제정 과정이 그 자체로 진상규명사였음은 분명하다. 하지만 왜곡된 지역의 기억을 '바로잡는' 과정이 법제도화로 수렴될 때 필연적으로 지역의 기억은 왜곡된다. 그 왜곡의 과정을 특징적으로 보여주는 게 '희생담론'의 대두였다.[10] 희생의 무고성을 강조하는 일련의 흐름은 역설적으로 특별법 제정 이후 부각되었다. 진상규명과 명예회복의 법제화가 지역의 기억(history)이 국가의 기억(History)에 포섭되는 과정으로 이어져왔던 것이다. 이러한 과정의 정점에 있는 것이 4·3 70주년을 맞아 대대적인 캠페인으로 벌였던 '제주4·3은 대한민국의 역사입니다.'라는 슬로건이었다.

이 슬로건은 반공국가 '대한민국'을 거부했던 제주4·3 항쟁의 기억이 어떻게 대한민국의 역사로 기입될 수 있을까라는 질문을 의도적으로 거세하고 있다. 대한민국의 수립 과정이 '빨갱이 섬 제주'에 대한 차별과 배제를 통해 가능했다는 점을 염두에 둔다면 과연 지역의 기억을 대한민국의 역사에 기입하려는 시도는 적절한 것인가. 김석범이 『화산도』에서 제주4·3 대학살의 이유를 '서울 정권의 지역에 대한 차별'이라고 말한 점은 이러한 점에서 곱씹을 필요가 있다.

제주 '4·3'을 해방 이후 지역의 신체에 새겨진 근대적 폭력이었다고 할 때 그 폭력의 결과로 만들어진 체제는 거부되어야 마땅하다. '제주4·3은 대한민국의 역사입니다'라는 슬로건은 제주 '4·3'을 대한민국이라는 역사에 기입하고자 하는 욕망인 동시에 대한민국의 역사(History)로부터 지역의 역사(history)를 승인받고자 하는 인정 욕망이다.[11] 여기에는 여전히 국가의 승인이라는 권력의 문제가 해결되지 않고 있음을 보여준다. 단독정부 수립과 한국전쟁을 거치면서 제주 '4·3'은 반공주의 자장 속에서 이해되었고 그것의 극단이 '폭동'이라는 낙인이었다. 그렇다면 낙인의 주체와 승인의 주체는 누구인가. 권력을 획득하고 행사한 정치 세력은 (표면적으로는) 바뀌었다. 하지만 그렇다고 해서 국가라는 본질은 변화했는가. 낙인의 주체와 승인의 주체는 과연 다른 존재인가.[12]

민주주의는 공화정이고 그것의 기반은 헌법적 가치이다. 지금의 헌법 체계는 1987년 6월 항쟁 이후 개정된 87년 체제 안에 있다. 말하자면 '지금-여기'는 여전히 '6공화국'이다. '대한민국'의 정체성을 1919년 임시정부에서 찾아야 한다고 이야기한다. 일견 타당하다. 하지만 반공국가 '대한민국'의 수립 과정에서 벌어졌던 국가 폭력을 전면 부정할 수 있는가. 국가 폭력을 '필연'으로 했던 이승만-박정희-전두환-노태우로 이어지는 '대한민국' 권력 체계를 여백으로 둘 수 있을까. 87년 민주항쟁이 불완전한 민주주의의 지속인 동시에 민주주의의 계속적 혁명을 의미한다면 1948년 4월 3일 제주에서 타올랐던 봉홧불은 과연 무슨 의미였을까.

결론적으로 말하자면 제주 '4·3'은 반공국가 '대한민국'을 거부한 항쟁이었다. 단선·단정 반대는 반쪽짜리 '대한민국'을 거부한 저항의 목소리이었다. 그렇다고 해서 그것이 곧바로 '조선민주주의인민공화국' 지지를 의미하는 것은 아니다. '4·3'은 반쪽짜리 '대한민국도', '조선민주주의인민공화국'도 거부한 통일운동이었다.

이러한 점을 염두에 둔다면 "잘못 알려진 역사"라는 상태에 대해서도 숙고할 필요가 있다. 이 말은 왜곡과 오류의 지속을 의미한다. 즉 제주 '4·3'은 오랫동안 "공산 폭동"으로 "잘못 알려"져 왔고 그 왜곡과 오류는 강제되었다는 인식이다. '강요된 침묵'은 반공국가의 일상적이며 지속적인 억압을 상징하는 말이다. 침묵의 형식을 가능하게 한 것은 반공주의라는 제도적 장치가 있었기 때문에 가능했다. 가라타니 고진의 비유를 빌려 말하자면 반공주의가 침묵이라는 제도를 만들어 낸 것이라고 할 수 있지 않을까.[13] 즉 '강요된 침묵'이 제도로서의 '침묵의 지속'을 의미한다면 지역이 마주한 침묵의 내면은 과연 무엇이었는가. 그리고 이러한 침묵의 내면은 과연 순수하고 무구한 지대로 존재할 수 있었던 것인가.

제주4·3문학은 이미 다양한 침묵의 내면을 보여준 바 있다. 현기영의 「순이삼촌」에서 기억을 둘러싸고 벌어지는 길수와 고모부와의 대결 장면, 현길언의 「우리들의 조부님」의 자발적 기억의 은폐, 오성찬의 「어느 공산주의자에 관한 보고서」와 「단추와 허리띠」의 기록으로서의 증언이 좋은 예이다. 기억하지 않으면 풍문으로 남을 것이라면서 제도화된 침묵에 저항하기도 하고(현기영), "누구도 아버지의 죽음을 말하지 않"는 침묵의 "약속"을 공모하기도 한다.(현길언) 침묵은 반공주의라는 국가 장치가 고안해 낸 제도이다. 제도의 탄생은 주체를 생산해낼 수밖에 없다[14]는 점을 염두에 둔다면 반공주의는 새로운 주체의 탄생을 야기할 수밖에 없다. 항쟁을 기억하는 주체에서 반공국가의 '국민'이라는 주체의 변화는 침묵의 내면이 반공주의를 관통하면서 굴절되고 변질되는 양상을 보여준다.

반공주의가 문제인 이유가 여기에 있다. 반공을 국시로 한 '혁명공약'이 미시적 일상을 지배하는 상황에서 침묵은 저항과 공모의 사이에서 방황할 수밖에 없었다. 그 방황의 벡터를 확인하는 일은 제주 '4·3'을 국가의 승인이나 인정의 대상에서 '해방'시킬 수 있는 실천적 사유의 가능성을 타진할 수 있는 작업이다. 그것은 지식으로서의 '4·3'이 아닌 실천으로서의 '4·3'을 인식하는 시작점이다. 자명하다고 인식되어 온 식민과 분단 체제가 만들어낸 지역의 근대성을 의심하는 근본적 회의의 출발점이다. 이럴 때 '4·3'은 일회적 사건이 아니라 근대적 폭력의 연속 과정에서 사유될 수 있을 것이다.

침묵의 내면을 확인하는 일은 그 자체로 방대한 작업이다. '지역 사상사'라는 개념 규정이 가능하다고 한다면 이는 식민지, 해방, 그리고 한국전쟁과 개발 독재의 전 과정을 통시적으로 살펴보지 않으면 안 된다. 짧은 지면에서 이러한 논의를 한다는 것은 필연적으로 한계를 노정할 수밖에 없다. 따라서 이 글에서는 논의의 편의를 위해 반공주의와 개발의 문제에 초점을 맞추고자 한다. 이는 반공주의의 억압과 국가 주도의 개발담론이 지역에 기입되어가는 작동 방식의 유사성을 규명하기 위해서다. 즉 제주 '4·3'과 개발의 문제를 분절적으로 사유하는 것이 아니라 식민지와 분단 체제의 근대성이 두 개의 축을 중심으로 지역에 기입되어 갔음을 확인하기 위해서다.

4. 반공주의의 또 다른 얼굴, 제주개발

1968년 창간된 『월간제주』는 박정희 정권이 일상적 검열 권력으로 작동하고 있는 상황에서 민간에서 발행한 종합지적 성격의 월간지였다. 해방 직후 창간된 제주신보가 실질적으로 지역 언론을 대표하고 있던 상황에서 4·19혁명 이후 지역에서 매체 발간이 봇

물처럼 쏟아진다. 제주매일신문과 주간지인 의회보 등 군소지들이 난립하면서 창간과 폐간이 반복되었다. 이런 상황에서『교육제주』와『제주도』등 기관지들이 창간되는데 제주도청이 펴낸『제주도』지는 단순히 기관지의 성격뿐만 아니라 다양한 유형의 글들이 실리는 거의 유일의 종합지 역할을 하게 된다. 1968년 창간된『월간제주』는 많은 잡지들이 경영난으로 폐간과 복간을 반복하는 과정에서 1980년 언론 통폐합 조치로 강제 폐간되기 전까지 통권 126호를 발행했다.[15]『월간제주』의 창간은 기관지가 주도하던 매체 시장의 변화를 의미하는 것이었다. 그런데 더 흥미로운 점은 80년 언론 통폐합으로 강제 폐간되었던『월간제주』가 1989년 복간된다는 점이다. 80년 언론 통폐합이 된 이후 종합지의 복간은『월간제주』가 유일하다. 복간호에 밝히고 있는 복간의 변을 보도록 하자.

민주는,

자유는

마땅히 우리의 것이라고 믿어왔다.

그러나

1980년, 7백여 명의 언론인 해직과 언론기관 통폐합 강제 조치가 있던 날,

'월간제주'는

'민주'가

'자유'가

흔히 우리의 몫으로 남아있지 않았음을 보았으며, 이 땅에 엄청난 한을 질펀하게 갈아 놓은 것을 보았다.

정녕,

고통 속에서만 민주, 자유는 소생하는 것일까?

자유언론의 역사가 그러했듯이,

그렇다면, 민주 전취에 얼마나 많은 희생이 뒤따라야 하는 것일까.

역사 앞에 외상은 없는 것일까.

이제 민주화가 되었다고도 한다.

'월간제주'도 복간의 필요성을 인식한 뜻 있는 많은 분들의 도움으로 침묵의 세월 8년 만에 복간을 맞게 되었다.

이 마당에,

'월간제주'는 80년 이후 허약한 언론을 뒤돌아보면서 변명하기보다는 민주사회의 주역으로 중대한 시대적 책임을 역사 앞에 분담해야 할 입장에 처해 있음을 새롭게 인식하며 출발할 것을 다짐했다.

또한 '월간제주'는 '사회의 공기'라고 내세울 수 있는 최대의 힘인 '공중의 신뢰'를 바탕으로 도민의 알 권리에 부응해 나가고자 한다.[16]

복간의 변은 80년 언론 통폐합의 기억을 상기하면서 민주화가

『월간제주』 복간호(1989)

복간의 강력한 동력이었음을 드러내고 있다. 또한 복간의 필요성에 대한 지역 사회의 공감도 언급하고 있다. '민주사회의 주역'과 '도민의 알 권리 부응'이라는 포부를 밝히는 것으로 끝내고 있는 복간사에는 복간 결정이 단순히 제호만의 승계가 아니라는 점을 드러내고 있다. 복간에 관한 사회적 공감을 언급하는 대목에서는 강제 폐간됐던 미디어에 대한 긍정적 기억의 공유가 복간의 동력 중 하나라는 점을 확인할 수 있다. 그렇다면 복간의 필요성을 인식한 지역 공동체의 자의식은 무엇이었을까. 복간호에서 눈에 띄는 부분은 개발 문제에 대한 비판적 언급이다. 탑동매립을 비판하고 있는 '누구를 위한 개발인가?'와 '땅의 주인은 누구인가'라는 기사는 개발주의에 대한 반성과 함께 지역의 땅을 지키기 위한 지역 주체들의 조직과 연대의 필요성을 언급하고 있다.[17] 또한 송악산 군사기지 반대 투쟁의 현장도 화보로 싣고 있다.[18] 1988년 제주대학생들의 초청으로 이뤄진 존 메릴의 강연 소식을 담은 '존 메릴의 제주대 강연에 부쳐-4·3은 반미항쟁이다'라는 기사도 눈에 띈다. 국가주도 개발에 대한 비판과 제주 '4·3'의 항쟁적 성격을 규정하는 글의 게재는 복간 이후『월간제주』의 편집 방향성을 가늠할 수 있게한다.

『월간제주』복간호에 실린 송악산 군사기지 반대투쟁 화보

그렇다면 이를 가능하게 한 참조점은 과연 무엇인가. 87년 항쟁의 경험이 이전과 다른 새로운 지역 주체가 탄생하는 동력 중 하나였다는 점은 부인할 수 없다. 하지만 여기에서 질문을 멈춰서는 안된다. 다름을 확인하는 일은 87년 항쟁을 이전과 이후를 분절시키는 단절의 시간으로 간주하는 일이 될 것이기 때문이다. 지역 주체의 연속과 단절, 즉 무엇을 반복하고 있고 무엇을 반복하지 않는가를 바라볼 때 근대의 연속선에서 지역 주체의 모습을 확인할 수 있을 것이다. 이 문제를 살펴보기 위해서 1968년 창간호로 되돌아가보자. 우선 창간사부터 확인해보자.

애향하고 애국하는 마음에서 초라하나마 〈월간제주〉를 내 향토와 조국에 바친다. 사치로운 지면을 꾸미기 위해서가 아니라, 〈문화제주〉의 건설에 앞장서기 위해서이다. (중략)

지금 조국은 〈함마 소리〉 드높은 근대화 작업에 눈, 코, 뜰 새가 없다. 우리는 민족과 국가의 융성을 염원하며 민주주의로부터의 역행과 탈선을 다반사로 삼아온 우리네의 병리적 요소를 제거하는데 좀 더 과감해야 되겠다.

그것이 승공통일에 향하는 우리의 정신적 자세이고 동시에 애국하는 길인 것이다. 썩고 곪아 터지기 전에 우리는 〈매스〉를 들어 환부를 수술해야만 되겠다.

호시탐탐하게 남침을 획책하고 있는 공산도배들을 무찌르고 승공 통일을 이룩하는 데는 무엇보다도 우리의 정신적 무장이 우선되어야 한다.

〈월간제주〉는 이런 국가적 사명과 민족적 숙원을 성취하고 〈복지제주〉 〈낙원제주〉 〈관광제주〉 〈도약제주〉 〈문화제주〉의 건설에 앞장서기 위해 탄생한 것이다.

이 고장 지역사회 개발의 역군으로서, 이 나라 건설의 역군으로서 본지는 끊임없이 전진할 것이며, 그 선구자가 될 것을 맹세하는 바이다.

정치, 경제, 문화, 사회 등 제 분야를 정화하여 명랑한 사회 기풍을 조성하고 진위를 혼미하는 어용곡필이 성행하고 있는 우리네 사회에서 〈공정〉을 모토로 한 보도와 논평으로서 본지는 사회의 거울이 될 것을 밝히는 바이다. (하략)[19]

1968년 창간호에는 반공주의와 성장주의가 결합된 박정희 정권의 '근대화론'이 전면에 등장하고 있다. 반공주의는 단순히 국가 기획의 산물이 아니었다. 반공주의를 전면에 내세운 정권의 성공 여부는 국민들의 반공주의 내면화에 달려 있었다고 해도 과언이 아니다. 1964년 당시 진보적 입장의 매체들이 내세운 민주-반민주의 구도를 와해시키기 위해 정권 차원에서 기획된 것이 바로 근대화 담론이었다.[20] 근대화론은 반공주의적 억압의 세련된 표현이었다.

제주의 지식인들은 이러한 세련된 억압에 자발적으로 포섭되었다. 이 과정에서 지역 주체의 발화 양식인 미디어는 반공주의와 성장주의의 결합을 효율적으로 전달하는 체계가 되어갔다.

'함마 소리'로 상징되는 근대화 담론과 "승공 통일"이라는 반공주의를 동시에 주창하고 있는 미디어의 창간은 이러한 담론 지형에서 개발의 정치학에 포섭되어가는 새로운 지역 주체가 탄생되는 과정을 보여준다. 이는 개발의 사명을 받아들이는 동시에 1964년 제주도종합개발계획 발표 이후『제주도』지에서 등장한 '복지제주', '낙원제주'라는 구호 역시 가감 없이 드러나고 있는 대목에서 확인할 수 있다. 1989년 복간호가 개발담론에 대한 이데올로기적 투쟁을 내세우고 있다면 1968년 창간호는 담론 투쟁 대신 개발 이데올로기에 대한 투항의 언술들이 지면을 메우고 있다.

예를 들어 당시 국회의원이었던 현오봉 의원에게 보내는 공개편지의 형식을 띠고 있는 '현오봉 의원에게 보내는 공개장-절름발이 개발 지양하기를'에서는 "낙원 제주 건설"을 희구하는 청년 주체가 등장한다.

> 〈낙원 제주 건설〉을 목마르게 열망하는 청년의 글임을 현오봉 의원께서는 양찰(諒察)해 주시기 바랍니다. (중략)
>
> 지역대표인 당신님은 지역개발을 참으로 중시했고, 당신님의 선출구

인 남제주군 일대는 특히 6대 국회 임기동안 눈부시게 발전이 되었습니다. (중략) 제주시관내를 제쳐놓고 중문까지 뻗어나간 포장도로, 성산포 어업 전진기지 설치 등 당신님의 업적은 실로 놀라운 것뿐입니다. 시방도 포도당 공장을 비롯한 제반 시설들이 순조롭게 진행 중에 있거니와 그것으로 인해 당신님은 7대에도 국회진출이 가능했습니다. 헌데 여기 하나의 중차대한 문제가 있습니다. 듣건대 현의원은 자유당 시대로부터 오늘에 이르기까지 제주 북제주군 출신 의원과는 사이좋게 지내는 듯하면서도 어딘지 모르게 엇갈리고 빗나가는 일면이 있다고 합니다. 특히 6대 국회 때는 현 의원과 임병수 의원 사이에 이상한 소문까지 나돌았었습니다. (중략) 실상 제주개발은 남제주군 일대에서만 편중된 듯한 인상을 짙게 하였습니다. (중략)

낙도로 버림받았던 본도는 5·16 혁명 후 놀라운 발전을 거듭했으며 시방도 하루하루 눈에 띄게 달라져가고 있습니다. 〈낙원제주〉는 어느 개인의 힘이나 노력만으로 이룩될 수 없는 것입니다. 양 의원을 비롯한 도민 전체의 결속만이 당신님이 입버릇처럼 외치는 낙원제주를 만들어 줄 것입니다.[21]

미디어 종사자인 저자는 자신을 청년의 위치에 두면서 지역 개발의 성공을 위해서는 공동체의 결속이 필요하다고 말하고 있다. 도로 포장과 성산포항 개발 등 일련의 개발 프로젝트들은 지역 근대화를 확인하는 시각적 이미지로 각인되고 있다. 이는 근대화 담론을 내면화한 지역 지식인의 모습을 보여준다. 1960년대 이후 근대화 이데올로기는 지역 사회에서 강력한 규율권력으로 각인되었다. 이러한 근대화 담론은 새로운 지역 주체의 탄생을 촉구하는 동인이 되기도 했다. 68년 창간호에 실린 '제주도민의 주체개발문제'를 비롯해서 『월간제주』에는 개발 담론을 다루는 글들이 자주 등장한다. 당시 제주시지 주간인 이근이 쓴 이 글에서는 지역 개발의 성공을 위해 인적 개발의 필요성을 언급하면서 지역 개발 주체로서의 자각의 필요성을 강조하고 있다. 『월간제주』의 단골 필자 중 한 명인 이희주는 근대를 외형적인 근대와 내면적 근대로 인식하면서 "외형적 발전"과 달리 "내면적 전 근대적 답보상태"에 머물고 있는 지역 주체들의 인식 전환 필요성을 강조하기도 한다.[22]

이 과정에서 제주의 지식인 주체들은 제주/육지의 차이에 주목하며 제주의 특수성을 강조하기도 한다. 제주와 육지를 구분하는 이러한 사유는 제주를 특수의 자리에 놓으면서 보편을 지향하는 당위성을 정당화하는 논리로 사용된다. 1960년대 이후 제주 사회에서 근대화 담론은 추구해야 할 보편이었다. 이러한 보편을 상징적으로 보여주는 것이 '동양의 하와이'라는 언술이었다. 이를테면 김영돈은 '제주도 관광개발의 문제점'에서 "제주도는 지리, 역사, 민속, 사회적으로 육지와 다르기 때문에 '동양의 하와이'로서 관광

제주가 어필하는 것"이라고 말한다.[23] 반공국가라는 보편과 다른 특수성 때문에 '절멸'의 경험을 할 수밖에 없었던 지역의 입장에서 보면 이러한 보편과 특수의 구분은 전혀 새로운 발상이 아니다.

지역 개발에 대한 기대감은 제주개발을 위해서 박정희 정권의 계속적인 집권이 필요하다는 논리로까지 이어진다.[24] 1969년 9월 호를 전후해서는 잡지의 권두언 바로 뒤에 박정희 대통령의 사진을 배치하고 주요 동정을 소개하는 기사들이 실리기도 한다. 이러한 배치는 반공국가의 통치성이 지역에 각인되는 과정이 미디어를 통해 이뤄졌음을 보여준다. 근대화론에 대한 이러한 인식은 1980년 잡지가 강제 폐간되기까지 주요한 흐름이었다. '아름답고 풍요로운 새 제주 건설'이라는 도정 목표를 전면에 부각하기도 하고, '관광입국의 정신으로 지상 낙원건설의 꿈'이라는 제하로 관광 종사자를 '이 달의 인물'로 내세우기도 했다.

『월간제주』의 창간과 복간은 지역 주체들이 개발담론을 내면화하는 과정과 거기에 투쟁하는 저항의 순간들을 잘 보여주고 있다. 이는 매체를 통한 지역 주체의 목소리는 기억하되 개발 이데올로기에 투항하지 않겠다는 지역 주체의 갱신 과정이다. 이전과 다른 지역 주체의 탄생은 개발담론의 내면화 과정 속에서 침묵된 '4·3'의 목소리를 발화하는 시도로 이어졌다. 이는 역설적으로 반공주의와 성장주의의 결합이 '4·3'의 침묵을 효율적으로 관리하는 장치였음을 보여준다. 이러한 지역 주체의 갱신을 가능하게 동력은 지역에서의 87년 6월의 경험이었다. 1987년 10월 민주헌법쟁취국민운동 제주본부가 발간한 「제주의 소리」 창간호에는 민주화에 대한 열망을 담은 기사들과 함께 탑동 횟집단지를 둘러싼 관과 개발업자 간의 결탁 의혹이 실렸다.[25] 성장주의에 대한 비판적 성찰과 반공주의로 인해 침묵되었던 '4·3'도 다시금 호명되기 시작한다. '3·1민족해방운동과 조선민중', '제주도민족해방운동전사', '사진을 통해 본 4·3민중항쟁'(1989년 3월 5일) 등이 그 좋은 예다.

침묵의 강요와 거부가 근대화 담론에 대한 순응과 거부의 양상으로 나타나고 있는 것은 침묵이 강요와 순응이라는 굴절된 내면을 동시에 지니고 있음을 보여준다. 침묵의 내면은 순수하지도 무구하지도 않았다. 지역을 말하되 정작 지역을 말하지 않는 침묵의 내면화가 근대화 담론이었다. 지역의 근대는 반공주의와 성장주의라는 두 개의 힘이 동시에 기입되어가는 과정이었다. '4·3'을 항쟁으로 기억하는 것은 단순히 분단 체제의 극복만을 의미하지 않는다. 반공주의 이데올로기를 지역에 효율적으로 이식해왔던 성장주의를 동시에 겨냥하지 않는다면 항쟁의 기억은 언제든 침묵의 내면에서 다시 '침묵'될 것이다.

5. 개발이라는 은폐된 폭력

1960년 4·19혁명 이후 제주 지역 사회에 잠깐 불었던 제주4·3진
상규명운동 움직임이 5·16 군사 쿠데타로 좌절되었음은 주지의 사
실이다. 억압된 기억은 오랫동안 침묵으로 이어졌다. 제주4·3 진
상규명 움직임이 1987년 6월 항쟁 이후 봇물처럼 쏟아졌다는 사
실은 그 억압의 강도가 얼마나 강했는지를 보여준다. 하지만 이러
한 침묵의 내면에는 외부의 억압만이 존재하지 않았다. 앞서 살펴
보았듯이 1960년대 이후 개발담론에 대한 지식인들의 투항은 결
과론적으로 자발적 침묵으로 이어졌다.

현기영의 『지상에 숟가락 하나』에는 인상적인 장면이 하나 등장
한다. 소개령으로 제주 성안으로 이주하게 된 주인공이 병문천을
경계로 '개명과 미명'을 구분하는 근대적 감각을 지니게 되는 대목
이다. 전력 사용이 일상화된 성 안과 성 밖의 구분은 '전깃불'로 상
징되는 근대적 구획을 자연스럽게 받아들이게 한다. 또한 한국전
쟁 이후 제주 지역에 늘어나기 시작한 군용 차량과 민간인 트럭에
서 뿜어져 나오는 '휘발유 냄새'와 교실에서 우두 접종을 받았던 때
의 '알코올 냄새'를 주인공은 "신기한 문명의 냄새"[26]로 인식한다.
유년 시절 제주4·3의 비극을 겪었던 화자의 개인적 체험으로 치부
될 수도 있지만 폭력과 문명에 대한 감각을 동시에 포착하는 이 장

면은 그 자체로 근대성이 지역에 기입되는 방식을 상징적으로 보여준다. 즉 제주 지역은 4·3과 한국전쟁을 거치면서 절멸의 비극과 문명과의 조우를 동시에 경험했다. 해방 이후 시작된 지역의 근대가 '국가 폭력'과 '문명'이라는 상반된 모습으로 다가왔다는 사실은 제주4·3 항쟁 진압 직후 지역에서 일었던 '재건' 움직임이 잘 말해준다. 1961년 쿠데타 세력이 집권한 직후 보여줬던 '개발 프로젝트'에 대한 지역 지식인들의 호응은 이후 시작된 개발 담론의 등장을 예비하는 것이었다.

그동안 제주4·3을 이야기할 때 제주 지역 개발사는 별도의 영역으로 다뤄져왔다. 하지만 한국 사회에 뿌리 깊게 자리한 근대화담론을 이해하기 위해서는 근대성이 내재한 식민성에 주목해야 할 필요가 있다. 『월간제주』 등 당시 미디어를 통해서 확인했듯이 개발담론의 내면화는 결국 저항의 기억을 소거하는 침묵의 동조를 낳았다. 그러므로 제주4·3에 대한 인식의 지평을 넓히기 위해서라도 개발담론의 본질과 마주 서야 할 필요가 있다.

4·3의 폭력과 국가 주도 개발의 폭력은 그 작동 방식이 다르지 않았다. 제주4·3이 국민이라고 간주되지 않았던 비국민-제주에 대한 섬멸이었다면 국가 주도 개발담론은 문명과 야만의 구별 짓기를 통한 로컬리티의 폭력적 재편성이었다.

제주4·3평화공원 조성의 정치학

-폭동론의 '아른거림'과 세 곳의 여백

김민환

한신대학교 평화교양대학 부교수

이 장은 필자의 「전장(戰場)이 된 제주4·3평화공원-폭동론의 '아른거림(absent presence)'과 분열된 연대」(『경제와 사회』 102, 2014, 74-109쪽)를 가필, 수정한 것이다.

제주4·3평화공원 조성의 정치학

-폭동론의 '아른거림'과 세 곳의 여백

1. 서론

현재 대한민국에서 제주4·3사건은, 여야 합의에 의해 '제주4·3사건 진상규명 및 희생자 명예회복에 관한 특별법'(이하 '4·3특별법')이 제정되어 이 법에 의거해 '제주4·3사건진상규명및명예회복위원회'(이하 '4·3위원회')가 『제주4·3사건진상조사보고서』(이하 『진상조사보고서』)를 발표했으며, 그 보고서에 따라 대통령이 국가원수의 자격으로 유족 및 제주도민들에게 '공식적인' 사과를 한 것으로 '하나의 단락'이 마무리되었다. 아마 이 과정의 마지막 단계에 해당하는 것이 2014년에 4월 3일을 '제주4·3사건희생자추념일'이라는 명칭의 국가기념일로 지정한 일일 것이다.

제주4·3사건에 대한 대한민국 정부 차원의 이런 해결과정은 되돌리기 힘들 정도로 법과 제도적인 측면에서 비교적 안정성을 갖고 있다고 생각된다. 아무리 '보수정권'이라도 공식적으로 이 과정에 반대되는 시도를 추진하기는 매우 어렵기 때문이다. 가령 '제주4·3사건희생자추념일'이 국가기념일로 지정된 직후, 당시 새누리당 하태경 의원은 지금까지의 해결과정을 되돌릴 목적으로 '4·3특별법'의 개정을 시도했지만, 새누리당 내부에서조차 강한 비판을 받아 그 시도를 철회했다. 물론 이 과정을 보수정권은 자신들의 손으로 적극적으로 더 진척시키는 것도 쉽지 않을 것이다. 자신의 지지자들로부터 항의를 받을 수 있는 정치적 부담이 있기 때문이다. 제1회 '제주4·3사건희생자추념일' 행사에 대통령이 참석하지 않은 것을 이러한 맥락에서 해석하는 의견[1]은 이러한 점을 반영한다.

그런데 이런 안정성은 다른 한편으로 제주4·3사건의 해결을 위한 다음 단계로의 도약을 막는 '구조적 제약'이기도 하다. 1990년대 말부터 본격화되어 지금까지 전개되고 있는 첫 번째 단계는, 제주4·3사건을 "주민들이 희생당한 사건"으로 정리하면서 그들이 국가권력에 의해 무고하게 희생되었다는 점을 확정하는 과정이었다. '4·3위원회'가 발간한 『진상조사보고서』에서 제주4·3사건은 "1947년 3월 1일 경찰의 발포사건을 기점으로 하여, 경찰·서청의 탄압에 대한 저항과 단선·단정 반대를 기치로 1948년 4월 3일 남로당 제주도당 무장대가 무장봉기한 이래 1954년 9월 21일 한라산 금족지역이 전면 개방될 때까지 제주도에서 발생한 무장대와 토벌대간의 무력충돌과 토벌대의 진압과정에서 수많은 주민들이 희생당한 사건"[2]이라고 정의되어 있다. 이 정의에서 수식어를 모두 제외하면, "제주4·3사건은 … 주민들이 희생당한 사건"이 된다. 이것은 한편으로 주민들의 희생을 강조하고 있지만, 다른 한편으로 제주4·3사건의 역사적 의미에 대한 평가를 생략하고 있는 것이다. 따라서 4·3사건 해결의 두 번째 단락에서 집중적으로 행해질 것은 바로 '주민 희생'의 역사적 의미를 탐색하는 작업이다. 이 작업이 착수되어야 비로소 제주4·3사건 해결은 이전 단계와는 질적으로 구분되는 다른 단계로 비약하게 되는 것이다. 그러나 이것은 훨씬 어렵고 장기적인 과제가 될 수밖에 없다. 왜냐하면 현재의 안정성 그 자체를 뒤흔들어야 하기 때문이다.

이런 관점에서 파악하면, 앞에서 언급한 하태경 의원의 활동은, 근본적으로 제주4·3사건 해결을 위한 다음 단락으로의 도약을 주장할 공간 자체를 봉쇄하는 효과를 갖는다는 점에서, 단순한 퇴행이 아니라 철저하게 '현상유지 전술'에 복무했다고 할 수 있다. 즉, 4·3사건의 해결을 위해 첫 단락을 완벽하게 마무리하고 다음 단락을 향한 도약을 시작하기를 원하는 세력들에게 기껏해야 첫 단락의 마무리를 잘 하라고 보수정권을 비판하는 수세적 대응 이외에는 할 수 있는 것이 없도록 만들고 있는 것이다. 일종의 '방어적 선제공격'인 셈인데, 제주4·3사건 해결과정을 거스르고자 시도하는 세력들의 진정한 전술적 효용성은 바로 여기에 있다.

이 글은 제주4·3사건과 관련된 현재의 이런 '공모적 안정성'의 구조를 명확하게 밝히는 것을 목적으로 한다. 이것은 제주4·3사건 해결을 위한 첫 번째 단락의 성과와 한계를 정리하는 것과 직접 관련이 있다. 이 작업이 선행되어야 두 번째 단락으로 나아가기 위해 우리 사회가 가진 자원과 방해물의 목록이 완성될 수 있다. 앞으로 나아가기 위해 뒤를 돌아보는 것, 이것이 이 글의 기본적인 입장인 것이다. 이를 위해 이 글에서 소재로 삼고 있는 것은 제주4·3평화공원 조성의 정치학이다. 제주4·3평화공원은 첫 번째 단락이 마무리되었음을 공간적인 차원에서 상징적으로 보여주는 곳이며,[3] 첫 번째 단계의 '마무리'이기 때문에 이 단계의 모든 갈등과 타협이 응축되어 나타난 장소이다. 따라서 이 제주4·3평화공원이 형성되는 과정을 세밀하게 추적하면, 제주4·3사건과 관련된 갈등 및 연대의 향방을 비교적 잘 파악할 수 있다.

본격적으로 제주4·3평화공원의 형성과정을 살펴보기 위해서는 우선 제주4·3사건을 해석하는 입장들과 그들의 관계를 '역사적'으로 정리할 필요가 있다. 사실, 제주4·3평화공원 형성과정에서 발생한 갈등의 기본적인 축을 이루고 있는 것은 이것이기 때문에, 이 점을 명확하게 하는 것은 이 글의 핵심적인 부분에 해당한다.

2. 제주4·3사건에 대한 세 가지 해석과 상호관계의 기본구조[4]

2. 1. 제주4·3사건에 대한 초기의 냉전적 해석: '폭동론'과 '반분단 항쟁론'

제주4·3사건에 대한 가장 오래되고 강력한 해석은, 제주4·3은 '공산폭동'이라는 것이다. 이 해석은 1948년 4월 3일 무장대의 제주도 일원에 대한 습격이 있은 직후 당시 조병옥 경무부장의 입에서 처음 나왔다. 그는 4월 5일 5·10총선거 촉진 대강연회 석상에서 '제주도서 총선거 반대 폭동이 일어났다'는 요지의 발언을 하였다. 이후 제주경찰청 등 미군정 경찰관계자들은 무장대의 습격을 즉각 '폭동'으로, 무장대를 '폭도'로 규정하였다.[5] 그들의 이런 인식은 4·3사건의 특수성을 완전히 배제하는 해석이었다. 미군과 지배세력에게 '4·3'은 '대구 10월폭동'과 '여순반란사건'과 동일하게 '폭동' 혹은 '반란'이었을 뿐이다. '폭동'과 '반란'은 진압되어야 하는 것이다. 이들의 논리에서는 토벌대에 의해 죽임을 당한 사람들이 모두

'빨갱이'로 치부되어 '죽임을 당해도 되는 자'로 인식되었다. 토벌대에 의한 주민들의 무고한 희생과 피해는 아예 외면되거나, 희생자 혹은 피해자 자신에게 그 책임을 전가했고, 궁극적으로는 모든 인적·물적 피해는 좌익세력에 의한 것이라고 몰아붙였다. 일방적 단죄나 다름없었던 '폭동' 혹은 '반란'이라는 규정은 1948년 대한민국 정부 수립 이후 국가의 권위로써 뒷받침되는 유일하고 확고한 공식규정으로서 1990년대 중반까지 거의 50년 동안 반공주의 지배담론의 주요 자원을 이루어 왔다.[6] 이러한 입장에서는 4·3의 배경, 진행과정, 피해양상 등 4·3에 대한 자세한 이해는 전혀 필요가 없었다. 그저 '4·3'은 '공산폭동'으로만 이해하면 충분했던 것이다.

'공산폭동'이 4·3에 대한 미군과 지배세력의 입장이라면, 그것을 정반대로 뒤집으면 북한 및 좌익세력의 인식이 된다. 이들은 제주 4·3을 미군과 지배세력이 추구하던 한반도의 분단 과정에 저항한 '제주도 인민들의 항쟁'으로 해석했다.[7] 『독립신보』,『우리신문』,『조선중앙일보』등 좌익계 신문들은 1948년 4월에서 5월 동안 4·3 사건을 다루면서 '소요사건', '무장봉기', '제주도의 항쟁', '제주도 인민봉기' 등으로 보도하였다. 이들은 항쟁이 목적의식적이고, 조직적이며, 고도로 정교한 이데올로기성을 띤 친북, 친공산주의적 성격이었음을 암묵적으로 드러냈다. 단선단정 반대, 통일정부 수립 등의 구체적인 목적이 제주도 이외의 남한 다른 지역에서도 마찬가지로 좌익세력들에 의해 주장되었기 때문에 그들과 제주도민들의 연관성을 전제했던 것이다. 이런 해석은 미군 및 지배세력의 '공산폭동론'과 마찬가지로 제주도적인 특수성을 전혀 고려하지 않은 해석이었다.

2. 2. 새로운 해석의 등장: '양민학살론'의 담론적 특징과 한계

제주4·3을 '폭동론'이 아닌 다른 시각에서 시도하려는 최초의 시도는 4·19혁명 직후 열렸던 새로운 정치적 공간에서 출현하였다. 4·19혁명 이후 새로운 움직임의 특징은 제주4·3사건을 '양민학살론'의 관점에서 파악하고 있다는 점이다. 양민학살론은 기본적으로 무장대라는 '적'이 아닌, '양민'들조차도 학살한 토벌대의 만행에 대한 고발이었다. 토벌대는 그들이 처형한 사람들을 모두 '양민으로 위장한 적'이라고 주장했지만, 그것은 역사적 진실을 덮는 거짓이라는 주장이 바로 '양민학살론'이었다. 토벌대가 학살한 제주도 주민들 대부분은 무장대에 동조하는 등 반란을 저지른 사람들이 아니라 무고하게 죽임을 당한 억울한 사람들이었고, 따라서 이들의 죽음에 대한 진상을 규명하여야 한다는 것이 '양민학살론'의 핵심적인 내용이었다.

'양민학살론'은 지배담론인 '폭동론'적 시각에 대한 매우 통렬한 비판이었다. 그러나 '폭동론'에 대한 매우 중요한 비판이기는 했지만, '양민학살론'은 다른 한편으로는 4·3사건에 대한 '역사적 평가'에 있어서는 '폭동론'에 대해서 전혀 도전을 하지 않았다. 즉, 제주 4·3의 성격이 '폭동'이 아니었다는 점은 언급조차 되지 않았기 때문에 '폭동론'에 대한 근본적 비판은 아니었다. 이러한 사정은 어쩌면 당연한 것이기도 했다. '항쟁론'을 주장하지 않고 다만 '폭동론'에서 주장하는 전제 일부에 대한 비판조차도 엄청난 노력이 필요한 상황이었기 때문이다.

제주4·3에 대한 '양민학살론'은 피해자들을 '양민'으로 설정함으로써 '무장대' 출신 사망자와 '양민'들의 관계를 논리적으로 끊어내는 효과를 가져왔다. 양민이라는 말 속에는 '양민이 아닌 사람', 즉 '빨갱이'의 존재를 전제하고 있다. 따라서 '양민학살'이라는 명칭에는 토벌대에 의해 희생된 사람들 중에 '양민이 아닌 사람들'이 존재했지만, 대부분의 희생자들은 '선량한 사람들'이었다는 점이 강조되고 있는 것이다. 즉, '양민학살론'은 국가가 '빨갱이'를 죽인 것은 어쩔 수 없지만, 그 과정에서 '빨갱이'가 아닌 사람이 희생되었으니, 이들을 '빨갱이'가 아닌 '양민'으로 환원하라는 요구로 해석될 여지가 있다.[8] 실제가 아닌 논리적인 측면에서만 생각해 보면, 이것은 '폭동론'의 해석을 전면적으로 부정하는 것이 아니라 어떤 면에서는 '폭동론'의 해석을 강화하는 작용을 한다. '폭동론'의 해석처럼 제주4·3은 '폭동' 혹은 '반란'이고, 그래서 '폭동'이나 '반란'을 일으킨 사람들은 '죽어 마땅하다'는 전제를 암묵적으로 공유하고 있기 때문이다.

3. '폭동론'에 맞선 '항쟁론'과 '국가폭력론'('양민학살론')의 연대

1987년 6월 항쟁 이후 민주화 국면으로 접어들면서 제주4·3에 관한 논의가 분출하게 된다. 이러한 움직임의 결과 제주4·3의 성격을 재규정하려는 움직임도 강하게 일어났다. 이러한 움직임은 두 가지 방향으로 발전했다. 하나는 '항쟁론'의 부활과 분화이며, 다른 하나는 '양민학살론'이 발전한 '국가폭력론'이었다.[9]

3. 1. '항쟁론'의 부활과 분화

3. 1. 1. 북한 지향의 항쟁론

한국사회에서 제주4·3을 '항쟁'으로 호명한 해석의 부활은, 1987년 6월 항쟁 이후에도 여전히 강력한 세력을 유지하고 있던 한국사회의 지배 세력에 대한 저항운동과 밀접한 관련이 있다. 군부 정권 하의 구조적 억압에 대항하는 민주화 운동의 연장선상에서 저항의 무기로서 '항쟁론'이 선택되었던 것이다. 이때 '저항'해야 할 대상은 해방 이후 한국 사회의 주류가 된 세력으로서, 이들에게는 흔히 '반민족적, 비민주적'이라는 수식어가 붙었다. 따라서 민족적, 민주적인 사회를 건설하려면, 이들의 주장을 전복할 필요가 있었는데, 4·3에 대한 지배 세력의 해석인 '폭동론'을 완전히 뒤집은 '항쟁론'은 그래서 매력적이었다. 특히 1980년대 후반 대학가 등지에서 소위 '민족해방론(NL론)'이 유행하면서 4·3과 관련해서 북한과 재일교포들의 서술을 복사하듯 기술한 지하문건들이 이런 해석을 주도했다.[10] 특히 무장대의 초기 지도자 김달삼의 월북과 그 이후 한국전쟁에서의 '빨치산' 행적 등은, '폭동론'의 좋은 근거가 된 것처럼, '북한 지향적 항쟁론'의 좋은 근거가 되었다.

그러나, 북한 지향적인 이런 '항쟁론'은 그 후 다양한 방식으로 논박당한다. '폭동론'을 뒤집은 북한 지향적인 이런 '항쟁론'에 대한 논박은, '폭동론'에 대한 논박과 궤를 같이하기 때문이다. 즉, '폭동론'이 부정되면 될수록 이런 북한 지향적인 '항쟁론'도 같이 부정될 수밖에 없었다. 제주4·3이 남로당 중앙의 지령에 따라 '폭동'을 일으켰다는, 소위 '중앙지령설'은 4·3에 대한 연구가 축점됨에 따라 조작이었음이 확인되었다.[11] 또한 '중앙지령설'의 조작 사실과 함께 당시 제주도 좌파의 온건성 및 독자성에 대한 학술적 강조도 병행되었다. 이를 통해 제주4·3은 저항은 저항이되 친북을 지향한 것은 아니라고 자리매김되었다.

3. 1. 2. 적극적 항쟁론: '반외세-반분단 항쟁론'

'북한 지향의 항쟁론'은 다양한 형태로 논박되었지만, 제주4·3의 항쟁론적인 측면 모두가 부정된 것은 아니었다. 북한 지향적이지는 않았지만, 분단의 과정에 저항한 통일운동의 의미를 분명 갖고 있었기 때문이다. 분단에 대한 반대와 저항은 현실적으로 '북한과의 연계'로 치부될 가능성이 높았지만, 앞에서 이야기한 것처럼, 4·3 당시 제주에서 문제가 된 분단에 대한 반대와 저항은 북한을 지지하는 노선과는 아무 관계가 없었다는 점이 강조되면서, 통일추구-총선반대-선거저지 및 불참이 남한거부-북한지지-공산폭동으로 연결되는 논리적 연쇄고리가 끊어지게 되었다. 김구와 조소앙이 총선을 거부했다고 해서 남한 정부의 정통성에 대한 부인 및 북한정부에 대한 정통성을 수용한 것이라고 해석되지 않는 것과 마찬가지인 것이다. 국가형성 시기 모든 반(反) 이승만 정부가 반남한, 반대한민국은 아니었으며, 모든 반정부가 반체제이자 반국가는 아니었음이 강조되었다. 또한 월북을 감행한 김달삼 등 초기 무장대 지도자들의 "비현실적 친북형태는 어떤 명분으로도 정당화될 수 없는, 엄중히 비판받아 마땅한 것이었다."[12]는 점을 부각해서 항쟁의 '친북적' 요소에 대한 거리두기를 분명히 하였다. 또한

5·10 총선거 거부에 대해서도 "자신들의 의사를 표현하기 위한 수단적 선택이지 그 자체가 목적은 아니었다. 선거에의 '참여거부(abstention)'가 정통성의 부인은 아니었던 것이다. 물론 선거거부가 갖고올 파장과 영향에 대해 저항 지도부는 더욱 신중했어야 하지만, 선거거부에도 불구하고 1948년 가을 이전까지 상당한 기간 동안 쌍방의 자제에 의해 대규모 학살이 없었다는 점은 선거거부에 대한 국가당국의 인식이 절대적이지 않았음을 반증한다. 말을 바꾸면, 학살이라는 사태로서의 제주4·3은 저항으로서의 그것과는 일정하게 분리되어 초래된 사건이라는 것"[13]을 지적하고 있다.

북한과의 연계를 부정하면서도 '반외세 반분단' 항쟁으로 4·3을 바라보는 이러한 입장은 일종의 '적극적 항쟁론'을 구성한다. 특히 5·10 총선거를 남한에서 유일하게 무산시킨 제주도의 상황은 반외세·반분단을 지향한 적극적인 항쟁의 가장 중요한 성과로서 지적된다. '5·10 단독선거는 대한민국 정부수립의 정통성의 기반이 되었던 것도 사실이나, 그와 반대로 남북한 통일민족독립정부의 수립을 더욱 불가능하게 만들었던 것도 또한 부인할 수 없는 사실이다. 따라서 남한 단독선거론자들은 대한민국 정부수립의 공로자인 반면에 민족분단의 책임을 면할 수 없다.'는 5·10 선거에 대한 학계의 평가를 인용하면서, 그런 '반민족적, 분단지향적' 선거를 무산시킨 제주도민의 항쟁을 "통일정부를 갈망하는 민중의 의지를 대변"**14**하는 것으로 적극적으로 평가한다. 항쟁에 참여한 민중들의 '적극성'을 강조하는 것이다. 이는 '아무것도 모르고 우왕좌왕하다 토벌대에 의해 희생당한 것'으로 희생자의 모습을 재현하는 '국가폭력론'과는 일정하게 거리가 있는 모습이다. 이들은 무장대를 지지한, 혹은 적어도 적대시하지 않은 제주민중들의 적극적인 의지에 방점을 찍는다. '적극적 항쟁론'에서 무장대와 제주민중은 항쟁의 지향적인 측면에서 연결되어 있었다는 것이다.

3. 1. 3. 소극적 항쟁론: '자위적 항쟁론'

그러나 다른 한편으로 무장대와 분리된 제주민중들의 소극적 항쟁이라는 측면을 강조하는 해석도 존재한다. '소극적 항쟁론'은 '자위(自衛)적 항쟁론'을 구성하는데, 여기에 따르면, 4·3의 '항쟁론'적인 측면은 '반외세, 반분단'이라는 적극적 목표에서 찾을 수 있는 것이 아니라, 미군정의 폭압에 대한 제주민중들의 방어적 항쟁이라는 점에서 찾아야 한다는 것이다. 즉, 특정한 지향이나 목표를 갖고 그것을 이루기 위해 항쟁에 나선 것이 아니라, 억압에 대한 자구책으로서 어쩔 수 없이 항쟁으로 '내몰렸던' 점이 강조된다. '탄압이면 항쟁이다'라는 당시의 표어는 이런 점을 드러내는 중요한 소재이다. '자위적 항쟁론'의 입장에서는 무장대와 제주민중의 연대가 일종의 '강요된' 연대라는 점을 암시한다. 미군정의 억압적인 통치 때문에 생겨난 미군정에 대한 반발이 무장대에 대한 지지 혹은 묵인의 형태로 표출되었다는 것이다. 이런 입장에 따르면, 무장대에 참여했던 사람들의 지향 혹은 목적, 인적 사항 등은 별로 중요하지 않으며, 오히려 미군정의 억압에 의한 제주민중들의 수난사가 집중적으로 강조된다. 그리고 무장대와 제주민중은 분석적 수준에서 '분리'된다. 이 입장의 대표적인 서술은『진상조사보고서』이다.

3. 2. '양민학살론'에서 '국가폭력론'으로

'국가폭력론'은 제주4·3사건에 대한 인식의 중심에 '항쟁'적인 측면보다는 미증유의 대량학살을 두고자 하는 입장으로, 제주도민 대다수의 심층기억 및 무의식적 원망과 부합하는 측면이 있었다.[15] "제주4·3사건 때 벌어진 대량 학살극은 다른 모든 논의들을 압도할 만큼 처참했"[16]기 때문이었다. '폭동론'이 압도하던 상황에서 토벌대에 의해 사망한 사람 모두가 '폭도'는 아니라는 '양민학살론'이 제기된 것은, 앞에서도 언급했지만 어쩌면 당연한 상황이었다. '폭동론'에 대한 일종의 수동적인 반론이었던 것이다. 그러다가 민주화 운동의 진척과 함께, 또한 민주화 운동 진척의 성과로 1995년 광주특별법이 제정된 이후 '국가폭력'이라는 개념이 사회적으로 인정되면서 이런 '양민학살론'은 '국가폭력론'으로 발전해 간다. '거창사건 등의 관련자 명예회복 특별법'이 1996년 제정되었는데, 이 법은 '양민학살'에 대한 '국가책임'이 공식적으로 인정받게 되는 계기가 되었다.[17]

　'폭도'에 대한 학살을 암묵적으로 혹은 수동적으로 인정하고 있는 '양민학살론'에 비해, '국가폭력론'은 군과 경찰이 자행한 모든 무차별적 민간인 살해, 수형인 불법 처형, 부녀자 성폭행, 가옥파괴와 촌락 폐허화 등을 국가가 수행한 '불법적인 범죄행위'로 간주한다. 국가의 이러한 범죄행위는 자유, 인권, 민주주의, 평등, 사회적 형평성 등 대한민국의 헌법에서 강조하는 보편적 가치를 위배하는 것이고, 따라서 대한민국 헌법의 정신을 지키기 위해서는 과거에 자행된 이러한 범죄행위에 대해 국가가 앞장서서 진상을 규명하고, 국가폭력의 희생자들에게 사죄 및 보상을 하고, 희생자들을 위로해야 한다는 주장으로 이어졌다. 이런 문제의식 하에서 '양민학살'은 '민간인학살'이라는 용어로 대체되었으며, 무엇보다도 희생자 및 유가족들의 '인권'이라는 가치가 최우선시되었다. 그리고 '항쟁론'에서는 생략되는 경향이 있었던,[18] 항쟁 세력의 무장 공격과 의도된 폭력, 학살 및 방화 등에 행동에 대해서도 충분히 문제화할 수 있게 되었다.[19]

4. 분열된 연대: '항쟁론'과 '국가폭력론'의 거리

4. 1. '4·3특별법'의 위치: '항쟁론'의 보류

민주화의 진척에 따라 '폭동론'에 대한 반론들이 잇달아 제기되었음에도 불구하고, 한국사회에서 제주4·3사건에 대한 '폭동론'의 힘은 여전히 거대했다. 그러나 민주화 이후 전개된 제주4·3사건 진실규명 운동은 더욱 강하게 추진되었고, 결국 '폭동론'의 공식적인 철회를 이끌어 냈다. 이 과정에서 '폭동론'에 반대하는 모든 세력이 연대했다. 특히 1998년 4·3사건 발발 50주년을 앞두고 진실 규명을 요구하는 목소리는 최고조에 달했다. 이러한 일련의 노력은 마침내 1999년 연말에 국회에서 여야합의에 의해 '4·3특별법'의 제정으로 결실을 맺게 되었다.

1999년 통과된 '4·3특별법'의 내용은 여전히 '폭동론'의 힘이 만만하지 않다는 점을 보여주고 있다. '폭동론'이 양보한 것은, 토벌대에 의해 사망한 사람 모두가 '폭도'는 아니었다는 점뿐이었다. 물론 이것도 매우 전향적인 변화이지만, 다른 한편으로는, 4·3사건의 역사적 성격에 대해서는 전혀 양보를 할 생각이 없다는 뜻이기도 했다. '5·18'과 비교했을 때, 5·18은 '민주화운동'이라는 역사적 평가를 받았지만, 제주4·3은 여전히 '사건'일 뿐이기 때문이다. 따라서 제주4·3에 대해서 '항쟁'이라는 새로운 역사적 평가를 내리고자 지향했던 '항쟁론'의 많은 부분은 제외 혹은 '보류'되었다. 특히 당시 제주도민들을 적극적인 '역사의 주체'로서 파악하고 있는 '적극적 항쟁론'은 이 과정에서 체계적으로 배제되거나 보류되었다. 4·3사건에 대해 아주 적극적인 역사적 의미를 부여할 수밖에 없는 이 입장은, '폭동론'이 고수하고 있는 '폭동'이라는 4·3사건의 역사적 성격과는 타협할 수 없기 때문이다. 이 때문에 '폭동론'에 도전하는 과정에서 형성된 '양민학살론'('국가폭력론')과 '적극적 항쟁론' 사이의 연대는 미묘하게 변화한다.

4. 2. '폭동론', '항쟁론', '국가폭력론' 사이의 거리

앞에서 제주4·3사건에 대한 항쟁론을 세 가지 '이념형적'으로 구분했지만('북한지향적 항쟁론', '적극적 항쟁론', '소극적 항쟁론'), 사실 이 세 항쟁론을 명확하게 구분하기는 쉽지 않다. 제주4·3사건의 경우, 사건 자체가 이 세 항쟁론에서 각각 강조하는 사항들이 모두 포함되어 있는 복잡하고 복합적인 것이었기 때문이다. 그러나 이렇게 담론적 차원에서 '항쟁론'을 구분하는 것은, '항쟁론'이 '폭동론'과 '양민학살론'('국가폭력론')과 논리적으로 결합할 수 있는 가능성의 정도를 측정하기 위해서였다.

'북한 지향적 항쟁론'은 '폭동론'과 완벽한 냉전적 대립쌍을 이룬다. '북한 지향적 항쟁론'이 강화되면 될수록 '폭동론'도 함께 강화되는 구조인 것이다. 따라서 '폭동론'을 부정하려는 저항 세력들은 '북한 지향적 항쟁론'도 함께 부정해야만 했다.

'적극적 항쟁론'의 경우에는 '폭동론' 및 '국가폭력론'과 논리적으로 미묘한 관계를 형성한다. '적극적 항쟁론'에서 제기하는 '반외세, 반분단'이라는 대의명분은 현실적인 '대한민국'과 긴장관계를 형성할 수밖에 없기 때문이다. 헌법상으로 대한민국의 영토는 '한반도와 그 부속도서'이지만, 실질적인 통치지역은 한반도 전체가 아니라 '휴전선 이남과 그 부속도서'이기 때문이다. '적극적 항쟁론'은 한반도 전체를 단위로 하는, 일종의 '한반도 민족주의'적 함의가 있다. 따라서 이 입장은 대한민국의 정통성을 강조하는 '폭동론'과 타협하기가 매우 어려운 항쟁론이다. 물론 제주4·3을 매개로 '통일'을 지향하는 저항담론으로서 기능하는 것에는 아무런 문제가 없지만, '대한민국'이라는 틀 내에서 제주4·3문제를 '해결'하려면, 적극적 항쟁론의 '한반도 민족주의'는 장애가 될 수 있다. 또한 '적극적 항쟁론'은 토벌대에 의해 희생당한 피해자들도 적극적인 역사적 '주체'로 파악하기 때문에, 이들을 추모하는 문제는, 국가유공자가 된 토벌대 희생자와의 관계에서도 마찰이 생길 수밖에 없다. 나중에 보겠지만, 이 문제는 제주4·3평화공원 형성과정에서 논란의 핵심이 된다.

반면 '소극적 항쟁론'은 무장대와 제주민중을 분리하는 담론적 전술을 취하고 있기 때문에, 무장대를 제외하면, '폭동론'과 협상할 여지가 매우 많다. 대다수의 제주민중을, 반체제적인 항쟁에 참여한 것이라기보다는 비민주적 통치에 대한 일종의 정당한 '자위권' 행사를 한 사람들로 간주하면서, 반체제적인 무장대와는 구분되는 범주로 제시 가능하기 때문이다. 이 지점에서 '자위적 항쟁론'은 '국가폭력론'과 거리가 매우 가깝게 된다.

앞에서 강조했지만, '양민학살론'은 기본적으로 '대한민국'을 인정하고 지지하는 형태의 담론이다. 여기에서 발전해 온 '국가폭력론'도 마찬가지이다. 비록 부정적이지만, '국가폭력론'에서 '국가'란 '대한민국'을 의미하며, 폭력을 행사한 '대한민국'이 자신이 저지른 폭력에 대해 책임을 다하라는 것을 역시 '대한민국' 국민이 요구하는 형태인 것이다. '소극적 항쟁론'과 '국가폭력론'의 입장을 '대한민국 공화주의'라고 부를 수 있을 텐데, '대한민국 공화주의'와 '폭동론'이 기반한 '대한민국 국가주의'의 거리는, '대한민국 공화주의'와 '적극적 항쟁론'이 기반한 '한반도 민족주의'의 거리보다, 정치공동체의 단위라는 측면에서, 그러니까 현실적인 측면에서, 가깝다고 할 수 있다. '대한민국 공화주의'와 '한반도 민족주의' 사이의 이 '거리'야말로 바로 제주4·3사건에 역사적 의미를 부여하는 것을 막는 근원적이고 구조적인 장벽인 셈이다.

『진상조사보고서』의 서문에 "이 진상조사보고서는 '제주4·3특별법'의 목적에 따라 사건의 진상규명과 희생자·유족들의 명예회복에 중점을 두어 작성되었으며, 4·3사건 전체에 대한 성격이나 역사적 평가를 내리지 않았습니다. 이는 후세 사가들의 몫이라고 생각합니다."라고 분명하게 사건의 성격에 대한 논의는 하지 않았음을 못박아 두었다. 제주4·3사건에 대한 대통령의 사과라는 '역사적 사건'은 오직 이 점에서 가능했던 것이다. 이 시점에서 제주4·3사건에 대해 '대한민국' 정부가 할 수 있는 '최대치'는 바로 여기까지였고, 현재도 마찬가지이다.

5. 제주4·3평화공원 탄생의 정치학

5. 1. '폭동론'의 존재: 구조적 제약 조건

제주4·3특별법은 '폭동론'의 지속적인 견제를 받으면서, 또 '폭동론'의 견제 때문에 '적극적 항쟁론'의 내용을 보류[20]하면서, '소극적 항쟁론'과 '국가폭력론'의 내용이 최대한 반영된 법이었다. 따라서이 법을 근거로 하여 만들어진 제주4·3평화공원은 마찬가지로 '소극적 항쟁론'과 '국가폭력론'의 내용이 최대한 반영된 형태로 만들어졌다. 이 때문에 제주4·3평화공원의 조성과정에서 '폭동론'의 제약과 '적극적 항쟁론'의 항의 모두가 제기될 수밖에 없는 상황이었다.

제주4·3사건을 '민간인이 희생된 사건'으로 규정한 것에 대해 '적극적 항쟁론'을 주장하는 세력은 제주4·3평화공원 조성과정에서 제주4·3사건을 규정하는 '항쟁'과 '학살'이라는 두 축 중 사라진 '항쟁'의 역사를 복원하기 위해 노력하였다. 그들은 제주4·3평화공원에서 '항쟁'이라는 또 다른 축이 자리 잡기를 원했던 것이다. 반면, '폭동론'을 고수하는 세력은 제주4·3평화공원 조성 자체에 반대했다. 이 두 가지 방향에서의 반대 중 훨씬 근본적인 구조적 제약 조건은 '폭동론'의 존재였다. '적극적 항쟁론'의 항의가 평화공원의 공간적 구성이나 제주4·3평화기념관의 전시 내용을 둘러싼 '내부적 이견'이었다면, '폭동론'의 존재는 평화공원 자체를 부정하는 '존재론적 반대'였기 때문이다. 이런 '폭동론'의 반대는 매우 강력해서 제주4·3평화공원 조성의 모든 순간마다 자신의 존재를 암묵적으로 드러내게 된다.

5. 2. 제주4·3평화공원에서 형상화된 '대한민국 공화주의'의 내용

'폭동론'과는 '국가폭력론(양민학살론)'을 무기로, '적극적 항쟁론'에는 '자위적 혹은 소극적 항쟁론'을 제기하면서, 양측으로부터의 요구를 때로는 수용 혹은 타협하면서 때로는 보류하면서 제주4·3평화공원은 현 시점에서 '대한민국 공화주의'의 최대치를 반영하는 내용으로 그 공간을 형상화하게 되었다. '국가폭력론' 및 '자위적 항쟁론'의 입장에서는 당시까지 이룬 성과, 즉 '폭동론'의 공식적 철회라는 성과를 최대한 유지하고 싶어 했고, 그래서 '폭동론'자들에게 공격의 빌미를 제공하는 일을 회피하고자 했다. 그래서 그들의 최대목표는 『진상조사보고서』를 충실히 반영한 평화공원을 만드는 일이었다.

5. 2. 1. 국립묘지모델의 도입 및 지방색의 최소화: 부정된 '조성 기본계획'

제주도는 '제주4·3평화공원 조성 기본계획' 수립을 위한 연구용역을 우선 실시하고, 그 결과를 심의하여 '기본계획'을 확정한 다음, 그 기본계획을 바탕으로 제주4·3평화공원 디자인에 대한 현상공모를 실시하기로 결정했다. 그래서 우선 '제주4·3평화공원 조성 기본계획'(이하 『기본계획』)이 수립되었다. 『기본계획』에서 제안한 여러 사항들은 크게 세 가지로 정리할 수 있다. 우선 '적극적 항쟁론'

내용이 포함되어 있다. 둘째, 권위적이고 위압적인 것으로 간주되는 '국립묘지모델'의 우선적 배제이다. 여기에는 1탑 배제, 단축의 동선 배제, 좌우대칭적 추모공간 배제 등의 내용이 포함되었다. 셋째, 한라산 등 제주의 자연적 특성이 고려되어야 하는데, 이것은 궁극적으로 제주공동체의 회복이라는 염원이 반영된 것이기도 했다.[21]

『기본계획』이 2002년 3월 14일 4·3위원회 전체 회의를 통과한 후 제주4·3평화공원 조성 기본설계를 현상 공모했는데, 총 11개 작품이 접수되었다. 이 중 2002년 8월 27일 응모작품들을 심사하여 (주)공간종합건축사무소(이하 '(주)공간')의 '상생의 성지'라는 작품이 당선작으로 결정되었다. 이 작품이 기본적으로 현재의 제주4·3평화공원의 모체이다. 그런데 이 작품이 당선되고 난 후 제주도 4·3 관련 단체들로부터 엄청난 항의가 쏟아져 나왔다. 이런 항의의 거의 대부분은 사실 한 가지 문제로 압축된다고 할 수 있다. 즉,『기본계획』에 따른 심사가 이루어지지 않았다는 점이다. 가장 큰 문제는『기본계획』에서 배제해야 한다고 제안한 '국립묘지모델'이 채택되었고, 그 결과 제주도의 자연적 특성이 제대로 반영되지 않았다는 점이다.

국립묘지모델의 특징으로『기본계획』에서 지적하고 있는 것은, 위압적 1탑체제[22]와 단축의 동선, 위계적인 좌우대칭형 추모공간

등이었다. 그런데 당선작으로 선정된 (주)공간의 작품은 기본적으로 국립묘지모델에 가까웠다. 특히 위패봉안소 앞의 추모공간은 위계적인 추모공간으로 비판받았다. 이곳은 중앙의 통로를 기준으로 좌우에 정방형의 공간이 배치되어 있는 형태인데, 이는 위패봉안소 앞이 소위 '귀빈석'이 되고 유족들이나 일반 참배객들은 정방형의 공간에 배치되어 일종의 위계를 구성하는 형태이다. "소위 연병장식 배열인데 이러한 정방형의 공간에 유족들을 앉혀 놓고 저 중앙통로로는 내로라하는 정치가들이나 명망가들이 입장해서 … 연설하여 (유족들보다 먼저-인용자 첨가) 분향배례한 후 마지막으로 … 유족들은 … 분향하게 될 것"[23]이라는 것이다. 제주도 자연의 반영이라는 측면에서는 중앙의 위령탑이 있는 부분이 제주도 오름의 형태를 반영한 것이기는 해도 전체적으로 그것이 두드러지지 않는다는 점이 지적되었다.

세부적인 측면에서는 더욱더 많은 비판을 받았다. 『기본계획』에서는 분명 '석각형 각명비'를 중요한 구성요소로 제안하고 있는데, 당선작에서는 이 '각명비'가 제외되어 있다. 그 대신 '위패봉안소'가 가장 중요한 요소로 설계되었던 것이다. 위패봉안소는 국립묘지모델에서 아주 중요하게 간주되는 요소이다. 또한 『기본계획』에서는 변병생 모녀 조각상과 4·3의 고통을 드러내는 조각상을 설치하라고 제안하고 있다. 그런데 당선작에서는 변병생 모녀의 죽음

터를 주차장으로 설계해 놓고 있어 다른 곳에 변병생 모녀 조각상을 설치하는 것으로 되어 있었다. 이것은 당선작이 변병생 모녀의 조각상을 왜 제주4·3평화공원 안에 설치해야 하는가를 제대로 인식하지 못하고 있는 것은 아닌지 의심을 받았다.[24] 또한 어느 할머니의 죽음 장소에 '변병생 할머니'상이라는 조각상을 설치하는 것으로 되어 있어, '변병생 모녀'와 어느 할머니의 죽음을 뒤섞어버리고 있었다. 또한 모녀상은 변병생 모녀의 비극적 죽음과 관련이 있는데, 그곳에 마치 '세화리 해녀항쟁'[25] 같은 장면이 함께 형상화되어 있었으며, 4·3 당시에는 '죽창시위'가 전혀 없었는데, 마치 죽창시위가 있었던 것처럼 형상화되었다. 1위 작품에 대한 심사위원장의 총평에 제주4·3의 역사적 상징성을 잘 담았다는 부분이 있는데, 이 죽창시위 장면의 형상화처럼 기본적인 사실에서 오류를 범하고 있는 작품이 무슨 역사적 상징성을 담았는지 신랄하게 비판받았다.[26] 이런 점들 때문에 이 작품의 당선에는 당시 우근민 제주도지사의 정치적 개입이 있었다고 의심받았다.[27]

국립묘지모델을 선택한 이유를 정확하게 파악하기는 어렵지만, 몇 가지 점은 추론이 가능하다. 우선 2002년 8월 말이라는 당선작이 결정된 시기를 고려해보면, 이 시기가 4·3사건의 진행과정에서 군법회의 결과 유죄를 선고받아 그 결과 희생된 사람들을 '피해자'로 볼 것인지 아닌지 하는 문제가 본격적으로 쟁점이 되던 시기와 겹친다.

4·3위원회는 제주4·3사건의 피해자로 인정될 사람의 기준을 확정하는 데 있어 많은 진통을 겪었다. 보수단체에서는 '공산폭동을 일으킨 폭도들을 어떻게 희생자로 선정할 수 있느냐.'고 주장하는가 하면, 4·3관련단체에서는 '국가 범죄에 의한 무고한 희생이기 때문에 전원 희생자로 인정해야 한다.'고 주장하였다.[28] 이런 분위기에서 '폭동론'의 자장 안에 있던 보수적 위원들은 '피해자'의 범위를 최소화하려고 노력했다. 그래서 일차적으로 무장대 측 인사들은 피해자에서 제외되었다. 그다음 쟁점이 바로 군법회의로 인해 사형에 처해지거나 감옥에 수감되었다가 나중에 한국전쟁 발발 직후 처형된 사람들을 피해자로 인정할 것인가 하는 점이었다. 이 쟁점이 본격적으로 논쟁되기 시작한 시점이 바로 평화공원 설계 공모의 당선작이 결정될 무렵이었다. 따라서 여전한 '폭동론'의 반발을 무마할 방법으로서 제주4·3평화공원의 국립묘지모델화가 선택되었다고 추정할 수 있다. 물론 피해자 선정 논란이 직접적으로 평화공원 설계 공모안에 영향을 미쳤다는 증거는 없지만, 적어도 그 당시의 분위기에서라면 간접적으로 제주도 내부에서는 부담을 느낄 가능성이 매우 높았다.

다른 한편으로, 제주도 내의 기존 위령비 중의 일부와 당선작이 모티브가 아주 유사했다는 점도 지적되어야 할 것 같다. 즉, 이것

그림1 만벵듸 공동장지 위령비(필자촬영)

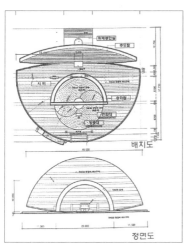

그림2 위패봉안소 정면도 및 배치도

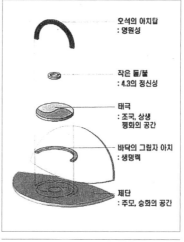

그림3 위패봉안소 구성요소 설명도

은 4·3사건 피해자들과 유족들이 오랫동안 대한민국 정부로부터 '비국민'으로 간주되었기 때문에 그들의 '국민화' 염원이 반영된 것으로 파악할 수 있다. 특히 '예비검속사건'의 위령비는 태극기와 무궁화를 소재로 위령비의 디자인을 구성한 것이 많았는데([그림 1]참조), 설계공모 당선작도 이들 위령비와 비슷하게 태극무늬를 중요 소재로 삼고 있다([그림 2] 및 [그림 3] 참조). 위패봉안소 앞의 추모광장 바닥은, 너무나 거대해서 직접 현장에서는 파악하기 힘들지만, 도면상으로는 분명하게 태극문양을 소재로 그것을 '조국, 상생, 평화'의 이미지를 대변하는 것으로 제시하고 있다. '대한민국 국가주의'의 상징인 '태극문양'을 '국가폭력론'이 기반하고 있는 '대한민국 공화주의'의 상징으로 전유하고자 시도하는 것으로 볼 수 있다.

그런데 태극기 혹은 태극문양을 '대한민국 공화주의'의 상징으로 전유하는 것이 가능한 것일까? 정근식은 5·18항쟁 기간에 사용된 태극기의 의미를 보다 적극적으로 탐구해야 함을 주장하면서 태극기를 "저항하는 시민적 주체들의 정체성의 표현이고, 동시에 새롭게 구성하려는 정치공동체의 상징으로 규정"[29]한 바 있다. 즉, 광주 5·18항쟁 당시 시민군들이 사용한 태극기를 "1948년 헌법에서 관념적으로 선취된 시민적 공화주의의 이념이 권위주의 군사정부에 대한 생존투쟁의 현장에서 실체화되고 있는 현상" 중 하나로 파악했던 것이다.[30] 이런 현상은 5·18항쟁에서만 일어난 것이 아니

그림4 6월항쟁과 태극기(출처: 정근식(2007), 앞의 글, 19쪽)

었다. 4·19혁명과 87년 6월 항쟁 기간 동안 민주화 운동 세력들이 상징으로 사용한 태극기 등 '시민적 공화주의'의 상징으로 활용된 태극기의 예들도 많다([그림 4] 참조). 따라서 위패봉안소 앞 광장의 바닥의 문양을 '대한민국 공화주의'의 상징으로 전유하고자 한 시도 자체는 문제삼을 수 없다.

　문제는 그것이 정말 '공화주의'적 성격을 갖느냐 하는 점일 것이다. 제주4·3사건과 관련해서, '대한민국 공화주의'를 구성하는 최대강령은, '억압에 대한 자구적 차원의 항쟁'이라는 '자위적 항쟁론'

과 토벌대의 강경진압을 '국가폭력'으로 간주하여 피해자의 인권
적 측면을 강조하는 것이었다. 그런데, 나중에 살펴 보겠지만, 무장
대 관련 인사들이 '피해자'로서 제외됨으로써 그들의 위패가 위패봉
안소에서 철거되는 일이 발생했다. 이런 점에서 위패봉안소 앞에
위치한 '태극문양'은 온전하게 '대한민국 공화주의'를 상징하는 것이
라고는 볼 수 없다. 오히려 이 '태극문양'은 '대한민국 국가주의'를
의식한 위축된 '대한민국 공화주의'의 소극적 재현인 것이다.

5. 2. 2. 무장대 출신 '희생자' 위패 철거

2006년 제주4·3평화공원의 위패봉안소에 안치되어 있던 9명의
위패가 철거되었다. 공식적인 이유는 "신고된 희생자가 중복되었
거나 해당 유족이 희생자 신고를 철회했기 때문에 필요없는 위패
를 뗐다."[31]는 것이었다. 희생자 신고가 중복되어 위패가 두 개 이
상이라면 중복되는 것을 철거하는 것은 당연하지만, 유족이 신고
를 철회했기 때문에 그 위패가 철거되었다는 설명은 그 사정이 매
우 복잡해 몇 단계를 거쳐야만 이해할 수 있다.

9명이 포함된 위패봉안소의 위패는 2005년 3월 25일 위패봉안
소의 증축 완료 직후에 설치되었다. 유족들의 요구에 의해 기존의
위패봉안소보다 10배 늘어난 이 위패봉안소에 위패를 봉안한 사
람들은 제주4·3실무위원회 심사를 통과하여 제주4·3실무위원회

차원에서 희생자로 인정받은 사람들이었다. 그런데, 4·3위원회에서 제주4·3실무위원회가 제출한 4·3사건 희생자 및 유족 심의·의결요청서를 심사하면서 문제가 발생하게 되었다.

4·3사건 희생자 및 유족으로 판정할 기준이 4·3특별법에 명시되지 않았기 때문에 4·3위원회에서 자체적으로 심사기준을 설정해야만 했다. 이 과정에서 엄청난 논란이 발생하게 되었고, 결과적으로 제주4·3실무위원회가 희생자 및 유족으로 판정한 기준과 달라지게 되었던 것이다. 그 과정에서 제주4·3실무위원회는 희생자로 인정했지만, 4·3위원회에서는 희생자로 인정받지 못할 것으로 예상되는 사람들이 생겨났다. 이들에 대해 제주4·3실무위원회는 신고한 유족을 설득하여 신고를 철회하도록 했다. 그 결과 이들 9명의 위패는 위패봉안소에서 철거되었던 것이다.

그렇다면, 4·3위원회에서 자체적으로 희생자 심사기준을 마련할 때 희생자로 인정받지 못한 사람들은 누구일까. 그들은 무장대 출신으로 제주4·3사건 당시 사망 또는 행방불명된 사람들이었다. 4·3위원회 제4차 전체회의에서는 다음에 해당하는 자를 희생자 범위에서 제외하는 것으로 결정했다. "①제주4·3사건 발발에 직접적인 책임이 있는 남로당 제주도당의 핵심간부 ②군경의 진압에 주도적, 적극적으로 대항한 무장대 수괴급 등은 자유민주적 기본질서에 반한 자로서, 현재 우리의 헌법체제 하에서 보호될 수 없다할 것이므로 희생자의 대상에서 제외토록 하되, 이 경우 그러한 행위를 객관적으로 입증할 수 있는 구체적이고 명백한 증거자료가 있어야 한다."[32] 이로써 제주4·3사건 희생자들은 '선별'되어야만 했다. 이제 국가기구인 4·3위원회는 희생자들의 '국민으로서의 자격'을 심사하는 판관이 된 것이다.

이렇게 희생자 기준이 확정되어 사실상 4·3위원회에 의해 희생자에 대한 '심사'가 이루어지게 되자 제주4·3실무위원회에서 희생자로 인정받은 사람들 중 무장대 출신 희생자 유족에게는 두 가지 선택이 남게 되었다. 하나는 희생자 신고를 '철회'하는 것이고, 다른 하나는 끝까지 심사를 받는 것이었다. 4·3위원회의 군경 위원을 제외한 나머지 위원들은 '희생자 제외 대상 기준'에 적용될 수 있는 대상자의 유족들에게 신고를 철회하도록 권고했다. 그들이 신고 철회를 권고한 이유는 "희생자 심사에서 '불인정'될 것이 분명한데, 그들에게 불명예를 안겨줄 수는 없었다. 나중에 상황이 바뀌면 다시 신고가 가능하기 때문에 희생자 선정 기준 제외 대상자들을 '불인정' 결정해 버리는 최악의 상황을 막기 위한 차악을 선택할 수밖에 없었다."[33]는 것이다.

4·3위원회 민간인 위원들의 이런 권고는 당시 상황에서 평가하면 비교적 합리적인 대응이라고 평가할 수 있다. 4·3위원회 심사에서 희생자로서 불인정되면, 향후 이들을 구제할 방법은 새로운

법률 제정을 통한 방법밖에는 남아 있지 않기 때문이다. 차라리 신고를 철회한 다음, 이후 상황이 유리하게 조성되면 다시 신고서를 제출하여 다시 심사를 받는 편이 새로운 법률을 제정하여 '구제'되는 것보다는 훨씬 쉬운 방법이었던 것이다.[34] 따라서 대상 유족 대부분은 4·3위원회 민간인 위원들의 권고대로 신고를 철회했다. 신고 중복 등의 사유로 신고가 철회된 대상자는 모두 778명이었는데,[35] 정확한 수는 알 수 없지만, 이들 중 많은 수가 무장대 출신이었기 때문에 신고를 철회한 것으로 보인다.

4·3위원회 민간인 위원의 권고를 거부하고 끝까지 '심사'를 받은 유족은 단 한 명이다. 당시 4·3사업소 소장이었고 제주4·3실무위원회 간사였던 김동화였다.[36] 그는 4·3위원회가 무장대 희생자 유족들에게 신고 철회를 권고한 것에 강한 반감을 보였다. 4·3특별법의 정신은 용서와 화해이지 '선별'이 아니었기 때문에 4·3위원회에서 희생자 선정 기준으로 무장대 배제라는 것을 결정한 것 자체가 잘못이었다는 입장이었다. 특히, 4·3위원회 내에서 전원 합의가 아닌, 다수결로 밀어붙였으면 제주4·3실무위원회에서 희생자로 인정한 모든 사람들이 희생자로 인정받았을 것이라는 의견을 피력하였다. 그리고 4·3위원회가 무장대 희생자 유족들에게 신고 철회를 권고한 것도, 일부 선의가 있었지만, 기본적으로 4·3위원회가 신고한 전원을 희생자로 인정했다는 사실을 주장하기 위한 행

정적 발상이었다고 강조하였다.

4·3위원회에 대한 불신 이외에도 김동화가 신고 철회를 하지 않은 이유는 다음 두 가지인데, 이 이유들이 훨씬 더 중요했다. 그는 4·3사업소 소장으로서, 그리고 제주4·3실무위원회 간사로서 무장대 희생자 유족들에게 신청서를 내라고 독려한 장본인 중 한 사람으로서 거기에 맞는 책임을 져야 했다고 판단하였다. 또한, 자신의 아버지는 본인의 신념을 지키기 위해 죽어갔는데 그 아들이 아버지의 신념에 반하는 행동을 할 수 없었다는 것이다. 자신은 자신의 아버지가 '아무것도 모르는 순진한 양민'이라고 주장할 생각은 전혀 없다고 했다. 오히려 그것은 아버지를 욕보이는 행동이라는 것이다. 당신의 아버지는 분명 '단선 반대'라는 분명한 목적을 갖고 무장대 활동을 했다는 것을 인정했다.

그러면 김동화는 신념을 갖고 무장대 활동을 한 자신의 아버지를 왜 희생자로 신청한 것일까? 자신의 아버지가 희생자인 이유는, 교전 중에 사망하지 않고 체포되어 '재판 없이' 즉결처분되었을 가능성이 매우 높았기 때문이었다. 적국 사이의 전쟁에서도 포로에 대한 즉결처분은 전쟁범죄로 인정받는다. 그리고 제주4·3사건에서도 토벌대에 의한 수많은 즉결처분이 있었는데, 이것도 대부분 국가폭력으로 인정받았다. 따라서 비록 무장대 활동을 했지만, 토벌대에 의해 즉결처분된 김동화 아버지의 사례가 어떻게 다루어지는지는, 4·3위원회가 기반하고 있던 '국가폭력론'의 현실적인 한계와 최대치를 보여주는 핵심적인 지점이었다. 공권력에 의한 즉결처분조차도 어쩌면 이념에 따라 '선별'되어 구제될지를 보여줄 것이기 때문이었다.

결국 김동화는 희생자 신고를 철회하지 않았고, 그래서 4·3위원회에서 그의 아버지는 희생자 불인정 판정을 받았다. 그런 후 그는 불인정 판정에 대한 행정소송을 제기했지만, 기각당했다. 그의 아버지는 새로운 법이 제정되거나 4·3특별법의 내용이 전면적으로 개정되지 않는 한 꽤 오랫동안 4·3사건의 희생자로서 인정받지 못할 것이다.[37]

이렇게 해서 제주4·3사건의 희생자들의 범주가 결정되었다. 우선, 무장대 및 토벌대에 의해 죽임을 당한 '무고한' 민간인이 희생자로 결정되었다. 여기서 물론 가해자는 무장대 및 토벌대 양자 모두이다. 다음으로, 무장대의 공격으로 사망한 토벌대 '국가유공자'들이 희생자로 결정되었다. 그러나 토벌대에 의해 죽임을 당한 무장대 관련자들은 희생자에서 배제되었다. 그들 역시 즉결처분 등 '국가폭력'의 '희생자'였음에도 그렇게 되었다. 무장대 희생자의 위패가 위패봉안소에서 제거되었던 것은 이런 과정을 거쳐서였다.[38]

무장대 희생자들의 위패가 제거되면서, 위패봉안소에 모셔진 위패는, 현재의 대한민국이 수용할 수 있는 '국민'의 경계를 상징하게 되었다. 이들 위패 사이의 차이는 없다. 과거 국가유공자로서 특권적 지위를 가졌던 사람들이나, 그들에 의해 죽었을지도 모르는 민간인 피해자들이나 모두 동일한 희생자로서 같은 크기의 위패를 통해 자신의 존재를 드러낼 뿐이다. 즉, 이 공간에서는 전체 희생자의 78.1%에 대해 책임이 있는[39] 토벌대의 책임 여부가 전혀 부각되지 않는다. '대한민국의 국가주의'의 상징인 '국가유공자'와 '대한민국 공화주의'를 구성하는 '국가폭력의 희생자'가 공식적으로 대한민국에 의해 '화해'하고 있는 것이다. 이 화해는 서로 성질이 다른 두 종류의 희생자를 '균질화'함으로써 이루어졌다. 이곳은 더이상 가해의 책임을 따지는 않는 곳이 되어 버렸다.

5. 3. 제주4·3평화기념관 개관과정의 갈등: '폭동론'의 '아른거림'

5. 3. 1. 제주4·3평화기념관 전시에 대한 관점의 차이

'폭동론'을 지지하는 세력들은 제주4·3평화기념관 개관 자체를 반대하고 있었기 때문에, 이들의 의견은 제주4·3평화기념관 전시 내용에 직접적인 영향을 미치지는 않았다. 더욱이 제주4·3평화기념관 전시 내용은 제주도 내부의 목소리가 강하게 반영되었기 때문에 '폭동론'적 내용은 전혀 고려의 대상조차 되지 못했다. 그러나 『진상조사보고서』를 충실하게 재현하고자 하는 '대한민국 공화주의'(자위적 저항론 및 국가폭력론)의 내용과, 『진상조사보고서』 내용을 넘어서고자 했던 '한반도 민족주의'(적극적 항쟁론)적 내용 사이에는 미묘한 입장 차이가 존재했다. 특히 제주4·3평화기념관 개관을 며칠 앞두고 '아트워크(Art Work)' 작품 두 점[40]의 전시가 무산되면서 이런 차이는 표면화했다.

제주4·3평화기념관은 크게 두 가지 전시방법을 채용하고 있다. 우선, 사진 및 패널 설명에 의한 전시로 이것은 제주4·3사건의 역사를 『진상조사보고서』의 내용에 맞게 충실하게 설명하고 있다. 이것에 의한 전시가 전시의 대부분을 차지하고 있다. 사진과 패널 설명에 의한 전시는 『진상조사보고서』가 이룩한 역사적 성과를 충실하게 반영하고 있다. 기존의 '폭동론'적 내용에 대한 논리적이고 강력한 증거에 의한 반박은 이곳 전시의 백미이다. 또한 한국의 다른 어느 곳에서도 찾아보기 힘든 '해방' 후의 정치적 상황에 대한 정밀한 묘사는 그 자체로 높이 평가받을 현대사 박물관으로 손색이 없다. 그러나 『진상조사보고서』의 상황적 '한계' 또한 이곳에 반영되어 있다. '폭동론'을 지지하는 강력한 세력들의 존재 때문에 제주 4·3사건에 대한 역사적 성격의 평가 부분이 빠져 있었던 것이다. '학살'과 '항쟁'의 두 축의 역사 중 '항쟁'의 역사에 대한 내용이 일단 '보류'되었다고 할 수 있다.[41]

다른 하나의 전시방법은 미술 작품인 '아트워크'를 통한 전시이다. 총 12점의 아트워크가 기획되었다. 아트워크는 전시할 사료의 부족을 보완하기 위해 '사실'에 기반한 예술작품으로 사료를 대체하고, 제주4·3사건을 보다 입체적이고 효과적으로, 그리고 친근하게 묘사하기 위해 도입이 결정되었다.

『진상조사보고서』를 충실히 반영한 사진 및 패널 설명에 의한 전시와, 상상력을 동원하고 있는 아트워크 작품을 통한 전시 사이에는 원래부터 충돌 가능성이 존재하고 있었다. 속성상 '사실'과 '상상력'은 강조점이 전혀 다르기 때문이다. 그러나 만약 기본적인 지향점이 일치하면 이 둘은 상호 보완적인 관계를 형성할 수도 있다. 한쪽의 장점이 상대방의 단점이 된다는 점에서 그렇다. 그러나 기본적인 지향점이 다르면, 이 둘 사이의 잠재적인 갈등은 증폭될 여지가 많았다. 제주4·3평화기념관의 경우, 일부 아트워크 작품을 중심으로 갈등이 증폭되는 관계로 전환되었다.

『진상조사보고서』를 충실히 반영하기를 원하는 입장에서 아트워크 작품은 『진상조사보고서』라는 틀 내에서 최대한의 상상력을 발휘하기를 원한다. 반면 『진상조사보고서』의 한계를 지적하고 싶은 입장은, 아트워크에 발휘된 상상력을 총동원해 『진상조사보고서』의 내용을 넘어서고자 한다. 제주4·3평화기념관 내의 아트워크 작품들 중 몇몇은 확실히 『진상조사보고서』의 내용을 넘고자 시도했다. 그 작품들은 '적극적 항쟁론'의 내용을 강하게 담기를 원했고, 『진상조사보고서』에서 분명히 밝힌 제주4·3사건의 가해자인 '미군정'과 '이승만'을 시각적으로 보다 강조하고 싶어했다. 이런 입장은 곧바로 『진상조사보고서』를 충실히 반영하는 전시를 원하는 세력에 의해 저지되었다. 두 개의 아트워크 작품이 제대로 전시될 수 없었던 배경은 여기에 있었다.

5. 3. 2. 사라진 아트워크 작품

사진 및 패널 설명에 의한 전시와 아트워크를 통한 전시는 제주 4·3평화기념관에서 대부분은 상호보완적으로 서로의 단점을 보완하면서 비교적 조화롭게 기능하고 있다. 그러나 이 중 세 작품은 별도의 고찰이 필요해 보인다.

아트워크 작품 중 『진상조사보고서』의 내용과 가장 충돌하고 있는 작품은, 원래의 계획대로 현재 전시가 이뤄지고 있는 강요배의 '제주도민의 5·10(단선반대 산행)'이다. 사진 및 패널에 의해 5·10선거 무산에 대한 설명은, 『진상조사보고서』의 내용과 마찬가지로, "무장대는 5·10선거를 무산시키기 위해 주민들을 산으로 올려 보냈다. 선거 당일 마을에서는 경찰가족이나 우익청년단 간부, 선거관리위원 등 극소수를 제외하고 사람의 모습을 찾아볼 수 없었다. 주민들은 산이나 숲으로 가서 머물다 선거가 끝난 후에야 돌아왔다."고 되어 있다.[42] 주민들과 무장대 사이의 관계에 대해 특별한 '연대'를 암시할 만한 문구는 거의 생략 혹은 유보되어 있으며, 무장대에 의해 제주도민들이 강제로 산으로 올려 보내진 것 같은 뉘앙스가 표현되어 있다. 그러나 강요배의 작품에서는 주민들이 무장대의 강제에 의해 산에 오른 것이 아니라 자발적이고 평화롭게 산에 올라 5·10선거를 거부한 것처럼 그려져 있다. "산에 오르는 가족, 보초 선 무장대, 움막 집 짓는 사람들, 초원에서의 연설회, 고사리 꺾는 소녀 등이 그려져 있어" 아주 "평화로운 풍경"[43]이다. 여기서 주민들은 무장대와 뜻을 같이하는 존재로서 무장대와 아주 평화롭게 공존하는 것으로 묘사되어 있다. 이는 무장대와 양민을 구분하여 '양민'들의 피해상황에 집중하고 있는 『진상조사보고서』의 내용을 넘어서서 제주도민의 분단에 대한 '적극적인 항쟁'을 암시하고 있다. 그러나 이 작품은 별다른 문제 없이 그대로 전시되고 있다. 그 이유는, 작품의 규모가 너무나 거대하고(가로 17m, 세로 2m) 작품의 전반적인 분위기가 너무나 '평화로워서'일 것이다. 이 작품은 사진 및 패널설명 전시 윗부분에 그려져 있어, 이 그림을 보려면 관람의 흐름을 일시적으로 끊고 위를 쳐다보아야 한다. 또한 규모가 매우 크기 때문에 한눈에 그림에서 묘사하는 내용을 파악하기가 힘들다. 게다가 그림의 내용이 자극적이지 않고 편안해서 제주4·3사건이라는 심각한 내용의 전시에서 한숨 돌리는 역할을 하게 한다. 그래서 지금까지 별다른 이의 없이 전시될 수 있었다. 그

그림5 김대중 작가의 '미군정의 실체'[44]

러나 내용적으로는 가장 '무서운' 작품이다.

다음은 전시에서 완전히 제외되거나 일부분이 수정된 작품으로, 이 두 작품은 모두 제주4·3사건 당시 발생한 민간인 학살사건의 최종 책임자로 지명된 '미군정'과 이승만 대통령'을 강조하고 있는 작품이었다. 전시에서 완전히 제외된 작품은 김대중 작가의 '미군정의 실체'라는 작품이다[그림 5]. 이 작품은 오라리 사건을 배경으로 한 만화작품이다. 오라리 사건은 우익청년들에 의해 저질러진 방화 및 살인사건을 마치 무장대 측이 저지른 것으로 조작해서 미군정이 무장대와의 협상을 무효로 하고 강경책을 채택하는 계기가 된 사건이었다. 『진상조사보고서』에서는 미군정이 의도적으로 오라리 사건을 조작하여 무장대에 대한 강경책의 빌미로 삼았다고 서술되어 있다.[45] 그런데 이 작품에서는 미국 백악관에서 미군정에게 직접 이 사건을 지시한 것으로 묘사되어 있다. 작품의 오른쪽 아래 부분이 문제가 된 부분이다. 백악관에서 이 사건에 대한 지시를 직접 내렸다는 증거는 전혀 없기 때문에 이것은 『진상조사보고서』의 범위를 벗어나 추측성 표현을 한 것이며, 따라서 역사관 전시물로는 적절하지 않다는 이유로 작품은 철거되고 사진 및 설명 패널로 대체되었다.[46]

'미군정의 실체'처럼 전면적으로 철거되지는 않았지만, 작품의 일부가 수정되어 전시되고 있는 작품은 박불똥의 '행방불명(제주사람들)'이다[그림 6]. 이 작품에서 철판에 뚫린 구멍들은 행방불명된 3천여 명의 제주도민을 상징하며, 구멍에 꿰어진 철선들은 총알의 궤적을 표현하고 있는데, 무엇보다도 행방불명된 제주사람들을 쳐다보고 있는 사람이 이승만 당시 대통령이다. 이는 이들의 행방불명의 최종 책임자가 이승만 대통령임을 분명히 하고 있는 것이다. 『타임(Time)』지의 표지를 장식한 이승만 대통령의 얼굴은 그림이나 사진이 아니라 영사기를 통해 벽면에 비춰지도록 구상된 것이었다. 그러나 최종적으로 전시되고 있는 것은 영사기를 꺼서 이승만 대통령의 얼굴을 사라지게 만든 것이었다[그림 7]. 또한 벽면의 이승만 전 대통령의 제주도 순시 시 지프차에 타고 있는 사진을 활용한 작품 역시 영사기를 꺼버림으로써 이 작업의 가장 중요한 이미지 요소가 빠져 버렸다.[47]

이 두 작품이 철거 혹은 수정된 표면적인 이유는 서로 모순적인 것처럼 보인다. 즉, 이 작품들의 철거 혹은 수정을 주도한 사람은 양조훈 4·3위원회 수석전문위원과 김종민 4·3위원회 전문위원이라고 알려져 있다. 김종민 전문위원은 김대중 작가의 작품들을 철거한 것에 대해 "『진상조사보고서』의 내용을 넘어서는 내용을 담고 있어서 철거를 결정했다."[48]고 이야기했다. 앞에서도 이야기했

그림6 박불똥의 '행방불명(제주사람들)'의 원작[49]

그림7 수정된 박불똥의 '행방불명(제주사람들)'[50]

지만, 오라리 사건에 대해 미국 정부가 직접 지시를 내렸다는 증거는 찾을 수 없기 때문에 '미군정의 실체'라는 작품은 『진상조사보고서』의 내용에 충실하게 전시내용을 구성하기로 한 원칙을 어기고 있다는 것이었다. 그러나 다른 한편 박불똥의 '행방불명(제주사람들)'의 경우에는 그 표현 내용이 『진상조사보고서』와 모순되지 않는다. 『진상조사보고서』의 결론에서는 이승만 당시 대통령의 책임을 분명히 하고 있기 때문이다.

이 결과만을 놓고 보면, 표면적으로 제기된 『진상조사보고서』의 내용과 합치하느냐 불합치하느냐의 여부만으로 작품의 전시와 수정·철거가 결정되지 않았음을 알 수 있다. 그러나 공식적인 이유 이외에 작품 전시 여부를 결정한 다른 이유를 정확하게 찾아내는 것은 매우 힘든 일이다. 다만 지금까지 제주4·3평화공원이 만들어지는 과정을 토대로 일정 수준에서 유추할 수는 있다고 생각한다. 그것은 '폭동론'을 지지하는 세력들을 어느 정도 의식하느냐 하는 점과 관련이 있다.

앞에서 잠깐 언급했지만, 제주4·3평화공원이 만들어지는 과정에 '폭동론'을 지지하는 세력들은 직접적으로 개입하지는 않았다. 그들은 제주4·3평화공원 조성 자체에 대해서 반대를 했을 뿐 공간형성 과정이나 전시내용의 선정에는 별다른 관심을 두지 않았다. '폭동론'을 주장하는 세력들의 이런 '불개입' 상황에 대한 판단에서

4·3위원회의 두 위원들과 전시연출 자문단의 입장이 달랐던 것이다. 4·3위원회의 두 위원은, 비록 실질적으로 '폭동론'을 주장하는 세력들이 직접적으로 전시내용과 관련해서 개입해 오지는 않았지만, 항상 그들은 '폭동론'을 지지하는 세력을 염두에 둘 수밖에 없는 위치에 있었다. 4·3위원회의 모든 활동에서 이들과 충돌해왔기 때문에 '폭동론'을 주장하는 세력에게 불필요한 공격의 '빌미'를 줄 필요가 없었다고 판단한 것이다. 특히 시기적인 측면에서 이들의 민감한 태도는 이해할 만했다. 이 시기는 '대한민국 공화주의'적 내용을 바탕으로 진행된 4·3위원회 활동 자체에 대한 공격이 거세진 시점이었다.[51] 따라서 4·3위원회의 두 위원에게는 지금까지의 성과를 온전하게 보존하는 것이 최대의 과제였다. 그런 점에서 그들은 미군과 이승만을 '자극적'으로 묘사한 두 개의 아트워크 작품은 위험한 것이라고 판단하였고, 이를 사전에 방지하는 것이 이들에게는 최선이었다.[52] 반면, 전시연출 자문단은 전시내용 수립 과정에서 '폭동론' 세력의 '불개입'을 말그대로의 불개입으로 받아들였을 가능성이 높다. 혹은 전시내용에서 아무리 '폭동론'적 입장을 고려하는 방향으로 일부 수정이 되더라도 '폭동론'의 반발은 여전할 것이기 때문에 그럴 바에는 차라리 '폭동론'에 반대하는 내용을 최대한 전시에 반영하는 것이 최선이라는 판단을 내린 것 같다.[53] 강요배의 작품은 이를 반영하는 것이라고 할 수 있다.

아트워크 작품 전시와 관련하여 표출된 이 두 집단의 갈등은 마치 제주4·3사건에 대한 '대한민국 공화주의'적 입장과 '적극적 항쟁론'을 주장하는 세력의 갈등처럼 보이게 한다. 물론 표면적으로만 보면 그런 성격을 부정할 수는 없다. 그러나 제주4·3평화공원 개장에 이르는 전 과정을 염두에 두면, 역시 가장 큰 갈등의 축은 '폭동론'을 지지하는 세력과 이 두 세력 사이에 존재한다. '폭동론'을 주장하는 세력들은 제주4·3평화공원 개장의 과정에 분명히 '부재'했지만, 제주4·3평화공원 조성의 모든 과정에서 이들의 존재는 '편재'해 있었다. 아트워크 작품 전시와 관련된 '폭동론'의 '아른거림 (absent presence)'[54]이라는 이 모순된 상황은 제주4·3사건에 대해서 '폭동론'적 해석이 얼마나 강력한지를 다시 한번 보여주는 증거라고 할 수 있다. '폭동론'의 '아른거림'이라는 이 상황은 사실 제주4·3평화공원 조성의 전 과정에서도 확인할 수 있다. 현재 제주4·3평화공원이 국립묘지모델을 닮아있는 것도 바로 그 효과 때문이었다. 직접 드러나 개입해 들어갔던 것보다 오히려 이런 '아른거림'이 더욱 강력한 힘을 발휘했던 것이다.

5. 4. '폭동론'을 쫓는 부적: '백비'와 '빈 위패'

겉으로 보기에 이곳에서 '폭동론'을 주장한 세력들은 공원의 공간적 형성과 전시시설의 내용 결정 과정에 아무런 개입을 하지 않았다. 그러나, 이들은 공원 조성 자체를 반대했다. 이 반대는 제주 4·3평화공원 조성을 주도한 사람들이 항상 보이지 않는 적을 상정하게 했으며, 그것과의 싸움은 일종의 '내적 검열' 기제와 유사한 방식으로 작동하였다.

그러나 다른 한편으로 자신들이 보이지 않는 적들과 싸우고 있다는 사실을 시각적으로 표현하는 데 성공한 곳도 제주4·3평화공원이었다. 그것을 보여주는 것이 '백비'와 '빈 위패', '사라진 이승만의 얼굴'의 존재이다. 앞에서 '사라진 이승만의 얼굴'은 자세히 언급했으니, 나머지 두 개에 대해 조금만 더 부연하기로 하자.

'백비'는 제주4·3평화공원 설계안에는 없었던 존재이지만, 제주의 시민사회단체가 개입하여 설치한 '기념비'이다. '백비'는 아무런 글씨가 새겨져 있지 않은 형태만 있는 비석인데, 이는 제주4·3의 역사적 의의가 당대에서는 확정될 수 없기 때문에 미래의 과제로 남겨두기 위해서 그렇게 한 것이다. 즉, '당대의 한계'에 대한 상징으로서의 '여백'이며, 4·3을 현재에 가둬두지 않고 미래를 향해 개방한다는 의미의 '여백'이라고 할 수 있다. 그것은 4·3사건에 대한 진상규명 및 역사적 의미 부여가 완결되지 않은 현재의 '한계'를 그대로 드러내고자 하는 의지인 동시에, 4·3과 관련된 미래 세대의 '권리' 혹은 '의무'를 형상화한 인상적인 조형물이다.

한편, 무장대 출신의 위패가 있던 곳으로 추정되는 '빈 위패' 역시, 의도와는 달리, 오히려 압도적으로 많은, 이름이 각명된 위패와 그렇지 않은 위패의 차이를 강조하는 효과가 있다. 이것은 일종의 행정편의주의 때문에 발생한 현상인데, 14,000여 개나 되는 위패 중 일부를 제거하면 나머지 위패 전체를 옮겨야 하는 대규모 작업이 진행되어야 한다. 따라서 원래 무장대 출신 희생자의 위패를 제거하고 나머지 위패를 옮기는 대신 원래 무장대 출신 희생자의 위패가 있는 곳에 빈 위패를 채워넣었던 것이다.[55] 사정을 자세히 모르면, 그냥 단순히 비어있는 위패일 뿐이지만, 그것에 의혹을 갖는 순간 그 빈 위패는 무장대 희생자들의 부재를 강하게 암시한다. 이처럼 '백비'와 '빈 위패'는 '폭동론'이라는 유령과 맞서고 있는 '부적'인 것이다.

6. 맺음말

지금까지 제주4·3평화공원 조성에 이르는 긴 과정을 살펴보았다. 그 과정은 기본적으로 '폭동론'에 맞선 '국가폭력론'과 '항쟁론'이라는 두 대항담론의 지지자들이 연대를 형성하고 갈등하는 과정이었다. 특히 제주4·3평화공원의 직접적인 형성과정에서는 이 두 입장 간의 첨예한 갈등이 표면화되기도 했다. 그러나, 궁극적으로 이 두 입장의 갈등은 '폭동론'에 의해 구조적으로 매개된 것이었다. 이러한 점을 강조하기 위해 이 글에서는 '폭동론'의 '아른거림(absent presence)'이라는 개념을 도입하였다.

그런데 폭동론의 이 '아른거림'은 어느 정도로 강력할까? 이 글의 제일 앞에서 언급한 것처럼, 많은 사람들이 생각하는 것보다 그리고 '옛날'보다 강력하지는 않다고 생각한다. 무엇보다도 '제주4·3사건희생자추념일'이 국가기념일로서 지정된 지금은 더더욱 그러하다. '제주4·3사건희생자추념일'이라는 명칭은 '4·3특별법'에 기반하여 전개된 제주4·3사건 해결을 위한 첫 번째 단락의 성격을 고스란히 반영하고 있다. 즉, 제주4·3사건의 역사적 성격을 기념하는 것이 아니라 '희생자'를 추념하는 명칭인 것이다. 이것을 '광주5·18민주화운동기념일'이라는 명칭과 비교해 보면, 그 성격의 특성이 분명해진다. 두 사건 모두 '국가폭력'의 '희생자'들이 발생했지만, 광주5·18의 경우에는 민주화운동이라는 역사적 의미가 강조되고 있는 것인 데 반해, 제주4·3은 여전히 '사건'이며 오직 '희생자'만 '추념'되고 있는 것이다. 소위 '보수정권'인 박근혜 정권에 의해 선택된 '제주4·3사건희생자추념일'이라는 명칭은 역설적으로 '대한민국 공화주의'적 노선의 강고함을 드러내는 명칭인 것이다. 그렇기 때문에 폭동론의 아른거림의 강력함을 과장할 필요는 없다.

물론 폭동론은 끊임없이 아른거릴 것이다. 그러나 그것은 폭동론 그 자체로의 회귀를 주장하는 것이라기보다는 제주4·3사건의 해결을 현재의 단계에 고착시키는 효과가 더 크다. 이렇게 인식하면, 폭동론의 아른거림을 내쫓기 위해 사용되었던, 앞에서 언급한 '가려진 이승만의 얼굴', '백비', '빈 위패' 등의 '부적'들은 이제 다른 효용을 갖는다. 그 '부적'들은 현 상태에 만족하려는 '유혹'을 내쫓는 '부적'이기도 한 것이다. 아주 어렵게 도달한 현재의 '공모적 안정성'이라는 성과가, 한발 더 나아가는 것을 방해하는 '구조적 제약 조건'으로 변하는 상황을 돌파하기 위해 필요한 '부적' 말이다. 우리는 이와 같은 '부적'들을 사회에 더욱 많이 만들어낼 필요가 있다.[56]

제주4·3 트라우마와
치유의 정치

김종곤

건국대학교 인문학연구원 HK연구교수

이 장은 필자의 「제주4·3트라우마, 치유와 정치」(『4·3과 역사』 16, 각, 2016, 179-206쪽)를 가필, 수정한 것이다.

제주4·3 트라우마와
치유의 정치

1. 제주4·3의 악과 트라우마

1948년 4월부터 1954년 9월까지로 그 시기를 규정하고 있는 제주4·3사건에서 제주는 '시체, 피, 눈물'로 가득 찬 삼다도, 죽음의 섬이었다. 특히 초토화 작전이 전개된 1948년 10월 하순부터 이듬해 3월 무렵까지는 "집단광기"의 무자비함을 경험하는 시·공간이었다. 4·3의 제주인은 죽여도 되지만 희생물로는 바칠 수 없는 벌거벗은 생명, '호모 사케르'(Homo Sacer)에 다름 아니었다.[1] 살아남은 자들의 증언에 따르면 총과 죽창 앞에서 살아 있는 신체는 고깃덩어리일 뿐이었다. 전통적이고 관습적인 인간에게 죽음의 공포를 무기로 금기마저 포기시켰다. 시아버지와 며느리 간에 성관계를 시키고, 어린 손자에게 할아버지의 뺨을 때리게 하고, 부모의 총살 장면에 박수를 치게 하였다. 고깃덩어리들이 벌거벗은 것은 옷뿐만 아니라 '인간다움'이었으며, 그들의 인격은 유희(遊戲)와 쉽게 교환될 수 있는 하찮은 물건(thing)에 불과했다.

이렇듯 4·3의 증언은 상상할 수 없을 만큼 처참하다. "어떻게 문명 사회에서 이런 일들이 공공연하게 자행될 수 있었는가. 서청도 인간인데 갑자기 **악의 화신**이라도 되었다는 말인가. (…)"라는 김종민 기자의 말은 합리적 상상력의 한계에 대한 자조일 것이다.[2] 그가 표현하듯 '악의 화신'에 비유되는 '집단적 광기'(mass hysteria)는 이해하기 어려운 "연구의 대상"일 것이다. 하지만 그러한 이해 불가능성이 단지 폭력의 잔인성 때문에 생기는 것은 아니다. 러셀은 자연사적, 형이상학적 층위와 구분되는 윤리적 층위에서 악의 개념을 "아픔이 무엇인지 뚜렷이 알고 자신이 곧 아파하게 될 것이라 **생각**을 했을 경우 스스로도 두려움에 휩싸이게 되는 그런 고통을 다른 이에게 가하는 것"이라고 했다.[3] 증언들이 전하는 4·3의 '악'은 러셀이 말하는 인간적인 '생각' 혹은 '감성'이 배제되어 있다는 점에서 이해 불가능성이 아닐까? 그렇기에 4·3의 악은 "쇠의 냉혹한 기계"[4]와 같은 속성을 지녔으며, 인간적인 것으로부터 오염되지 않는 '순수 악'이라 할 수 있다.

그러면 70여 년 전 제주를 피로 물들였던 악의 화신은 사라졌을까? 황상익은 제주4·3이 1954년 9월 21일자로 종결된 것이 결코 아니며, "대량 학살과 인간성 유린 등이 저질러진 만행의 현장에서 살아남은 직접·간접적인 피해자에게 (…) 일생 동안 지속될 신체적·정신적 후유증을 남겼다."[5]고 말한다. 프로이트는 외상 후 증후군을 설명하면서 그것은 '악마적인 힘'에 이끌려 현재에서 과거로 돌아가기를 반복하는 것이라 설명하였다. 이처럼 총과 죽창을 들었던 가해자들은 현실 세계에서 사라졌는지 몰라도 (4·3을 주제로 한 영화 〈끝나지 않은 세월〉의 제목처럼) 4·3의 악은 사람들의 트라우마 (trauma)를 자양분으로 삼아 피해자들의 기억 속에 살아 있는 것이다. 몸뚱이가 죽어야만 사라지는 악으로 말이다.

실제로 2011년에 실시된 한 조사에 따르면 4·3 피해자와 유족 중 68.6%가 외상 후 스트레스 장애(Post Traumatic Stress Disorder, PTSD)를 앓고 있으며, 우울증을 앓고 있는 피해자나 유족도 53.3%나 되는 것으로 나타났다.[6] 2015년 조사는 더 심각한 결과를 내놓았는데, "생존희생자" 110명 가운데 PTSD 고위험군은 39.1%, 중등도위험군은 41.8%로 안정군 2.7%를 제외하면 97.3%가 위험군으로 분류되었다. 또 유가족 1011명 가운데 중등도위험군은 52.0%나 되었다. 이는 5·18 피해자에 비해 갑절 이상 높은 결과이다.[7] 따라서 피해자들의 트라우마를 치유하기 위한 전문적인 프로그램 수립과 대대적인 지원이 무엇보다 절실하다 하겠다.[8]

하지만 4·3트라우마의 치유를 PTSD에 기초한 정신의료적 방법에 한정해서는 안 된다. 무엇보다 PTSD 진단개념에 기초한 치유는 침습, 회피, 과각성 등의 증상에 초점을 맞추어 정신적 이상성을 판별하면서 트라우마의 '외상 과정'(trauma process)에는 무관심하다는 한계를 지닌다. 피해자들이 현재에도 반복해서 트라우마를 경험하는 것은 단지 과거에 비극적인 사건을 경험하였다는 데에서만 그 이유를 찾을 수 없다. 가령 피해자들은 역사 왜곡과 희생자 폄훼에 심한 모욕감과 굴욕감, 무기력함 등을 느끼며 재차 정신적 피해를 입는다는 점만 보더라도, 사안을 둘러싼 사회적 관계성이 트라우마의 지속 및 반복의 요인으로 작동하기 때문이다. 그렇기에 과잉화된 정신의료적 접근은 트라우마를 개인의 문제로 환원할 뿐만 아니라, 트라우마를 지속·반복하게 하는 사회문화적 요인들을 간과하고 탈정치화한다는 문제를 지닌다.[9]

이 글은 이러한 문제의식으로부터 출발한다. 우선, 이 글은 트라우마의 치유를 고통의 의료화로 환원하는 것에 반대하는 입장에서 4·3트라우마가 지닌 착종성과 역사-사회적 차원에서 치유를 위한 첫 단계로서 '안전확보'의 문제를 다룬다. 그리고 이와 관련하여 4·3트라우마의 치유에 있어 왜 '정치'가 요청되는지를 논의하고자 한다. 둘째, 이 글은 치유에 있어서 정치가 요청되는 것은 너무나도 자명한 것임도 불구하고 오늘날 4·3트라우마의 치유담론에서

'정치'가 적극적으로 사유되지 못한다는 점을 지적하고 그 요인으로 4·3을 과거의 '예외성'과 '비정상성'으로 축소시키는 '환상 공간'의 창출을 들고자 한다. 끝으로 이 글은 4·3트라우마 치유를 위한 조건으로서 '국민 vs 비국민(빨갱이)'이라는 이분법적 논리의 재생과 반복의 불가능성, 불일치의 정치가 요청되어야 한다는 점을 제안한다.

2. 4·3트라우마와 사회적 치유

2. 1. 현재 진행형으로서 4·3트라우마

레비나스는 다음과 같이 고통의 재현 및 환유 불가능성을 말한다. "고통의 내용은 고통으로부터 해방될 수 없는 불가능성과 일치한다. (⋯) 괴로움 속에는 어떠한 도피처도 없다. 그것은 다만 존재에 직접 노출되어 있다는 사실이다. 도망갈 수도 없고 회피할 수도 없기 때문에 그렇게 된 것이다. 고통은 삶과 존재의 궁지에 휘몰리고 있다는 사실이다."[10] 극단적인 폭력과 죽음의 공포 그리고 인간성의 상실, 죽어가는 가족을 지켜봐야 했던 무기력함, 살아남았다는 죄책감 등 그들이 경험한 고통을 어떤 언어로 워딩(wording)하고 정의하는 것은 부족할 수밖에 없을 것이다.[11] 그렇기에 허영선이 〈무명천 할머니-월령리 진아영〉라는 시에서 말하듯 제주4·3 경험자들이 겪었던 고통은 "그래본 적 없는 나는 그 깊은 고통을 알 길 없네" 정도로 표현할 수밖에 없을 것 같다. [12]

하지만 우리의 지난 역사에서 재현과 환유가 불가능한 피해자들의 고통은 공감과 연대의 맥락에서 받아들여지지 않았다. '아이고'라는 곡소리는 감정을 표현하는 가장 압축적인 고통의 '소리'(phone)이지만 그것은 되려 '반역(反逆)'으로 번역되었다. 마치 폭력의 가해자가 피해자를 향해 '뭘 잘했다고 우느냐'고 윽박지르고 울음을 그치지 않는다며 또다시 폭력을 행사하는 것처럼 말이다. 치유의 중요한 과정으로 이야기되는 '애도'(Trauer)가 허락되지 않

그림1 보수단체의 제주4·3 폄훼[13]

았던 것이다. 아니, 철저히 제한되었다고 말하는 것이 더 정확하겠다. 뿐만 아니라 이들은 피해자 혹은 희생자임에도 불구하고 연좌제로 인해 미래의 자기 삶을 설계하고 그에 따라 살아가고자 하는 희망마저 접어야 했으며 '빨갱이'라는 멍에를 안고 사회적 불이익과 차별을 감내해야만 했다.

문제는 이전만큼은 아닐지 모르나 그러한 사태가 여전히 현재진행형이라는 점이다. 어느 보수 단체는 비행기를 타고 날아와 가슴에 띠를 두르고 제주4·3평화공원 앞에서 4·3은 공산주의 폭동이었다고 외친다. 또 일각의 정치권에서는 보상 대상자들 중 폭도가 섞여 있으며, 폭도와 민간인을 구분하기 위해 제주4·3특별법을 개정해야 한다고 주장하기도 한다.

이들은 4·3의 진압과정이 과잉화된 부분이 없지 않다는 점을 인정하면서도 종국적으로는 진압은 '정당한 것'이었다고 말한다. 진압이 과잉화되었다는 점을 인정한다면 이미 4·3은 국가폭력으로서 역사적 부정의(不正義)라는 점을 시인하는 것임에도 불구하고 슬쩍 반공논리를 끼워 넣어 학살의 정당성을 전면화하고 4·3 진상규명을 위한 운동의 역사 전체를 부인(否認, denial)한다.[14]

더 가슴을 철렁 내려앉게 만드는 것은 제주4·3의 학살을 자행했던 서북청년회를 재건하겠다고 나선 사람들이 있다는 것이다. 이들은 생명권, 안전권, 치료권, 진실권[15]이 박탈당한 세월호 희생자와 유가족 앞에 나타나 힐난을 퍼부었다. 권리의 문제는 둘째 치더라도 사랑하는 자식이 탄 배가 바닷속으로 가라앉고 있는 장면을 지켜보아야 했고 자식의 시신이라도 돌아왔으면 하는 말도 안 되는 간절함을 가져야 했던 사람들에게 다시 종북의 이름을 덧씌워 가슴에 못을 박는다. 4·3 당시 가족을 살해하고 그들의 시신마저 찾아가지 못하게 하였던 그때의 서북청년회가 역사의 오랜 시간을 돌아 재연되는 듯하다. 시신이 없어 장례를 치르지 못해 가슴을 쳐야 했던 4·3의 생존자들을 다시 광화문에서 보는 듯하다.

그렇다면 4·3트라우마가 '현재 진행형'이라는 것은 단지 피해자들이 가지고 있는 과거의 정신적 외상이 아직까지도 그들을 괴롭히고 있다는 의미로 축소될 수 없다는 것을 말해준다. 4·3트라우마는 피해자들의 인권을 침해하는 폭력이 지금 여기에 반복해서 발생한다는 의미에서 현재 진행형인 것이다. 4·3의 외상 경험은 1948년 4월에서 1954년 9월까지 그때 그 시간으로 한정하여 발생한 것으로 볼 수 없는 것이다. 피해자들은 직접적인 폭력만이 아니라 구조적 폭력과 문화적 폭력에 지속적으로 노출되면서 크고 작은 외상 경험을 하였고 또 하고 있다. 따라서 4·3트라우마는 4·3 당시에 발생한 빅 트라우마(Big Trauma)와 그 이후 경험한 여러 스몰 트라우마(Small Trauma)가 착종된 일종의 '복합외상'(Complex Trauma)이라 할 수 있다.[16] 마치 사고로 인해 신체에 생긴 큰 상처가 채 아물기도 전에 이러저러한 생채기가 생기면서 고름과 물집을 반복해서 만들어내는 것처럼 말이다.

2. 2. 4·3트라우마의 사회적 치유

상처가 반복해서 덧난다는 것은 치유의 첫 번째 단계로 일컬어지는 '안전 확보' 조차도 4·3트라우마 경험자들에게는 주어지지 않았다는 것을 말해준다. 주디스 허먼(Judith Herman)은 "외상으로 피해자는 역량감과 통제력을 빼앗겼기 때문에, 회복을 이끄는 원칙은 생존자의 힘과 통제 능력을 회복하는 데 있다."고 하면서 첫 번째 회복 단계로 '생존자의 안전 확립'을 들고 있다. 이때의 '안전'은 일차적으로 가해자로부터 피해자를 분리하는 것이다. 예를 들어 피해자가 여전히 가해자와 동일한 공간에 있다면 피해자는 가해자와의 대면만으로도 심각한 외상 후 증후군의 증상을 보일 수 있으며 또 다른 폭력적 상황에 노출되면서 외상은 더 깊어질 수 있기 때문이다. 안전 확보가 일차적으로 이루어지지 않는다면 어떠한 치유도 성공을 기대할 수 없는 것이다.[17]

하지만 4·3트라우마는 국가폭력이 낳은 결과라는 점에서 사실상 그 가해자인 국가로부터 안전하게 분리될 수 없다는 근원적인 한계성을 지닌다. 오랜 시간 동안 트라우마 경험자들은 방치의 수준을 넘어 도리어 가해자인 국가에 의해 제2, 제3의 폭력을 경험해야 했다. 뿐만 아니라 4·3의 피해자들은 가해자-국가의 반공 논리를 체화한 사회에 의해서도 외상 경험을 반복하는 환경에 노출되어 있었다. 그러한 점에서 4·3트라우마의 '안전 확보'는 일반적 외상 치유에서처럼 가해자로부터 피해자를 분리시키는 것만을 의미하지 않는다. 4·3트라우마는 그 가해자가 국가와 사회인만큼 우리가 살고 있는 이 '공간 전체'가 피해자들의 트라우마를 자극하지 않는 안전지대로 변화할 때 치유를 기대할 수 있는 것이다.

4·3트라우마의 치유를 정신의료적 차원으로 한정할 수 없는 이유는 바로 여기에 있다. '사회적 안전망'에 대한 고민 없이 '증상'에만 집중하는 것은 피해자를 정신적 문제를 가진 개인으로 개별화하고 역사적 정의와 사회적 책임을 회피하는 결과만을 낳을 뿐이다. 물론 의료적인 접근이 완전히 필요 없다는 것은 아니다. 다만 그것만으로는 안 된다는 것이다. 왜냐하면 정신의료적 접근은 '정상성 vs 비정상성'이라는 프레임 속에서 트라우마를 지닌 사람들을 비정상성의 정상성 회복에 초점을 맞추어 치유하려 하면서 4·3트라우마의 (재)생산에 놓여 있는 사회·문화적 인과관계를 간과하게 하고 고통의 유발 경로에 대한 '설명 없는 치유'라는 한계를 낳을 수밖에 없기 때문이다.[18]

일찍이 알렉산더가 '일반(lay) 외상 이론'의 문제점을 지적하면서

문화적 외상 모델을 제안한 것도 이러한 맥락에서 이해될 수 있다. 그가 보기에 일반 외상 이론[19]은 "도덕적 혹은 심리학적 의미에서 고지식하게 '자연주의적'이"기에 외상이 어떤 "해석적 축(grid)"을 통해 "감성적·인지적·도덕적으로 조정된다는 점"을 인식하지 못한다. 외상은 개인에게 국한된 문제가 아니라 "초개인적인 문화적 입장"을 지니고 있고 "상징적으로 구조화되어 있으며 사회학적으로 결정"되는 '축'에 의해 구성된다는 것이다.[20] 그래서 알렉산더는 외상 사건과 사건의 재현 사이의 간극(gap)이라고 할 수 있는 '외상 과정'에 주목해야 한다고 주문한다. 요컨대, 비극적이고 충격적인 사건을 경험한 사람들이 피해자임에도 불구하고 오히려 그러한 폭력적 상황을 유발한 사람으로 부당하게 낙인되면서 그의 심리적 상처가 상처로 인정받지 못하거나 또 그 상처에 따른 고통을 호소하지 못하면서 사람들의 외상이 사회문화적으로 구성된다는 것이다. 자신의 상처를 말하지 못하였던 사람들이 상처의 기억을 증언하고 나아가 사회적으로 피해자임을 인정받고 오욕을 씻는 것만으로도 조금이나마 상처가 아물 수 있는 것도 바로 이 때문이다.

이것이 말해주는 것은 외상을 구성하는 것도 또 그것의 치유를 위한 출발점도 '사회적'이라는 점이다. 사회적 관계로부터 고립되었던 시간을 벗어나 사람들과의 새로운 사회적 관계를 형성하는 것이 치유의 출발이 된다. 제주4·3의 역사가 기록될 수 없는 '묻힌 기억'(immemoral)이 아니라 피 묻은 상처의 기억으로 공동체 사회에 기억될 때, 그리고 그러한 기억이라고 하더라도 엄연히 우리 공동체의 정체성을 구성하는 역사라는 점이 사회적으로 반성될 때 4·3 트라우마의 경험자들은 비로소 우리 공동체-역사의 일원으로 관계를 맺고 "손상되고 변형되었던 심리적 기능, 즉 신뢰, 자율성, 주도성, 능력, 정체성, 친밀감 등의 기본 역량을 되살려" 낼 수 있다.[21] 이는 마치 상흔 없는 신체는 있을 수 없다는 것을 인정하는 것과도 같다. 신체에 자국을 남긴 상처를 세월의 흔적으로 받아들이지 못할 때에는 그 상처를 지우고만 싶지만 그 상처마저 자기 자신의 것이라는 점을 인정할 때는 다른 미래를 기대할 수 있는 것처럼 말이다.

마찬가지로 4·3트라우마의 사회적 치유는 바로 우리의 역사가 매끄러운 것이 아니라 결점(국가의 집단학살 범죄)을 지닌 신체의 형상을 지니고 있다는 점을 우리 사회가 받아들이는 것에서부터 출발하는 것이다. 그럴 때 4·3의 상처는 부정되어야 하는 것이 아니라 나와 공동체 사회에 받아들여질 수 있으며, 나 역시 상처 입은 사람들이 지속적으로 고통받는 구조 속에서 동시대적으로 함께 살아간다는 점에서 그의 문제는 곧 나의 문제가 될 수 있는 것이다. 고통이 함께 짊어져야 하는 연대의 책임으로 전환되면서 치유를 위한 안정성을 마련할 수 있게 된다.

3. 4·3트라우마 치유와 정치

3. 1. 4·3운동의 역사, 불일치의 정치

4·3트라우마의 치유가 사회적이어야 한다는 점은 4·3의 진상규명과 특별법 제정 과정을 살펴보면 확인할 수 있다. 87년 민주화 이후 사회적으로 국가폭력(범죄)에 대해 증언이 가능해졌고, 민간뿐만 아니라 국가 차원에서도 진상규명이 진행되면서 많은 사람들이 그나마 가슴에 맺혀있던 한(恨)을 조금이나마 들어낼 수 있었다. 또 2003년에 국가를 대표하여 대통령이 사과하였을 때에는 많은 사람들이 오랜 세월 묵혀두었던 눈물을 쏟아내었고, 프로파간다일지 모르나 '화해와 용서'를 이야기하기에 이르렀다. 말(Logos)의 권리를 가지지 못하였던 사람들이 비로소 말을 할 수 있게 되었고, 사회는 그것을 들을 수 있는 귀를 가지게 되었다. 그리고 국가는 과거의 잘못을 시인하고 가해자로서 피해자에게 용서를 구하는 사죄를 하였다. '말하기-듣기-사죄'라는 일련의 과정들이 이루어졌고 이는 완전하지는 않지만 일정 정도 치유가 가능한 사회적 조건이 열렸음을 의미한다.

물론 이러한 구조가 현실화되었다고 해서 그것이 곧 상처를 완전히 극복할 수 있다는 것을 의미하지는 않는다. 원론적으로 보자면 상처를 '극복'한다는 것 자체가 성립하지 않기 때문이다. 마음의 상처는 아무리 잘 치유하고 시간이 지난다고 해서 사라지지 않는다. 마음의 상처는 지워버리거나 망각할 수 있는 것이 아니다. '치유=상처의 무화(無化)'라는 생각은 마음의 문제를 의료적 치료 논리에 따라 단순 처리하는 것이다. 그래서 '치유'는 데리다의 말을 빌리자면 상처와의 '합체', 마음 한켠에 공간을 마련해주는 것으로서 상처를 자신의 일부로 끌어안고, 과거를 과거로 남겨두고 미래 삶을 기획하면서 살아갈 수 있는 '상태' 혹은 내일이 문제가 되지 않을 것이라는 예측이 가능한 '상태'를 의미하는 것이 된다.

그래서 치유의 관건은 그러한 상태의 지속가능성에 있다. 치유는 문제가 되지 않은 상태가 중단되지 않는 것일 뿐 어떤 완성 형태로 말할 수 없는 것이다. 이를 우리의 논의에 적용하자면 '말하기-듣기-사죄'라는 과정이 일회적으로 끝나는 것이 아니라 지속적으로 순환할 때 치유를 기대할 수 있다는 것이 된다.

그렇다면 그 순환 과정을 가능하게 하는 것, 그래서 사회적 치유가 가능할 수 있는 메타적 조건은 무엇일까? 이와 관련하여 이재승은 회복적 정의의 한계를 지적하면서 다음과 같이 말한다. "회복은 항상 잃어버린 어떤 것, 파괴되었지만 좋았던 것을 돌이켜 놓겠다는 함축을 갖기 때문에 그릇된 연상을 낳는다. 정치적 제노사이드(poiticide)나 이데올로기적 제노사이드(ideologicide)를 야기한 구조를 전면적으로 해체하지 않은 상황에서, 회복이란 상처의 치유를 바라는 막연한 기도와 같다."[22] 그의 말처럼 국가폭력으로 인한 트라우마는 그것을 야기했던 국가 혹은 사회구조의 전면적 '해체'에 대한 고려가 없다면 치유를 위한 조건의 지속가능성을 보증할 수 없기에 공허한 것이다.

이때 본원적인 구조를 해체하고자 하는 실천은 무엇이겠는가? 멀리는 4·19혁명 시기, 1980년대 후반에서부터 2000년대 초반까지의 4·3을 둘러싼 다양한 투쟁과 실천들의 역사를 통해 미루어보자면 가능한 대답은 바로 '정치'이다. 오해해서 안 될 것은 이때의 정치란 단지 제도적인 의회 정치나 민주적 의사소통의 가능성으로 축소되지 않는다는 점이다. 우리가 역사 속에서 발현할 수 있는 4·3의 정치는 랑시에르가 말하듯 기존의 공간에 겹치게 어떤 새롭고 "고유한 공간을 짜는 것", 그래서 "두 세계가 하나의 유일한 세계 안에 현존하는 불일치를 현시하는 것"이라는 의미에 더 가깝다.[23]

5·16군사 쿠데타로 인해 막을 내릴 수밖에 없었지만 4·19혁명 시기 '4·3사건 진상규명동지회'는 과도정부를 향해 4·3사건의 진상을 규명하며 가슴에 맺혀 있던 한(恨)을 풀어줄 것을 요구하였으며, 제주도민뿐만 아니라 정부각료와 언론을 향해서도 이에 협조해줄 것을 호소하였다.[24] 또 아직 4·3을 언급하는 것조차 금기였던 1978

년 현기영은 〈순이삼촌〉을 발표하고 알려지지 않았던 4·3의 역사를 세상에 알렸다. 그리고 87년 6월 항쟁 이후 진행된 증언조사, 연구 출판 활동 등은 제도적 정치세력들이 제주4·3을 의제화하게 하였다.[25]

말을 하고 듣게 하고 사죄를 하게 한 과정에는 국가의 역사에 국가의 범죄사실을 기입하는 실천, 다시 말해 '선으로서의 국가'와 불일치하는 '악으로서의 국가', 국가가 인정하는 '국민'과는 불일치하는 선별/배제를 통해 죽임을 당한 '비국민'이 있다는 점을 보

그림2 너븐숭이 4·3 기념관

였다는 것이다. 여기에서 핵심은 '불일치'에 있다. "불일치는 이해나 의견들의 대결이 아니"라 "감각적인 것과 그 자체 사이의 틈을 현시하는 것이다." 즉, "보이지 않았던 것을 보게 만드는 것, 그저 소음으로만 들릴 뿐이었던 것을 말로서 듣게 만드는 것, 특수한 쾌락이나 고통의 표현으로 나타났을 뿐인 것을 공통의 선과 악에 대한 느낌(감각)으로서 나타나게 만드는" 것으로서 정치가 바로 거기에 있었던 것이다.[26] 그래서 불일치가 현시된 이후의 세계는 더 이상 그 이전과 동일할 수 없다. 이후의 세계는 그 이전과 동일하지 않은 이종적인(heteros pecifically) 4·3의 역사와 상처가 공통의 감각으로 받아들여진 세계이다.

3. 2. 환상 공간의 창출, 정치의 중단

4·3트라우마를 고민함에 있어 정치가 그토록 중요함에도 불구하고 4·3트라우마와 치유를 주제화해 다루고 있는 연구 자체는 매우 빈약하며, 4·3트라우마의 치유와 정치의 문제를 연관 짓는 연구도 거의 찾아보기 힘들다. 다만 육영수의 경우 서구의 사례를 비교사적 관점에서 검토하면서 '상흔의 역사에서 치유의 역사학'으로 나아가는 경로와 그 가능한 모델을 탐색하고 있다. 그런데 문제는 그가 최종적으로 도출하는 결론이 '진실규명-사건의 명칭에 대한 협

상과 합의-의례적 애도-역사교과서 등재'와 같은 단계론[27]이라는
점이다. 의아한 것은 그가 검토하고 있는 해외 사례들이 진실규명
과 트라우마 치유에 장애가 되는 것으로 정치의 한계성을 드러내
보이고 있음에도 불구하고 4·3트라우마의 치유와 정치의 관련성
을 적극적으로 사유하지 않는다는 점이다.

　4·3트라우마의 치유와 정치 간의 관련성에 논의가 이처럼 빈약
한 이유는 어디에 있는가? 그것은 진상규명과 그에 이은 대통령의
사과 등 가시적인 성과가 낳은 효과인가? 즉, 한계는 있지만 어느
정도 진상규명도 되었고 국정 최고책임자가 국가의 이름으로 4·3
을 국가폭력으로 인정하였기에 이제 정치의 소임을 다하였다고 판
단한 것일까? 그럴 수도 있고 아닐 수도 있다. 하지만 분명한 것은
대통령의 사과 발언 속에 탈정치적인 '환상 공간'의 창출요소가 내
재되어 있다는 점이다.

　2003년 10월 31일 제주도를 찾은 노무현 전 대통령은 "국정을 책
임지고 있는 대통령으로서 **과거 국가권력의 잘못**(강조 필자)에 대해
유족과 제주도민 여러분에게 진심으로 사과와 위로의 말씀을 드립
니다."라고 공식적으로 사과를 하였다.[28]

　국가는 비로소 피해자를 '말하는 주체'로, 죽여도 되는 비국민이
었던 4·3 피해자들을 국민으로 인정한 것이다. 그래서 대통령의 사
과는 "4·3으로 엄청난 고통을 당한 제주도민과 유족의 마음에 차갑

그림3 노무현 전 대통령의 공식 사과[29]

게 덮여 있던 살얼음이 조금은 풀"[30]린 계기였을 것이다. 그러나
주목해야 할 점은 그 사과 속에 내재되어 있는 것, 과거로서 4·3과
지금을 '예외 vs 예', '비정상성 vs 정상성'으로 의미계열화하는 관
념이다. 이는 노무현 전 대통령 개인의 진정성을 따지는 것과는 거
리가 멀다. 오히려 그러한 문제제기는 쟁점을 흐리게 하는 것이다.
왜냐하면 그의 말을 분석하는 것은 그의 진정성 여부를 따지는 것
이 아니라 4·3의 정치가 단절된 요인을 논의하기 위해서이기 때문

이다.

중요한 점은 '비정상성-예외'와 '정상성-예'로 짝지어지는 의미계 열화가 '4·3의 시간'과 '비-4·3의 시간'이라는 시간적 단락을 만들었 다는 것이다. 그리고 그 단락을 통해 형성되는 현재를 과거와 비교 하고, 현재는 곧 고통을 양산했던 요인들이 제거되고 안락한 곳, 정상성으로 재현된다. 대통령이 사과한 마당에 4·3은 이제 과거의 사건으로 끝난 것이 되며 현재는 그래서 문제가 마치 해소된 시간 대인 것으로 받아들여진다는 것이다. 이는 마치 악몽으로부터 벗 어나기 위해 '이것은 꿈이야! 잠을 깨면 고통으로부터 벗어날 수 있어.'라고 말하는 것과 같다. 현실은 악몽으로부터 벗어날 수 있 는 도피처가 되면서 안전한 곳이 된다. 하지만 앞서 보았듯이 4·3 트라우마를 현재진행형으로 만드는 요인은 '현실'에 있지 않은가? 현실을 과거와 단절된 안전한 도피처로만 여기는 것은 문제를 지 연시키는 결과를 낳을 뿐이다. 다시 안락하고 안전하게 여겨지는 현실에서 잠자리에 들었을 때 악몽은 반복되면서 삶을 침식해 들 어온다.

따라서 현실을 정상성의 시·공간이라고 보는 것은 환상이 된다. 그것은 '나는 아프지 않다 왜냐하면 아프지 않다고 생각하니까.'와 같은 주술적 주문을 외우게 하는 것과 같다. 상처를 억압하는 것에 불과한 것이다. 그래서 시간적 단락이 가져온 결과는 '환상 공간'의 창출인 것이다. 문제가 사라진 것처럼 보이는 환상 공간에는 '정치'가 들어설 자리가 없다. 환상 공간은 다름의 목소리를 내는 소요(騷擾)와 불일치로서 정치가 아니라, 역설적이게도 악에 대한 승리의 도취감에 젖은 침묵(沈黙)이 대신하기 때문이다. 정치가 탈각된 기념과 의례로 집중하는 것은 (그것의 중요성을 부정하거나 비하하는 것은 아니지만) 한편으로는 그 침묵의 수행이지 않는가. 그것이 치유라고 말하는 것은 트라우마로 고통받는 4·3경험자들을 죽음에 이르기까지 영원히 고통의 감옥에 격리하는 역설을 낳는 것이다.

4. 다시, 치유의 정치

정치는 다시 어디에서부터 시작되어야 하는가? 역사를 통해 보았듯이 어떠한 불일치를 현시하는 것이 4·3트라우마를 치유하기 위한 정치가 될 수 있는가? 대답은 환상 공간이 낳은 효과로서 다시 트라우마를 반복하게 하는 지점으로 돌아갈 때 일정 정도 가능할 것 같다. 왜냐하면 환상 공간이 만들어내는 효과는 치유의 지속 가능성을 제한하는 요인들을 다시 도입하거나 새롭게 생산하는 것처럼 보이기 때문이다. 그렇다면 환상 공간의 효과는 무엇인가?

무엇보다 환상 공간의 창출은 탈정치의 정치를 통해 다시 국민을

'상생과 화해'라는 이름으로 묶어내면서, 제주4·3이 '분단국가'가 지닌 본원적인 결핍을 폭력적으로 은폐하고 봉합하는 과정에서 발생하였다는 점을 간과하게 한다. 이는 4·3이 '대한민국'이라는 국가가 반공 국가의 숭고함을 재생하고 반복하는 출발점에 위치하고 있었다는 역사를 검토하면서 설명이 되어야 하는 문제이다.

일제강점기로부터 해방되고 미소 중심의 냉전체제 질서를 바탕으로 좌우대립이 심화되어가던 시기 한반도의 남쪽이 수립하려던 국가는 민족을 모두 아우르는 온전한 국가가 아니었다. 분단된 남한은 '민족≠국가'로서 민족을 온전히 대표할 수 없는 '결손 국가'였다. 따라서 그러한 결손에 대한 문제제기[31]는 근대 국민국가 형성으로 나아가는 데에 걸림돌이 될 수밖에 없다. 이는 분단이라는 특수성이 있지만 서구의 근대 국민국가의 형성과 그리 다르지 않다는 것이다. 가라타니 고진의 논의를 빌려 말하자면 근대 국민국가는 '국가=자본=민족'이라는 등식으로 형성되는 것으로서, 이는 곧 민족과 국가의 자리를 바꾸어 국가가 민족을 전유하는 것이며, 인간 일반이 시민이 되는 것이 아니라 시민이 곧 인간이 되어가는 과정이기도 하다. 같은 맥락에서 민족이 국가의 일원이 되는 것이 아니라 동일성으로 '국민'만이 국가의 일원이면서 민족의 자격을 획득하는 것이다.[32]

문제는 각자의 차이는 동일성으로 환원되어야 하기 때문에 무폐가 말하듯 '적대'(antagonism)[33]는 필연적이라는 점이다. 물론 샹탈 무페의 적대 개념을 여기에 바로 적용할 수는 없다. 왜냐하면 그가 사회적 통합 불가능성을 이야기한 것은 너무나도 적절해 보이나 그는 그 적대를 사회적으로 내재되어 있는 것으로 본다는 점에서 근대 국민국가의 통합 불가능성을 논하는 데에는 한계가 있기 때문이다. 오히려 그러한 적대는 동일자의 동일성을 근간으로 형성되는, 홉스가 말하는 사회계약을 통해 성립하는 근대 국민국가가 존재론적으로 지닌 것으로 보아야 한다. 홉스는 '만인에 대한 만인

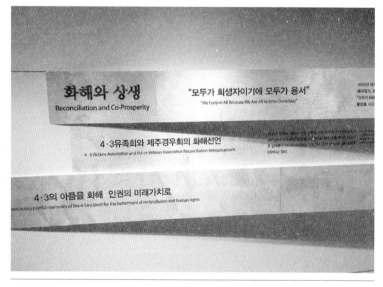

그림4 제주4·3평화기념관에 전시된 '화해와 상생' 문구

제주4·3 트라우마와 치유의 정치 **185**

의 투쟁'으로 일컬어지는 자연상태(공포상태)를 종식하는 것으로 사회계약을 통한 국가(commonwealth)를 내세운다. 하지만 그것은 '모든 폭력의 국가독점'을 의미하는 것으로서, 사회계약에 들어오지 않는 자들에 대한 사적 폭력을 능가하는 국가폭력의 가능성을 열어둔 것이다.

그렇기에 5·10단선의 반대는 한국의 근대국가 형성으로서 사회계약을 거부하는 것이었으며, 즉각적인 치외법권의 성립을 의미하는 것이기도 하다. 4·3의 '빨갱이'는 분단-반공국가의 외부에 위치하는, 재차 언급하자면 "살해는 가능하되 희생물로 바칠 수는 없는 생명", 호모 사케르의 다른 이름인 것이다. 그리고 "사케르란 건드렸을 경우 자신이나 남을 오염시키는 그런 사람 혹은 사물"**34**인 것처럼 이들 '빨갱이'는 공산주의라는 오염성을 지녔기에 방역의 대상이 되었던 것이다. 4·3의 발생 배경에 대해서 이러한 접근은 분명 모든 사안을 고려하지 않았다는 점에서 한계가 있으며 쟁점을 남겨두는 것일지 모르나, 이는 반공을 자기 정체성으로 구성하는 근대 국민국가의 형성과정과 그것이 지닌 결핍의 은폐와 봉합이라는 폭력적 요소를 배제하고 4·3을 사유할 수 없다는 점을 드러낸다.

여기에서 발견할 수 있는 것은 4·3의 근저에는 반공을 국시로 하는 근대 국민국가의 본원적인 폭력의 논리가 놓여 있다는 '보편성'이다. 그럼에도 불구하고 '화해와 상생'이라는 이름으로 용해되는 환상 공간은 그러한 4·3이 지닌 보편성을 간과하고 4·3을 일회적인 하나의 사건으로, 즉 '예외성'으로 축소시켜버린다. 오히려 4·3의 진실은 '과거 국가권력의 잘못'이라는 '수준'에서 마무리되면서 4·3트라우마를 치유하기 위한 정치가 수행해야 하는 과제를 놓쳐버리는 결과를 낳게 된다는 것이다. [35] 다시 말해, 환상 공간은 정치가 중단되는 그 지점에서 4·3트라우마를 지닌 사람들을 그토록 지독하게 괴롭혔던 그리고 4·3의 가장 중핵이라고 할 수 있는 '국민 vs 비국민(빨갱이)'이라는 '숭고함'이 침범해 들어오는 것에 취약해진다는 끔찍한 효과를 만든다는 것이다.

미셸 드기(Michel Deguy)에 따르자면 "숭고는 다수의 다양성을 감추고 은닉하면서, '거꾸로' 치솟아 분할을 숨기고 '망각하게 만들면서', 재현을 통해 기원과 기원의 단순성을 시뮬레이트한다. (또는, 시뮬레이션을 통해 그것을 재현한다.) 그런데 같음을 향한 역류는 re-(강조는 필자)를 통해서만 실현될 수 있다. (재생reproduction과 반복répétition) 다시 말해, 차이를 알고 차이와 그 차이가 낳는 세분된 차별성들의 망각을 위장하는 데 필요한 기작들(술책들, 말과 글의 여러 가지 표현법, 요컨대 '테크닉들')을 익혀야 가능해진다." [36] 그래서 '국민 vs 비국민(빨갱이)'이 숭고함의 위치에 있는 한, 국민의 역사만이 기록되고 배제되었던 비국민의 역사는 차이로서 망각을 강요하는 폭력 앞에 설 수밖에 없다.

그렇다면 우리가 지금 여기에서 다시 요청해야 하는 것은 're-'(재생과 반복)의 불가능성을 실현하기 위한 4·3의 정치이다. 4·3에서 학살을 정당화하였고 지금도 정당화하려 하고 있으며, 그로 인해 4·3 트라우마를 현재화하는 '국민 vs 비국민(빨갱이)'이라는 숭고함을 추락시키는 실천이 필요하다. 4·3의 죽음이 새겨진 위령탑 꼭대기에 태극기를 조각하여 올려놓을 일이 아니라,[37] 탑의 꼭대기에 앉아 있는 그 숭고함 옆에 지속적으로 죽음의 이름을 대비시키면서 우

그림5 백조일손지묘의 추모비

리의 역사가 그리고 현재가 역설적인 세계가 되도록 해야 한다. 성스러운 신전에 피 흘리는 고통들을 들여놓고 4·3이 과거가 아니라 현재에 진행되고 있다는 것을 감각하도록 해야 한다.

오사카 4·3운동이 구축하는 로컬적 화해 실천

이지치 노리코

오사카공립대학 문학연구과 교수

이 장은 필자의 「済州四·三と市民運動 ― ローカルな和解実践」(『和解をめぐる市民運動の取り組み ― その意義と課題』, 明石書店, 2022, 227–256쪽)을 가필, 수정한 것이다.

오사카 4·3운동이 구축하는
로컬적 화해 실천

1. 들어가며

2018년 11월 18일, '제주4·3의 또 하나의 현장'[1]으로 불리는 오사카(大阪)에 '제주4·3희생자 위령비'가 건립됐다. 오사카를 거점으로 활동해온 '제주도4·3사건70주년위령제 제1회실행위원회' 멤버들로 구성된 '위령비 건립 실행위원회'가 준비를 진행해 왔다. 모태가 되는 위령제 실행위원회의 구성원은 제주 출신인 사람도 있고 한반도의 다른 지역 출신자도 있다. 조부모 대가 도일 1세대가 되는 사람도 있고, 4년 전에 한국에서 일본으로 건너온 사람도 있다. '일한 다부르'[2]인 사람이나 일본인도 있다.

오사카에서 열리는 위령제처럼, 해외에서 4·3을 추도하기 위한 노력은 재일 제주인들에 의해 이루어져 왔다. 제주에서 거행된 첫 위령제보다 1년 앞선 1988년, 40주년을 맞는 때였다. 4·3이 일본 사회에서 인지되기 시작한 것은 50주년을 맞는 1989년경이며, 실행위원 자격으로 일본인이 위령제에 참여하게 된 것도 이 시기부터이다.

김대중 정권 시기 한국에서는 4·3 관련 행사가 조직적으로 전개되기 시작됐다. 그중 하나가 국제 심포지엄이었다. 마침 97년에 대만에서 국제심포지엄 '동아시아 냉전과 국가 테러리즘'이 개최됐다. '50년대 백색테러'에 관한 진상규명과 정치 수난자의 명예회복·보상운동을 전개해온 대만인들의 요청에 응답하는 방식으로 한국과 오키나와, 일본이 공동 주최하여 기획된 행사였다. 4·3 50주년에는 이 심포지엄이 제주에서 개최됐고, 뒤이어 오키나와와 한국에서 열렸다.[3] 98년 제주 행사의 일본 사무국은 오사카에 마련됐고, 참가자 수도 규모에 비례하여 숫자적으로나 내용적으로 다양해졌다. 이러한 전개는 훗날 4·3을 둘러싼 논의를 글로벌한 차원으로 확장하는 움직임으로 발전하게 된다.

분쟁 후 사회에서 전개되는 시민운동에서, 운동에 관여하는 행위자의 다양화나 활동 거점의 다지역화에 따라 국제 여론이 환기되는 의의가 있는 반면, 각 사회에서 시도되는 법·제도의 정비, 개개인에 대한 케어라는 개별 과제 해결로 즉시 환원되기 어려운 상황이 존재한다. 또한 분쟁이나 학살이 발생한 지역에서 채택되는 해결책이 모든 사회에서 가장 '올바른' 피해 회복 혹은 화해의 모델로 적용되기도 어렵다. 왜냐하면 누구와 '화합(和)'하여 무엇을 '해결(解)'할 것인가를 둘러싸고 다양한 층위가 상정될 수 있기 때문이다.

4·3의 경우도 마찬가지일 것이다. 한반도의 남북 분단이 종결되지 않은 상태에서, 한국 정부가 인정하는 4·3 '희생자'에 기초한 '유족' 범주에서 4·3을 계기로 일본으로 도항하여 오늘날 조선적(朝鮮籍)을 보유한 사람들은 한국의 법제도 대상에서 제외된다. '유족'에 관한 법제도 상의 규정은 2000년에 제정된 특별법에 명시된 이래 21년까지 3차례 개정된 바 있다.[4] 이러한 한국 내 동향이 시시각각 재일 제주인들에게 알려지는 경우는 거의 없다. 더구나 특별법에 '유족' 규정이 제정되기 전까지는 한국 국적이라 하더라도 부계혈통주의에 근거한 친족 관념의 발상이 강하게 규정되어 '유족'이란 직계가족에 해당될 뿐 외가 쪽 '희생자'에 대해서는 자신이 '유족'이될 수 없다는 인식이 강했다.

이처럼 분쟁 후 사회를 살아가는 사람들에게 '화해'를 어렵게 하는 벽은 단지 이데올로기뿐만 아니라 국가주의(nationalism), 가부장주의(paternalism), 로컬 커뮤니티의 울타리나 가족관계 등으로 겹겹이 쌓여 있다. 시민운동의 역할은 이처럼 견고하게 구축된 장벽의 각각의 층위에서 '예외' 혹은 '제외' 대상이 되는 사람들과 함께 논의의 유연성이나 다원적인 해결의 가능성을 만들어 내는 데 있을 것이다. 이 글에서는 필자 자신이 관여해 온 오사카에서의 활동을 되짚어 보는 동시에 분석의 대상으로 삼으면서, 일본 사회에서 모색되어 온 4·3을 둘러싼 운동의 변화와 화해의 가능성에 대해 고찰해 본다.

2. 로컬적 화해 실천으로서의 시민운동

4·3은 역대 정권 하에서 반세기 가까이 정사(正史)에서 지워져 왔다. 한국이라는 국가의 정통성을 뒤흔드는 일이었기 때문이다. 4·3을 가리키는 1948년의 4월 3일, 남북 분단으로 이어지는 남조선 단독선거에 대한 반대와 미군정·경찰·우익의 횡포에 대한 항의로 3백여 명의 도민들이 무장봉기를 결행했다. '무장대'로 (나중에야) 불리는 사람들의 항의 행동은 마지막 한 사람이 체포되는 57년 4월까지 이어졌고, 3만 명 가까운 도민이 희생되는 처참한 결말을 맞는다.

사건이 발생하던 7년 7개월 사이에도 많은 사람들이 제주에서 일본으로 이동했다. 그중에서도 오사카에는 지금도 4·3을 체험했던 사람들과 유족을 포함하여 제주 출신자가 가장 많이 살고 있다. 그래서 '또 하나의 현장'인 것이다. 그러나 일본, 그리고 오사카에서도, 4·3 문제를 해결하기 위한 노력과 시도에 오랜 세월이 걸렸다. 재일 제주인들의 생활세계 또한 한반도의 남북 분단을 만들어낸 동아시아 냉전구조 속에 규정되어 왔기 때문이다.

한반도에서는 87년 6월 민주항쟁을 거쳐 비로소 '4·3 운동'이 시작됐다. 그해 대통령 선거에서 김대중이 4·3의 진상규명을 공약으로 내걸면서 이를 정치 이슈로 발전하게 하는 물꼬를 튼 것이다. 재일 정치학자 문경수(文京洙)는 현 단계에서 '4·3운동'을 '4·3사건의 진상규명과 희생자 명예회복을 중심으로 4·3사건의 역사적 위상, 보상과 책임의 추구, 유해 및 유적의 발굴, 혹은 이러한 조치를 법적으로 담보하는 제도를 마련하는 일들을 포괄하는 용어'[5]로 정의 내리고 있다.

한국에서는 93년에 김영삼 정권이 출범한 이후 '역사 바로 세우기'를 국가 시책으로 내걸었다. 4·3도 그 대상 중 하나이며, 같은 해 3월 제주도의회에 4·3특별위원회가 설치되어 조사와 위령 사업을 개시하게 된다. 2년간의 조사를 거쳐 간행된 『4·3피해조사 1차 보고서』를 통해 1만 1,665명의 피해자 가운데 80%가 군경 토벌대에 의한 희생자라는 사실이 밝혀졌다. 이에 따라 '공산폭동'인가, 온갖 탄압에 대한 '항쟁'인가로 집약되는 4·3을 둘러싼 좌우 이념적 해석을 일단 접어두고, '수난과 화해'의 시각에 입각한 위령제가 47년 만에 열리게 된 것이다. '화해'라는 새로운 지침은 97년 김대중 정권 탄생 이후 국민화합의 캐치프레이즈가 됐다.

4·3에서 압도적 가해자였던 국민국가가 '화해'를 추진하는 뒤틀린 상황을 어떻게 볼 수 있을까. 비교인권법을 연구해온 서승(徐勝)은 조선의 "근현대사의 맥락에 한정하여 논의한다 하더라도 화해가 분쟁 당사자 쌍방의 '장래의 장기간에 걸친 상호 의존관계'라는 맥락에서 사용된 적은 거의 없었다."며, 해방 후 남한에서 친일파와의 화해를 주도한 이승만과 광주에서 민중을 학살한 뒤에 '사회정화'와 '국민화합'을 내걸고 집권한 전두환을 예로 든다. 김대중이 대통령 당선인 회견에서 국민화합과 통합을 표방하고, 이후 대북화해 정책으로 '햇볕정책'과 남북정상회담을 실현시킨 것에 대해서도 "냉전 시대의 출구에 한반도가 위치했다는 역사성도 더해진" 것이며, 그 배경에는 현실적 계산이 있었다고 분석한다. '4·3운동'도 이러한 정권 운영에 발맞춰 그 속에서 진전되어온 것이다. 서승은 그러한 움직임에 대해 "화해를 실용주의적 관점에서만 이해할 수는 없다."며 다른 해석을 시사한다.[6]

화해는 정치의 도구인가, 아니면 인류 보편의 예지(叡智)인가의 논란은 세계 각지에서 발발한 대립을 둘러싸고 벌어져 왔다. 전자에 대한 비판은, 화해가 지배 시스템을 강화하는 도구에 불과하다는 것이다. 반면 후자에 대해서도 비판은 있다. 바로 가해·피해의 복잡성을 납작하게 만든 나머지 구체성을 지향하지 않는다는 것이다.

아프리카의 분쟁 문제와 재한 피폭자 문제를 연구해 온 마츠다 모토지(松田素二)는 화해를 둘러싼 강력한 두 입장에 "공통의 결함이 있다."고 지적한다. 결함이란, "양측 모두, 화해를, 두 진영 사이를 중개하는 영위(營為)로 인식함으로써 평평하고 정적으로 파악하고 있다는 것"이다. 그와는 다른 관점으로 "화해라는 실천은 보다 복잡하고 동태적인 것"이며, "때로는 대상 간의 갈등을 촉진하기도 서로의 입장을 전환시키기도 한다. 또 화해의 위치도 전이되고 성격도 변질되는" 동적인 과정으로 파악할 것을 제창한다.

마츠다는 동적인 화해에 대해 크게 두 가지 방향성을 제시한다. 하나는 "보다 고차원적이며 보편적 기준을 지향하는 방향이다. 예를 들어 인류 보편의 가치로서의 '인권 개념'을 조정(措定)하고, 그에 따라 현실의 여러 문화를 조정(調停), 시정(是正)하려는 움직임이 여기에 포함된다." 다른 하나는 "어떤 특정 생활공동체 내부의, 닫힌 가치 기준에 따라 정의를 집행하는 입장에서 화해를 호소하는 것"이다. 이 두 방향성은 선명하게 양분되는 것이 아닌, "동일한 화해 실천 속에 잠입하여, 역사적으로 그 의미를 변화시키고 있다."[7] 전자의 고차원적이며 보편적 기준에 근거하여 해결한다는 화해와,

후자의 대화적이며 개별적으로 구성해 나가는 소규모 커뮤니티를 기반으로 하는 화해, 둘 중 어느 쪽이 '보다 바람직한가'를 사정(查定)하는 것이 아닌, 상호 개입하면서 변용하는 화해 실천을 파악해 나가는 것이 필요하지 않을까.

한국의 4·3 법제도 상에서의 진상규명과 보상은 민주화 이후 정비되어 왔으며, 한국 내 시민운동이 그 기반을 마련해 왔다. 그러나 대학살의 발단은 한반도의 남북 분단 이전으로 거슬러 올라가야 하고, 4·3운동 자체는 남한에서 진행되어 왔기 때문에, 운동이 이러한 역사와 현실을 어떻게 다루며 어떠한 해결책을 지향해야 할 것인가라는 점에서 일정 부분 제약이 뒤따라 온 것이 사실이다. 4·3의 '희생자'를 결정하는 것은 최종적으로 국민국가의 몫이기 때문이다. 당연한 말이지만, 일본에서의 4·3에 관한 시민운동은 그 과제나 내용, 방향성에서 한국/제주 사회와 궤를 같이하지 않는다. 다음 장에서는 마츠다가 제시하는 방향성 가운데 후자에 비중을 둔 사례로서, 4·3 체험자와 유족이 가장 많이 거주하는 오사카에서의 시민운동의 궤적을 거슬러 올라가며 로컬적 화해 실천이 열어갈 가능성에 대해 고찰한다.

3. 제주4·3과 일본

4·3 시기의 도일자(渡日者)가 발생하기 이전부터 제주에서 일본으로 도항하는 사람들이 있었다. 그 배경에는 일본의 식민지 지배가 있다. 이를 계기로, 오사카를 중심으로 한 한신(阪神) 공업지대의 값싼 노동력으로서, 섬 인구의 약 5분의 1에 해당하는 사람들이 일본으로 건너갔던 것이다. 1923년에 개설된 제주도-오사카 직항로와 동향인 네트워크를 활용하여 거주지와 직업을 알선했던 이들이 제주 사람들의 이동을 촉진했다. 거기에 일본으로 건너온 사람들이 결성한 마을 단위의 친목회가 관혼상제를 비롯한 일상생활을 지탱하는 결절점이 되었다. 이러한 친목회는 일본의 패전/조선의 해방 이후에도 존재하였으며, 4·3 당시에 일본으로 건너온 사람들이 소식을 주고받는 통로가 되었고, 오늘날 위령제를 개최하는 모체가 되기도 하였다.

직행 항로를 달리던 '기미가요마루(君ヶ代丸)'에 승선한 지리학자 마스다 이치지(桝田一二)가 "이 배는 제주도의 일부가 분리되어 해상을 부동(浮動)하고 있는 것과 같다."[8]고 표현한 것처럼, 식민지기 이후 오사카를 비롯한 일본은 제주 사람들에게 생활권이 되었던 것이다. 조선에서 '내지'인 일본으로의 이동은 일방향적이지 않았고, 고향에서의 결혼이나 장례식, 제사와 같은 관혼상제를 통한 왕

래도 있었다. 또 일본의 전황이 악화됨에 따라 '내지'에서 제주로 '소개'하는 사람들도 있었다. 이렇게 다양한 이동 경험과 거주 이력을 가진 조선인들은 일본의 패전과 조국의 해방을 맞아 속속 고향으로 향했다.

식민지 경제에서 갑작스럽게 방출된 조선에서 사람들은 생활 재건을 모색하면서도 새로운 국가 건설 열기에 휩싸여 있었다. 일본과 한반도 사이에는 다시 국경선이 그어졌지만 적어도 36년에 걸쳐 형성된 '국경을 넘나드는 생활권'[9]이 완전히 차단되지는 않았다. '해방'이 곧 삶에 평온을 가져다 준 것은 아니었기 때문이다. 가족과 함께 살기 위해서 또는 일자리를 구하거나 정치적 이유로 첫 도일, 혹은 재도일한 사람들이 있었다. '4·3특별법'에 따른 4·3의 기점은 1947년 3월 1일이지만, 이러한 시기 구분으로는 명확하게 재단되기 어려운 일본으로의 이동이 계속되고 있었다. 이들의 궤적이 보여주듯 해방 전후의 이동은 매우 다양했다. 그리고 그러한 다양성은 다름 아닌 한반도를 포함한 동아시아의 국제정세 속에서 만들어진 것이다.

그러나 이러한 역사적 경위나 생활 실태와는 무관하게 일본 패전/조선 해방과 동시에 쌍방의 왕래는 불법행위, 즉 '밀항'으로 규정됐다. 밀항자 수는 1965년 한일협정을 기준으로 적발 건수가 급감하지만,[10] 한일 국교정상화에 따른 정규 루트의 입출국이 가능해진 이후에도 번잡한 절차를 피하기 위해 80년대까지도 끊이지 않았다.

참고로 1970년부터 74년까지 일본 법무성 입국관리국이 집계한 통계에서는, 한국인 '불법 입국자' 수의 82.2%가 제주도 출신자로 나타난다. 실제 재일 제주인의 수 역시 해방 전보다 그 이후에 증가하여 1984년에는 117,382명으로 정점을 찍었다. 한반도의 8개 도(道) 가운데 가장 면적이 작고 인구가 적은 제주도를 본적으로 하는 사람들은 같은 해 전체 재일 조선인의 17.1%를 차지하기도 했다.[11] 일본으로 건너온 사정은 제각각이지만, 제주에서의 생활에 여유를 실감할 수 있었던 80년대까지,[12] 제주 사람들에게 '밀항'이란 불법성이 의심되더라도 경제적, 사회적으로 선택할 수밖에 없었던 이동의 방법이었다. 그리고 해방 이후 일본으로 건너간 사람들 가운데에는 4·3을 체험했던 사람들이 있었다. '밀항'에 성공하여 '외국인 등록증'을 발급받은 후에도 이들은 사건에 대해 굳게 입을 다물었다.

4·3은 한국 사회에서 오랜 기간 어둠 속에 봉인되어 오다 80년대 말부터 진상규명 운동이 시작되고 2003년 노무현 대통령이 공식 사과하기에 이르렀다. 그러나 한국의 민주화가 가져온 그러한 일련의 변화가 재일 제주인들의 얼어붙은 마음을 바로 녹이지는 못했다.[13] "언젠가 한반도 정세가 바뀌고 4·3사건의 희생자가 다시 '빨갱이'로 지탄받을 상황이 올지도, 모른다."는 불안은 지금도 재

일 제주인들의 가슴속에 자리하고 있기 때문이다. 재일 조선인들에게 깊게 자리매김된 한반도의 분단 상황은 미국의 군사적 패권 하에 있는 일본의 국가·사회로부터의 감시 체제와 맞물려 사람들의 언행을 규정해 왔다. 그리고 그러한 상황은 4·3을 말하는 데 있어 사람들의 상상력을 억압할 만큼 곤란한 족쇄가 되어 왔다.

4. 일본에서의 4·3운동

일본에서 생활하는 코리안들에게도 4·3은 터부시됐다. 그러나 재일 제주인들의 일부는 '초토화작전'으로 인해 대학살이 벌어지던 49년에 오사카의 이쿠노구(生野区)나 도쿄의 아라카와구(荒川区) 같은 집주 지역에서 출신 마을 별로 추도 집회를 열기도 했다.[14] 그러나 한국전쟁 이후 남북 분단의 영향이 재일 코리안 사회에 공고하게 영향을 끼치게 되면서 이러한 움직임도 어려움을 겪게 된다. 그럼에도 일부 사람들은 끈질기게 4·3에 대한 질문을 던졌다. 1957년에는 김석범(金石範)이 『까마귀의 죽음』[15]을 썼고, 63년에는 김봉현(金奉鉉)·김민주(金民柱)가 『제주도 인민들의 '4·3' 무장 투쟁사』를 펴냈다. 84년에는 김석범의 『화산도』(1~3권)가 오사라기지로상(大佛次郎賞)을 수상하기도 했다.

이듬해인 1985년에는 김민주의 제안으로 도쿄에서 '탐라연구회'가 설립됐다. 4·3 당시 조천중학원 학생이었던 김민주는 토벌대에 체포되어 인천소년형무소로 송치됐다. 한국전쟁 발발 후에 형무소 문이 열리고, 인민군으로 활동하던 중 유엔군에 체포되어 2년 동안 거제도 포로수용소에서 지냈는데, 석방되자마자 밀항으로 부산을 경유하여 일본에 있는 아버지에게 이르게 됐다. 그때가 57년이었다고 한다.

김민주보다 반년 정도 먼저 토벌대에 체포된 김동일(金東日)은 김민주와 같은 32년생으로 조천국민학교 동창이자 조천중학원 1년 후배였다. 체포된 후 광주교도소로 송치되어 곧바로 풀려났으나 곧바로 제주로 돌아가지 않고 진도에 머물렀는데, 그 사이 한국전쟁이 발발했고, 지구(地區)에서 조직활동에 관여하다 한국군에게 붙잡힌다. 석방 후에 제주로 돌아왔지만 경찰의 감시와 주위의 시선을 피해 58년 일본으로 밀항했고, 85년에야 도쿄에서 김민주와 재회한 것이다.[16]

고이삼(高二三)은 87년에 김동일이 준비한 제물로 탐라연구회에 모인 사람들이 4·3 희생자들의 제사를 지냈고, 이것이 도쿄에서 '제주도4·3사건을 생각하는 모임'이 결성되는 데 결정적 계기가 되었다고 술회한다.[17] 일본에서 나고 자란 고이삼은 70년대 후반부터 80년대 초반에 문학 모임 '나그네(ナグネ)'에서 활동하며 제주 출신

인 문경수와 같이 활동을 하게 됐고, 김석범을 초청하여 4·3을 배우게 된다. 대학 졸업 후에는 출판사 '삼천리(三千里)'에 근무하면서 김석범, 이철(李哲), 강재언(姜在彦) 등 제주도 출신 선배들을 만나 많은 영향을 받았고 87년에 '신간사(新幹社)'라는 출판사를 설립했다.

이 무렵 민주화운동에 가담했던 김명식, 강창일이 유학생 신분으로 일본으로 건너가 김석범을 만났고, 4·3의 '사회화(세계화)'를 위한 토대를 다지게 된다. 이로 인해 한일 간의 네트워크가 점점 넓어지게 됐고, 87년 가을부터 '제주도 4·3사건을 생각하는 모임'을 중심으로 4·3 40주년 기념 집회를 위한 준비가 시작됐다. 제주에서 개최된 첫 위령제보다 1년 앞선 88년 4월 3일, '제주도 4·3사건 40주년 추도 기념 강연회'가 간다(神田)의 한국YWCA에서 개최됐다. 그 후 소규모 강연회가 열리고, 오사카에서는 50주년이 되어서야 본격적으로 움직임이 시작된다.

일본에서의 4·3운동은 50주년이 되는 1998년에 획기적인 전기를 마련하게 된다. 50주년 기념 행사의 일환으로 제주에서 개최된 국제 심포지엄 '동아시아의 냉전과 국가 테러리즘'은 재일 제주인 이외의 많은 사람들이 운동에 참여하는 계기가 됐다. 1993년 오사카에서의 '제주도 4·3사건 45주년 추도 모임(이하, 45주년 추도 모임)'부터 참가하게 된 정아영(鄭雅英)은 재일한국학생동맹(在日韓国学生同盟, 이하 한학동)[18]이나 지문 날인 거부 운동[19]에서는 고이삼의 후배로, 도쿄에서는 문경수와 함께 재일 코리안에 관한 잡지도 발행했다. '45주년 추도 모임'에서는 자신이 제주 출신이 아니기 때문에 한쪽 구석에서 참여할 뿐이었다.[20] 50주년까지는 '도와준다'라는 인식으로 참여하였지만, 그 후 본격적으로 운동에 관여하게 되었다. 정아영은 50주년 위령제가 이전보다 훨씬 규모가 커지고 제주 출신자만으로는 운영이 어려웠기 때문에 실행위원회 구성원이 다양화되었다고 설명한다.[21]

여기에 더해 이 무렵부터 한국의 4·3운동과의 연결고리가 강해졌다. 2000년 한국에서 4·3특별법이 제정됨에 따라 52주년 행사의 1부에서는 법 제정의 의의를 해설하기 위해 김영훈 제주도의회 부의장과 양동윤 제주4·3특별법 쟁취를 위한 연대회의 운영위원장이 초청됐다. 그 밖에도 한국/제주에서 4·3운동에 관여했던 많은 사람들이 도쿄와 오사카 행사에 참가했다. 2부에서는 무장봉기에 연루됐던 김시종(金時鐘)이 김석범과의 대담에서 처음으로 침묵을 깨고 자신의 체험에 대해 말하기 시작했다.[22] 또 같은 해 '대한민국 재외공관'에서 희생자 및 유족의 신고가 가능해지게 됐고, 10월에 '재일본 제주도 4·3사건 유족회(이하, 재일 유족회)'[23]가 발족됐다.

또 하나의 특징으로 한국 정부로부터 공적 자금이 지원되기 시작한 것을 꼽을 수 있다. 2003년에는 노무현 대통령이 역대 대통령 가운데 최초로 4·3에 대해 공식 사과했다. 이를 계기로 이듬해 열린 56주년 행사에는 제주도 정부가 오사카와 도쿄의 실행위원회에 자금을 지원했고, 그로 인해 이전보다 큰 규모의 위령제를 개최할 수 있게 됐다. 이러한 지원은 도쿄와 오사카에 일괄적으로 이루어진 것으로, 2008년의 60주년에도 정부 자금이 지원됐다.

제주에서 개최된 60주년 위령제에는 한국 정부로부터 처음 초청된 유족들을 비롯하여 백 명이 넘는 방문단이 오사카와 도쿄를 비롯한 일본 각지에서 참가했으며, NHK는 이들의 제주 방문을 동행 취재하여 「4·3사건」-재일 코리안의 기억'이라는 프로그램을 방송했다. 제도권 언론이 방송 프로그램이나 기사를 통해 4·3을 보도하게 된 것은 일본 사회의 폭넓은 층으로부터 관심을 끄는 계기가 되었고 운동 측면에서는 그러한 전개를 재확인하는 기회가 되었다고 할 수 있다. 오사카에서는 2011년부터 17년까지 보조금을 신청했고, 18년에 처음으로 4·3위령제 개최를 명목으로 지방정부(제주도)의 교부금을 지급받았다.

한국에서의 4·3운동은 민주화를 거쳐 민관 공동으로 전개되는 양상이 두드러지고 있으며, 최근에는 4·3의 '세계화(글로벌화)'를 표방하는 상황에 이르고 있다. 이는 마츠다가 편의적으로 구분한 '보다 고차원적인 보편적 기준을 지향하는' 화해로 방향추가 크게 움직이고 있는 상황으로 해석해도 무방할 것이다.[24] 이러한 흐름 속에서 오사카에서의 4·3운동은 어떻게 자리매김될까. 제주가 위치한 한국과는 65년 이후 국교가 정상화되었지만, 일반인들이 자유롭게 왕래하게 된 것은 89년 이후이고, 그러한 시간을 거쳐, 현재 한국에서의 4·3운동과의 연계가 가능하게 된 것 자체가 과거에는 생각하지도 못할 만큼 격세지감을 갖게 되었고, 달리 표현하기 어려울 만큼 기쁜 것 또한 사실이다.

그러나 한편으로는, 일본에서 남북 분단이라는 상황을 안고 살아야 하는 재일 코리안에게는 한국의 동향과 동기화해야 하는 상황마다 어떤 누락이 발생해 왔음을 부정하기 어렵다. 2009년 '재일 유족회' 회장으로 취임한 오광현(吳光現) 역시 그러한 상태에서 자유롭지 못하다. 현행 4·3특별법에 따르면, '유족'이란, '희생자의 배우자(사실상의 배우자를 포함)와 직계존비속, 배우자와 직계존비속이 없는 경우에는 희생자의 형제자매, 형제자매가 없는 경우에는 4촌 이내의 방계혈족으로서 희생자의 제사를 치르거나 무덤을 관리하는 사람'으로 정의되어 있다.

오광현은 작은아버지가 희생자이지만 오랫동안 자신이 한국 법률에서 정의하는 '유족'이라고 생각하지 못했다. 제주는 육지부와 달리 부모 양계에 걸친 친인척 관계가 관혼상제를 포함한 일상생활에서 살아 숨쉬고 있다. 그러나 재일 제주인들은 부계 혈통 의식이 강한 일본 사회에서 세대를 거듭해 오면서 이러한 의식이 변용되어 온 측면이 강하다. 재일 제주인 여성 Y씨 역시 자신이 외가 쪽 희생자의 '4촌 이내'에 해당됨에도 불구하고 2021년의 4·3특별법 전부개정에 따른 보상금 지급 뉴스가 알려지기 전까지 스스로를 '유족'으로 인식하지 못했다[그림 1].

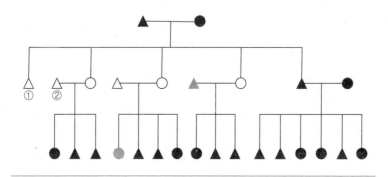

그림1 재일 제주인 Y(◉)씨의 사례. Y씨는 외삼촌이 '희생자'이다. ▲는 남성, ●는 여성. ①과 ②는 4·3 당시 토벌대에 의해 사망.

4·3특별법에서의 '유족' 규정이 현재까지 세 차례 개정되었음에도 불구하고, 이러한 법제도 상의 동향이 재일 제주인들에게 매번, 즉시적으로 알려지지 않았던 영향이 크다. 재일 제주인들은 4·3을 재일 코리안 사회에 근저하는 남북 분단의 영향 속에서 인식해 왔다. 때문에 '재일 유족회' 역시 한국의 공적기관이 내린 정의가 아닌, 자신을 '유족'이라고 생각하는 사람들을 유족으로 인정한다. 또 재류카드의 '국적'란이 한국이든 조선이든 상관없다.[25]

5. 오사카의 제주4·3운동

5. 1. 50주년이라는 전기(転機)

1988년 도쿄에서 열린 4·3 집회와 함께 당시 오사카에서도 행사를 계획했지만 결국 실현되지 못했다. 현 단계에서 명확한 이유를 알 수 없지만, 4·3 체험자나 유족이 가장 많이 거주하기 때문일 것으로 추측된다. '위령제'라는 이름을 내건 집회가 오사카에서 처음 열린 것은 98년의 50주년 때였는데, 그보다 5년 전인 93년에 '45주년 추도 모임'이 열렸다. '모임'을 주최한 이는 제주 출신 장정봉(張征峰)이었고, 그를 설득한 것은 고이삼이었다. 고이삼에게 장정봉은 한학동(韓学同)과 지문 날인 거부 운동의 후배이기도 하다. 장정봉은 한걸음씩 조심스럽게 개최 준비를 위해 움직이기 시작했다.

당시 4·3 관련 서적을 판매하려다 저항에 부딪혔던 일은 그에게 충격으로 남아 있다.[26] '45주년 추도 모임'을 개최하기 얼마 전, 외국인등록법 관련 집회에서 신간사가 출판한 4·3 관련 서적을 판매하려 하자, 민단 오사카 부단장이 "광주는 괜찮지만 4·3은 아직 안 된다."고 반응했던 것이다.[27] 평화와 자유를 추구하는 다양한 운동 속에서 4·3 앞에 놓인 장벽을 깨달으며 장정봉은 함께 행동할 동료를 모으기보다는 홀로 '45주년 추도 모임'을 주최했다. 같은 시기

도쿄에서 열린 '제주도4·3사건을 생각하는 모임'에서는 김석범, 김민주, 문경수가 등단하여 백여 명의 참가자가 모였다. 그러한 상황에서 장정봉은 4·3 체험자와 유족이 많이 거주하는 오사카에서 4·3과 마주하는 무게에 직면하며 피폐해 졌고, 그 후 집회를 개최할 때도 스스로 전면에 나서기를 자제하게 됐다.

오사카에서의 4·3운동은 94년에 문경수가 리츠메이칸대학에 부임하고, 이듬해 정아영이 본격적으로 관여하게 되면서 조직화되기 시작했다. 마침 제주에서도 93년부터 도의회에서 4·3특별위원회가 구성되어 행정 차원에서의 4·3운동이 전개되기 시작했다. 문경수는 오사카와 도쿄를 오가며 생활하던 정아영에게 오사카에서 4·3운동에 참여할 것을 권유했다. 그리하여 95년에는 양영후(梁永厚)의 '제주도와 오사카의 역사' 강연회, 96년에는 후지나가 다케시(藤永壯)의 '1930년대 제주도의 해녀 투쟁' 강연회가 개최됐다. 그러나 이러한 강연회 소식은 이쿠노구의 시민 운동 관계자들에게까지 알려지지 못했다. 오사카에서의 4·3운동은 50주년을 맞은 98년에야 지역사회에 널리 알려지게 된다. 이처럼 오랜 시간이 걸린 배경에는 한국에서의 4·3에 대한 인식 변화가 재일 제주인들의 생활세계에까지 미치지 못한 점이 크며, 남북 분단의 영향을 안은 채 살아가는 재일 코리안의 역사와 현재가 중첩되어 있기 때문임은 말할 필요도 없을 것이다.

한편, 50주년 국제 심포지엄에 참가한 사람들 가운데 제주 출신 자나 그 가족, 제주를 연구하는 일본인들이 1999년 오사카에서 '재일 제주도 출신자의 생활사를 기록하는 모임'을 결성했고, 이를 계기로 4·3을 포함한 재일 제주인의 도일사(渡日史)에 대한 증언 조사가 시작됐다. 2000년 제정된 특별법에 따라 한국 정부의 조사단이 발족됐고, 재일 제주인 가운데 4·3을 피해 일본으로 건너간 사람이 있었음에도 불구하고, 한국에서의 조사가 거기까지 미치지 못하는, 혹은 조사 대상에 포함된다 하더라도 오랜 시간이 소요될 것이라는 판단에 따라 '기록하는 모임'을 발족시킨 것이다. 그러나 증언자를 찾는 데 어려움이 따랐고, 처음에는 '기록하는 모임' 멤버들의 친인척에게 인터뷰를 의뢰하는 것으로 활동을 시작하게 됐다. 일본에서 4·3을 기록하는 활동이 진행되는 가운데, '기록하는 모임'의 멤버들 역시 52주년 위령제 이후부터는 실행위원회에 참여하게 된다.

5. 2. 굿을 상연하다

1997년 도쿄와 오사카에서 '제주도 4·3사건 50주년 기념사업위원회'가 결성되면서 일본에서도 4·3 50주년 행사를 위한 준비가 본격화되었다. 이때부터 도쿄에서는 조동현(曺東鉉)이, 오사카에서는 강실과 오광현이 핵심적으로 4·3운동을 전개해 나가게 된다. 위원회 구성원은 제주 출신의 재일 코리안 2세대였다.

도쿄와 오사카의 4·3운동의 차이에 대해 문경수는 전자가 저명인사의 강연과 연극, 무용의 조합인 반면, 후자는 유족도 실행위원으로 활동하는 점, 다음 세대로의 계승을 위한 투어를 기획하는 점 등을 꼽았다.[28] 이 절에서는 이러한 내용을 포함하여 오사카의 4·3운동이 모색해 온 로컬적 실천에 대해 고찰해 본다. 먼저 50주년 위령제에서 상연된 굿에 대해 살펴보자.

오사카에서 50주년 위령제를 준비하면서 부딪혔던 가장 큰 과제는 무엇을 주요 프로그램으로 기획할 것인가였다. 그때까지의 소규모 이벤트에서는 도쿄의 행사처럼 지식인들이 등단하는 강연회를 주로 열었다. 오사카에서의 첫 대규모 집회를 앞두고 오광현이 한 가지 제안을 했다. "굿을 하고 싶다."는 것이었다.

굿은 제재초복(除災招福)을 기원하는 무속의례이다. 제주도 굿은 한반도의 그것과는 사용하는 언어를 포함하여 차이가 많다.[29] 무가에서 '일만팔천 신'이라 불리는 것처럼, 제주의 생활세계에는 여러 신들이 깃들어 있고 다양한 굿이 열린다. 역사적으로 굿은 '여자 세계'의 신앙이라 하여 '미신'으로 취급됐다. 공개적으로 인기를 끌게 된 것은 수많은 굿 중에서도 '칠머리당 영등굿'이 80년 제주도 중요무형문화재로 지정된 이후의 일로, 오늘날 제주에서 개최되는

4·3행사에서도 중요한 프로그램 가운데 하나가 되었다. 제주에서는 굿을 집전하는 무당을 심방(神房)이라고 부른다. 일본에도 굿을 집전하는 심방이 있다. 재일 제주인 여성들, 특히 제주에서 온 사람들은 일본에서도 가내 안전, 액막이, 사업 번창, 치병, 공양 등을 위한 굿을 위해 심방을 필요로 해 왔다.[30]

이쿠노구에서 나고 자란 오광현에게 심방의 존재는 일상의 풍경이었다. 오사카에서의 50주년 위령제를 개최하는 데 있어, 누가 주역인가를 생각했을 때, 바로 재일 제주인 1세라는 데 생각이 미치게 된 것이다. 굿을 주최하는 것은 여자이지만, 진행될 때는 남자도 참가한다. 심방의 입을 빌려 망자들의 이야기를 듣는 자리이기도 한 굿은 글을 배우지 못한 여성들이 의지할 공간이기도 했다. 오광현이 실행위원회 멤버들에게 제안한 것은 그런 이유 때문이었다.

그러나 모든 사람들이 반대 의사를 밝혔다. '미신'이라는 게 이유였다. 오광현은 기독교 신자이다. 그러나 제주도 출신자가 가장 많이 거주하는 이쿠노구에서 4·3 위령제를 개최하게 된다면, 사람들의 일상에서 소중한 것은 무엇일까를 생각할 때, 가장 먼저 떠오른 것이 굿이었다고 한다. 결국 모든 사람들의 반대를 무릅쓰고, 98년 3월 21일 오사카시 이쿠노 구민센터에서 '침묵을 넘어'라는 슬로건으로 제주도4·3사건 50주년 희생자 위령제가 개최됐다.

심방은 이날 위령제를 위해 제주에서 온 인간문화재 김윤수였다. 개최 당일, 1세 여성들을 비롯하여 5백여 명의 참가자가 모였다. 굿이 시작되자 여기저기서 눈물을 닦는 모습이 보였다. 누가 먼저라 할 것 없이 무대 앞 제단에 인정을 걸기 위해 여성들이 줄줄이 자리에서 일어나 줄을 섰다. 그날 현장에서 모든 광경을 목격한 필자는 마치 제주에서 굿에 참가하고 있는 듯한 열기에 휩싸였다. 실행위원 누구도 예상하지 못했던 광경이었다. 50주년 위령제는 그렇게 웃음과 눈물로 성황리에 끝이 났다.

나중에 밝혀진 사실이지만, 실행위원인 문경수와 오광현은 50주년 위령제 준비 단계에서 주오사카 한국영사관으로부터 호출을 받았다. 영사관 측이 오사카에서의 4·3 위령제 개최는 시기상조라며 중지할 것을 요청했던 것이다. 그때 문경수는 "우리들이 하지 않으면 다른 누가 개최할 것인가."라고 답했다고 한다. 영사관의 이러한 요청 자체가 한국에서의 4·3운동과의 차이를 단적으로 보여주는 것이었다.

제주 출신을 포함한 재일 코리안에는 한국 국적뿐 아니라 조선 국적도 있다. 남북 분단을 그대로 떠안고 살아가기 때문에 대한민국의 건국 자체를 의문시하는 4·3집회 개최에 한국영사관이 민감하게 반응했다고 할 수 있다. 그러나 그 후 김대중 정부가 출범하면서 예정대로 개최된 50주년 위령제는 5백 명에 이르는 참가자가 모였고, 제주도 4·3사건 위령사업 범도민추진위원회와 제50주년 제주도4·3학술문화사업추진위원회, 제주도 4·3사건 민간인희생자 유족회까지 후원단체로 이름을 올렸다. 후일담에 따르면, 위령제 당일, 영사관 관계자 두 명은 굿이 상연되는 모습을 보고 감동을 받고 돌아갔다고 한다.

이후 오사카 위령제에서는 4·3을 소재로 창작된 연극과 무용, 판소리가 상연됐다. 일본사회에 4·3을 널리 알리는 것이 중요하다고 생각하면서도 무엇보다 '누구를 위한 위령제인가.'라는 점을 가장 크게 고민하며 매년 프로그램이 짜여져 왔다. 한편, 앞서 언급한 바와 같이 한국의 4·3운동과의 네트워크가 강화되는 가운데, 제주 4·3사건희생자유족회나 제주4·3평화재단에서도 매년 추도사를 보내 왔고, 위령제 참가자도 3백 명을 넘는 경우가 드물지 않은 일이 됐다. 그런 가운데 오사카의 4·3운동이 지향해 온 '모든 희생자를 추도한다.'는 실천이 실행되기 시작했다.

5. 3. 위령비를 건립하다

일본에서 개최되어 온 위령제에는 그때그때의 한반도 상황을 반영하면서도 남북 분단을 초월하려는 고민과 실천이 기저에 깔려 있다. 오사카 4·3운동의 구체적인 목표 가운데 하나는 위령제에서 재일본조선인총연합회 오사카부 본부(在日本朝鮮人総連合会大阪府本

部, 총련 오사카)와 재일본대한민국민단 오사카부 지방본부(在日本大韓民国民団大阪府地方本部, 민단 오사카)의 후원을 받는 것이다. 총련 오사카의 이쿠노 및 히가시나리(東成) 지부 위원장과 민단의 지단장이 처음으로 공동대표를 맡게 된 것은 2004년이었다. 지부 차원의 후원은 노무현 대통령이 제주도민 앞에서 공식 사과를 한 다음 해에 이루어진 일이었다. 70주년을 맞는 2018년에는 총련 오사카의 이쿠노를 중심으로 한 지부, 민단 오사카 이쿠노구의 3개 지부, 거기에 더하여 관서제주특별자치도민협회(関西済州特別自治道民協会)가 후원을 했고, 지방본부 차원에서 최초로 공동 개최를 하게 됐다. 그러나 앞으로의 위령제에서 총련 오사카와 민단 오사카 양측으로부터 후원을 받을 수 있을지는 미지수이며, 그것은 한반도 정세에 따라 좌우될 가능성이 크다.

오사카의 4·3운동은 '모든 희생자를 추모'하는 것을 지향해 왔다. 해마다 의뢰 절차를 거친 뒤에, 성사되기도 그러지 못하기도 해 온 위령제라는 공간 형성과는 별개로, 제주와 오사카의 역사성을 보여주는 실천의 형태가 모색되기 시작했다. '제주4·3희생자 위령비'는 오사카시 덴노지구(天王寺区)에 소재한 통국사(統国寺)[31]에 건립됐다. 이 절에서는 2018년 11월 18일 위령비 제막 행사가 열리기까지의 궤적을 통해 오사카의 4·3운동에서 발현된 '화해'의 양상에 대해 다루고자 한다.

오사카에서의 위령비 건립에 대해서는 이전부터 제안이 있었고, 2017년 6월 1일의 제주도 4·3사건 70주년 위령제 제1회 실행위원회에서 검토 항목으로 제시된 바 있다. 그 후 70주년을 맞는 18년에 구체적으로 논의되기 시작했다. 그해 6월 9일에 열린 제16차 실행위원회(제1회 위령비 건립 실행위원회)에서는 제주의 모든 마을에 해당하는 178개 리(里)에서 돌을 모아 비석으로 형상화하자는 안이 채택됐다.

그 무렵 실행위원회에 새로운 멤버가 참가했다. 위령비의 디자인을 제안한 고원수(高元秀)이다. 고원수는 초급학교부터 대학까지 일관되게 조선학교를 다녔고, 졸업 후에는 조선학교 교원을 거쳐 현재 광고인쇄회사를 경영하고 있다. 재일 코리안으로서는 총련과의 관계가 깊다. 50주년에 오사카에서 위령제 실행위원회가 활동을 시작한 이래, 고원수처럼 총련 쪽 멤버가 참가한 것은 처음 있는 일이었다. 오광현이 위령비 디자인을 의뢰한 것이 계기였다.

50주년 위령제 실행위원회부터 현재까지 지속적으로 활동해 온 사람은 문경수와 오광현, 정아영, 장정봉이다. 50주년 위령제를 마치고, 다음 해인 99년에 결성된 '제주도4·3사건을 생각하는 모임·오사카(이하, 생각하는 모임·오사카)'는 '안내문'을 통해 "우리들의 실천은 어떠한 당파나 조직과도 무관하며, 개개인의 역사에 대한 깊은 자각과 희생자에 대한 생각이 뒷받침된다."며, 운영방침으로 "모임의 운영은 재일동포가 하지만, 많은 일본 시민의 지원과 연계를 기반으로 시행한다."고 밝혔다. 그 후 다양한 멤버들이 '생각하는 모임·오사카' 운영에 관여했고, 앞서 서술한 바와 같이 52주년부터는 일본인도 참가하고, 최근에는 한국 유학생이나 시민운동가도 멤버가 되고 있다.

오광현과 고원수의 접점은 페이스북(Facebook)에서 친구가 된 데서 비롯된다. 2016년 오광현이 촬영한 한라산 사진을 페이스북에 게재했고, 고원수로부터 이 사진을 사용하고 싶다는 의뢰가 있었다. 제주 출신 지휘자 한재숙(韓在淑)의 '제주 민요 제전' 콘서트 홍보를 위한 이미지 때문이었다. 무대 연출을 비롯하여 공연에도 참가했던 고원수는 '제주 민요 제전' 이듬해인 2017년 제주에서 열린 '4·3 평화의 노래'에 초청되기도 했다. 이러한 사실을 알고 있던 오광현이 4·3 시기에 일본으로 건너 온 한재숙에게 70주년 위령제 출연을 검토하게 됐고, 고원수에게도 '4·3 평화의 노래'와 비슷한 무대 제작을 의뢰했다. 그러면서 4·3 위령비의 디자인 제안을 타진했던 것이다.

2018년 6월 22일, 제3회 위령비 건립 실행위원회에서 위령비의 기본 디자인이 채택됐으며, 이후 고원수가 실행위원회 멤버로 참여하게 된다. 고원수의 아버지는 식민지기부터 일본에 거주하던 자신의 아버지(고원수의 조부)에 의지하여 일본으로 건너 왔는데 직접적인 계기는 4·3 때문이었다. 고원수 자신은 아버지가 일본으로 건너온 계기만 알고 있었을 뿐, 조선학교에서는 4·3을 배울 기회가 없었고, 그 때문에 별다른 관심을 갖지 못했다고 한다. 그런데 실행위원회에 참여하면서 위령비를 디자인할 돌을 가공하기 위해 제주에 가게 됐고, 현지에서 개최된 4·3심포지엄에 참석하여 유적지를 둘러보았다. 이를 계기로 자신의 존재와 4·3과의 관계에 마주하게 됐고, 실행위원회 활동에 적극적으로 관여하게 된 것이다. 50주년을 계기로 가동된 위령제 실행위원회가 세운 운영 방침이 20년을 경과하면서 구체적인 모습으로 구성되게 됐다고 할 수 있을 것이다.

위령비 건립 비용을 마련하기 위한 모금도 시작됐다. 일본 국내뿐만 아니라 한국과 미국에서도 모금액이 접수됐고, 예정된 350만 엔을 훌쩍 넘겼으며, 위령비도 무사히 완공됐다. 위령비 제막식은 2018년 11월 18일에 거행됐다. 부지를 무료로 제공한 통국사 측의 제안에 따라 백두산과 한라산에서 가져온 물을 합쳐 제막 의례의 첫머리에 위령비를 정화했다. 제막식에는 약 350명이 참석했으며, 개인 자격으로 총련 오사카 및 민단 오사카 관계자가 참석했고, 주오사카 한국총영사도 처음으로 참석했다. 의례가 끝난 뒤에 참석한 사람들이 차례로 위령비 주위에 모여 자신의 출신지 마을에서 가져온 돌을 만지며 사진을 촬영했다.

제막식 참석을 위해 도쿄에서 온 김구학(金龜鶴)과 나라(奈良)에서 참가한 소철진(邵哲珍)의 아버지는 4·3 시기 고원수의 아버지와 함께 일본으로 건너왔다. 둘 다 고원수처럼 일상 생활이나 학교 교육에서 4·3에 대해 인식할 기회가 없었다고 한다. 그런 까닭에 고원수로부터 오사카에 위령비가 건립되어 제막식을 개최한다는 소식을 듣고 한걸음에 달려온 것이다. 그들에게 '화해'란 무엇일까, 라는 물음은 이제 막 생겨났을지도 모른다.

오사카에는 제주에 뿌리를 둔 사람들이 다수 거주하지만, 그 가운데에는 제주에 가보기를 희망하면서도 아직 제주 땅을 밟아본 적이 없는 사람, 일본으로 건너온 후에 한 번도 제주에 돌아간 적이 없는 사람들이 있다. 경제적 이유, 한국의 정치 상황에 따라 입국이 제한되는 조선적자, 가족 및 친인척과의 관계 등 이유는 다양할 것이다. 2017년 8월 15일, 문재인 대통령은 광복절 메시지에서 조선적자의 한국 입국을 허용한다고 발표했다. 이에 따라 4·3 70주년 추념식에는 제주 출신 조선적자 8명이 오사카의 위령제 실행위원회가 기획한 '제주4·3 위령 투어'에 참가하여 처음으로 제주를 방문했다. 앞으로 한국의 정치 상황에 따라 그들의 한국 입국이 다시 불가능해질 수도 있다. 반면 오사카에 건립된 제주4·3희생자 위령비는 한반도 정세나 일본과의 관계 변화에 상관없이 '모든 희생자'를 향해, 위령비 앞에 모인 모든 사람들을 위해, 항상 열려 있는 장으로 기능하며 화해를 실천할 장면을 만들어 나갈 가능성이 높다.

5. 4. 국민국가 범주 바깥에서의 질문

오사카에서는, 현장의 역사와 생활의 현실을 토대로 한 로컬적 화해 실천이 우여곡절 속에 이어지고 있다. 그런 가운데 한국에서는 2021년 2월에 '4·3 특별법' 전부 개정안이 국회를 통과하여 6월부터 시행되고 있다. 법률에는 추가 진상조사 실시, 수형인에 대한 특별재심제도 신설, 희생자에 대한 위자료 청구 등이 포함됐다. 그리고 같은 해 12월 희생자 및 유족에 대한 보상금 지급을 담은 4·3 특별법 개정안이 국회를 통과했고, 시행령과 함께 22년 4월부터 시행되고 있다. 이에 따라 제주4·3위원회가 인정한 희생자 가운데 사망자 또는 행방불명자에게는 1인당 9,000만 원의 보상금이 지급되게 됐다.

이보다 앞선 2007년에 이루어진 4·3특별법 개정에서는 '수형인'이 '희생자' 범주에 포함되고, '유족'도 '희생자의 배우자(사실상의 배우자 포함) 및 직계존비속, 배우자 및 직계존비속이 없는 경우에는 형제자매, 형제자매가 없는 경우에는 4촌 이내의 방계혈족으로서 희생자의 제사를 봉행하거나 분묘를 관리하는 사실상의 유족'으로 조문이 바뀌었다. 보상금 청구가 가능한 사람은 희생자가 생존해 있으면 본인이 되지만 희생자가 사망 또는 실종된 경우 법정상속인, 즉 '유족'이 된다. 일련의 법 개정은 오랜 시간 피해자와 유족, 시민운동 진영의 요구가 반영된 성과이기도 하다.

그러나 이러한 변화는 한국 국내에 있는 4·3 관계자, 즉 '국민'을 대상으로 한 것으로, 한국 바깥의 존재는 법과 제도를 설계하는 과정에서 인식 밖에 놓여 왔다. 지금까지 4·3 진상규명 조사가 진행되는 가운데 이미 재일 제주인에 대한 조사 성과가 공표됐고, 일정한 대상자가 있는 것으로 파악된 바 있다.[32] 그러나 재일 제주인을 포함한 재외 제주인에 대해서는 특별법 개정 과정에서 아무런 언급이 없었고, 그런 이유로 22년 4월의 특별법 시행에 앞서 3월 18일에 일본의 4·3 관련 단체가 일본 거주자들의 입장을 정리한 의견서를 한국 정부(행정안전부)에 제출하고 기자회견을 실시했다.

기자회견은 온라인으로 개최됐으며, 주최 및 주관은 재일본제주4·3사건희생자유족회와 제주도4·3사건을 생각하는 모임·도쿄, 제주4·3을 생각하는 모임·오사카, 제74주년 재일본제주4·3희생자위령제실행위원회·오사카이며, 협력단체로 제주4·3희생자유족회와 제주4·3기념사업위원회, 제주4·3범국민위원회가 참여했다. 회견 후에는 참가 단체와 언론사 간의 질의응답이 이어졌는데, 일본 거주자에 대한 대응이 뒷전으로 밀려나 있는 상황을 비롯하여 조선적자나 일본 국적자의 처우에 대해서도 이야기가 오갔다. 그 후 지방정부(제주도 4·3지원과)에서는 한국 국적자뿐만 아니라 조선적자, 일본 국적자 역시 보상 대상에 포함된다는 답변이 있었지만, 실제 조선적자의 신청이 어느 정도 이루어질지에 대해서는 아직 불분명하다.

2021년 4·3특별법이 개정되고 이듬해 3월 기자회견을 통해 일본의 4·3단체들이 입장을 표명한 이후, 제주4·3평화재단이 재일 제주인에 대한 4·3 피해 실태조사를 실시하기로 결정했다. 이에 따라 제주도 위탁사업으로 도쿄와 오사카에서 각각 '제주4·3평화재단 제주4·3 추가진상조사팀'이 결성됐고, 22년 9월부터 4개월 동안 1차 조사가 실시됐다. 조사를 진행하는 과정에서 문경수와 오광현, 그리고 필자가 협력을 얻기 위해 관서제주도민협회 관계자와 의견 교환을 할 때, 흥미로운 이야기를 들었다. 바로 호적에 등재되지 않은 후손의 존재에 관한 것이다. 재일 제주인의 역사에서 식민지 시기부터 '국경을 넘는 생활권'을 이동하는 사람들이 한국에도 일본에도 처자를 둔 경우가 적지 않았다. 4·3특별법 개정으로 인한 보상제도에서 사실혼 배우자는 '유족' 규정의 대상이 되지만, 사실혼 관계 사이에서 태어난 자녀가 호적등재가 되어 있지 않으면 '유족'이 될 수 없다[그림 2].

제주 내에서도 비슷한 경우가 있을 것으로 생각되지만, 재일 제주인의 경우 호적 처리와 같은 문제는 특히 외국에 거주하기 때문

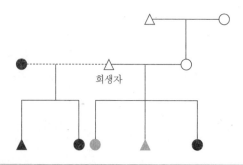

그림2 ▲와 ●는 호적 미등록. 부계 혈통주의가 온존하고 있음을 보여주는 가계도의 사례. 사실혼 관계의 배우자는 '유족' 범주에 속하지만, 그 자녀가 '희생자'의 호적에 등록되지 않은 경우에는 '유족'의 대상에서 제외된다. 적어도 2005년에 호주제가 폐지될 때까지 남성의 호적에의 등재 여부는 부계가족의 결정 문제가 되기 때문에 부계혈통주의에 따라 선별되어 왔던 것이다. 같은 사례로, 당시 법률혼을 한 부부의 자녀라 하더라도 딸을 출생한 경우 호적 등록이 되지 않은 사례가 있다.

에 어려움이 가중되는 상황을 상상하기 어렵지 않다. 관서제주도민협회 측과의 의견 교환에서는 이러한 문제가 논란이 됐고, 보상 신청을 둘러싸고 친인척 간에 상당한 갈등이 빚어질 가능성에 대해서도 우려가 표명됐다. 이처럼 법 시행 과정에서 재일 제주인의 역사와 생활의 현실을 감안한 세심한 대응이 요구됨에도 불구하고, 보상금에 관한 공시나 재외 공관에서의 대응 창구 설치는 23년 현재에도 여전히 이루어지지 않고 있다.

남북 분단의 현실 앞에서, 국시(国是)를 초월하는 법제도의 개정은 여전히 진행 중이며, 사람들 역시 '왜, 무엇 때문에' 죽었는가, 혹은 가족과 친인척, 친구 지인, 마을을 잃었는가, 라는 물음에 여전히 답할 수 없는 상황이다. 물론 4·3을 말하는 것조차 어려웠던 시절부터 이 운동을 이끌어 온 사람들이 직면했던 수많은 장벽은 국민국가에 의해서만 세워진 것이 아니기 때문에 그것을 뛰어넘을 수 있느냐의 여부는 시대와 사회에 구속돼 있음을 아무리 강조해도 지나치지 않을 것이다. 이러한 어려움은 한국뿐 아니라 일본에서도 겪어 왔고, 그러한 상황 속에서 4·3운동의 발걸음을 조금씩 내디뎌 왔던 것이다.

6. 나가며: 4·3에서의 화해

4·3에 대한 논의 과정에서 '화해'라는 표현이 사용되기 시작한 것은 1993년 김영삼 정부 탄생 이후이다. 이듬해인 94년에 제주도의회 중재로 토벌대 측 입장을 대변하는 유족회와 학생운동권·시민단체 간의 합동위령제가 실현되었을 때부터 4·3운동의 시점은 '무고한 희생자', '수난과 화해'에 입각해야 한다는 것이 가장 큰 전제가 되었다. 이로 인해 4·3의 명칭을 둘러싼 문제가 오늘에 이르기까지 풀리지 않은 과제로 남아 있다.

먼저 '무고한 희생자'라는 표현은 가해자가 특정되지 않는다. '희생자'란 본인들이 알지 못하는 역사에 희생된 것이며 억울하다는 의미를 내포하고 있다. 물론 이러한 의미를 부여함으로써 여전히 반공을 국시로 삼는 한국에서 살아가는 사람들 가운데서도 군경에 의해 살해당한 사람들의 유족이나 살해당할 뻔한 사람들이 침묵을 깨는 계기가 되었음은 분명하다. 또한 이 시기의 언론 운동으로서 제민일보4·3특별취재팀이 '4·3은 말한다'라는 연재를 통해 입산한 사람들에 대해서는 '무장대', 군경에 대해서는 '토벌대'라는 명칭을 사용하기도 했다. 그 후 현재에 이르기까지 이 명칭은 공적으로 사용되고 있다. 이런 흐름은 다름 아닌 민주화의 영향이다. 이후 다양한 기억에 빛을 비출 수 있게 되었다. 1996년 김영삼 대통령은 신년사에서 '역사 바로 세우기'라는 표현을 썼다. 자국의 과거를 바로잡기 위한 이러한 표명은 그때까지 터부로 여겨져 온 4·3을 국민국가의 정사(正史)라는 무대로 끌어올리는 역학으로 작용했고, 운동권 내에서 축적되어온 성과가 공적 영역으로 이어지는 데 긍정적으로 작용했다.

4·3을 둘러싼 역사 청산 작업은 현재까지도 진행 중이다. 그러나 이는 어디까지나 대한민국이라는 국민국가를 바탕에 두고 전개되어온 것이다. 즉 가해자인 국가가 추도의 주체가 되는 전신을 이룬 것이다. 노무현 대통령이 도민들에게 사과했고, 문재인 대통령은 추도사에서 "국가권력이 가한 폭력의 진상을 제대로 밝혀 희생된

분들의 억울함을 풀고 명예를 회복하도록 하겠다."고 밝혔다. 그러나 여전히 희생자로 공적 인정을 받기 위해서는 심사가 필요하며, 남로당 핵심 간부와 무장세력의 지도적 위치에 있던 사람들은 제외된 채로 남아 있다. 이러한 현실 속에서, 특히 '무장대' 측 유족들은 '희생자' 신고를 할 때, 사자(死者)들과 연관된 기술을 바꾸기도 하고, '무장대' 이력이 드러나지 않도록 궁리해야 하는 경우가 적지 않았다.[33]

피해 인정을 둘러싸고 공적기관과 절충하는 영역과는 별개로 4·3을 공론장에서 말할 수 있는 시대가 왔기 때문에 발생하는 명백한 일상 생활에서의 문제도 있다. 4·3을 거치면서 소유자가 부재한 마을의 토지를 제3자가 자신의 것으로 갈취했던 사실이 유족들에 의해 고발되어 재판에 넘겨진 일이 있다.[34] 당시 일본으로 건너간 가족이나 친인척이 조총련계 활동에 관여할 경우 제주에 명의가 있는 토지 상속에 지장이 생긴다는 이유로 당사자가 생존해 있음에도 불구하고 사망신고를 할 수밖에 없는 일도 있다.

심지어 제주에 남은 사람들이 자신의 배경과 이력을 은폐하는 일도 벌어진다. 언제 상황이 바뀔지 모른다는 심리가 사람들에게 작용하는 것은 당연한 일일 것이다. 이런 가운데 반공을 국시로 삼는 국가가 반공의 이름으로 국민을 학살한 죄와 어떻게 마주할 수 있을까. 그동안 논의의 초점 밖에 있었던 미국의 책임을 거론하는 여론이 조성되게 됐지만, 여전히 한반도 내에 세워진 장벽은 넘지 못하고 있는 것이 아닐까. 4·3의 '화해'는 계속해서 국가주의와의 상극에 직면하고 있는 것이다.

역사학자 임지현은 탈냉전기의 세계화로 인해 분쟁 후 사회의 기억이 탈민족화되고 재민족화되는 양상을 분석하고, 얽히고설킨 희생의 기억의 복합성과 양가성을 설명하기 위해 '희생자의식 내셔널리즘(victimhood nationalism)'이라는 개념을 제안한다. 이러한 개념은 첫째, 전후 내셔널리즘 언설에서 수동적인 '피해자(victim)'를 능동적인 '희생자(sacrifice)'로 격상하는 개념의 전위 과정에서 생성된다. 둘째, 사실 여부를 떠나 '희생자'라는 숭고한 역사적 지위를 역사적 행위자들에게 부여하고, 그 기억을 통해 내셔널리즘을 정당화하는 메커니즘을 가리킨다고 정의한다.[35] 한국에서 4·3운동은 한국 국민을 기반으로 전개되기 때문에 임지현의 개념 분석이 충분히 유효할 것이다. 반면, 오사카 4·3운동에서의 '희생자'는 내셔널리즘에 회수되지 않을 가능성을 시사한다.

이유는 크게 두 가지를 꼽을 수 있다. 첫째, 2018년에 열린 70주년 오사카 위령제가 관서제주도민협회와 한국민단지부, 조선총련 지부의 협력에 의해 거행됐기 때문이다. 오사카에 가장 많은 수의 재일 제주인이 거주하기 때문에 한국에서의 4·3운동이 국가적 차원으로 확산되고 있어도 위령제에서는 총련과 민단 모두의 협력을

그림3 통국사에 건립된 제주4·3희생자위령비

얻기 어려웠다. 그 점에서 70주년의 위령제는 큰 의미를 가진 행사였다. 둘째, 그 해에 '제주 4·3의 또 하나의 현장'이라 할 수 있는 오사카에 제주4·3 희생자 위령비가 건립됐다. 한국 이외의 지역에서 4·3의 모든 희생자를 위령하는 비가 건립된 것은 오사카가 처음이다. 제막식에는 총련과 민단 관계자들도 참석하여 4·3으로 인해 오사카로 건너 온 제주 사람들의 삶과 역사를 극화한 창작 판소리가 공연됐다. 이듬해인 19년 4월 3일 통국사에서 열린 첫 법요에서는 총련 오사카와 민단 오사카 양측이 바친 화환에, 주오사카 한국영사관에서도 헌화가 더해졌다.

이러한 미시적이고 산발적인 움직임 속에 국가주의와 가부장주의, 공동체주의가 교차하며 다른 차원으로의 회로를 열어 갈 대화의 가능성이 내재되어 있는 것이다.

(번역: 고성만)

4·3특별법의 고도화,
과거청산의 편협화

고성만

제주대학교 사회학과 부교수

이 장은 필자의 「2기 4·3특별법 체제의 쟁점과 난점」(『통일인문학』 88, 2021, 193-221쪽)을 가필, 수정한 것이다.

4·3특별법의 고도화,
과거청산의 편협화

1. 환호 소리에 묻힐 질문들

'제주4·3사건 진상규명 및 희생자 명예회복에 관한 특별법'이 21년 만에 전부개정됐다. 개정 법률의 초안은 2017년에 처음 발의됐는데, 당시 국회와 정부에서도 전향적인 반응을 보였지만, 회기 만료와 함께 폐기됐고, 우여곡절 끝에 21대 국회에서 전면적으로 정비되기에 이르렀다. 법률이 개정된 직후에는 곧바로 '4·3문제 해결에 새로운 해법을 찾을 수 있는 대전환점'[1]이라는 평가가 나왔고, 제주의 상황을 주시해온 '다른 지역 과거사 문제 해결에도 단초가 될 것'[2]으로 진단됐다. '개정안의 내용이 실현되면 세계에서도 가장 우뚝 선 보편적 모델로 자리잡을 것'[3]이라는 전망도 나왔다.

새롭게 정비된 법률이 과거청산의 양적, 질적 변화를 추동할 것이라는 기대는 조문 곳곳에서도 확인할 수 있다. 위자료/보상금(16조)과 재심(14, 15조), 인지청구 특례(21조)와 같이 4·3특별법뿐 아니라 다른 과거사 해결에서도 시도되기 어려웠던, 특히 '희생자 명예회복' 실현에 초점을 맞춘 혁신적인 조항들이 중점적으로 보강됐기 때문이다.

이 글의 문제의식은 2021년 한 해에만 두 차례에 걸쳐 개정된 4·3특별법이 '정의로운 과거사 해결의 이정표'[4]로 역할할 뿐 아니라 과거청산의 구체적인 과제와 대상을 발굴하여 당면 문제 해결에 이바지할 것이라는 점에서 기본적으로 세간의 평가와 입장을 같이하면서도, 그와 같은 즉자적인 반응이나 장밋빛 예견에 앞서 선행 혹은 병행되어야 할 질문이 부재하는 현실에 바탕을 두고 있다. 어쩌면 그러한 현상은 개정법이 다양한 영역에서 시도되어온 절충과 타협의 산물이며, 법에 대한 해석과 과거청산에 대한 전망역시 심사 과정에서 삭제되어 전면화되지 못한 조문들과 겹쳐 읽을 때 비로소 가능할 것이라는 점을 간과하고 있는 것은 아닐까. 개정법 조문에 최종적으로 포함되지 못한 까닭에 과거청산 쟁점의 우선순위로 채택되지 못하지만, 법률 개정 과정에서 시민사회가 '후퇴를 감수했던 부분'[5]에 대한 분석과 비평이 요구되는 것은 그 때문이다.

개정법과 이를 토대로 전개될 앞으로의 과거청산 작업이 4·3특별법 체제를 공고히 할 것이라는 점은 부인할 수 없는 사실이다. 보상과 재심, 인지청구 특례와 같은 개정법 상의 혁신적인 조항들이 지난 20여 년간 축적되어온 과거청산의 성과와 궤적을 오롯이 반영하기 때문이다. 그런 만큼 개정법에 대한 평가와 과거청산의 향방을 전망하는 작업은 새롭게 정비된 법률만큼이나 지난한 협상과 절충 끝에 폐기되어 버린 조문들과 밀접한 관계를 맺을 수 있다.[6] 그 점에서 4·3특별법 2기 체제의 쟁점을 정리하고 새로운 질문을 생산해내는 일 역시 지금까지의 논쟁의 연속선상에서 이루어져야 하며, 이를 위해서는 20여 년간의 과거청산 경험에 대한 냉철한 분석과 성찰 또한 요청된다.

이 글 역시 더 구체적인 분석을 위해, 2021년 개정법을 토대로 전개될 앞으로를 '4·3특별법 2기 체제'로 명명하고, 2000년 제정법과 이후 세 차례 일부개정된 법률을 토대로 이루어졌던 지금까지의 과거청산과 구분짓고자 한다.[7]

그림1 제주4·3특별법 개정 도민 보고대회. 행사 말미에는 '제주4·3특별법 개정 만세!', '자랑스러운 제주도민 만세!', '정의로운 대한민국 만세!'와 같은 구호가 제창됐다.[8]

    이 글은 특별법 개정을 환영하는 요란한 만세 소리 속에 묻혀버릴지 모를 목소리들에 귀를 기울이고, 2021년에 개정된 4·3특별법이 '희생자' 단위의 과거사 해결을 노골화할 것이라는 전망과 함께 그 과정에서 논외시되어 버릴 문제들을, 특히 2조(정의)와 16조(보상금)를 중심으로 고찰하기 위해 기획됐다. 이를 통해 '제주의 봄'[9], '완전한 해결'을 잰걸음으로 앞당기려는 과정에서 결락될 수 있는 질문들을 제기해 본다.

2. 4·3특별법 2기 체제의 특징

2. 1. 21년 만의 전부개정

4·3특별법 1조(목적)에 명시되어 있는 것처럼, 모든 조문은 기본적으로 '사건의 진상규명'과 '희생자의 명예회복'을 구현하도록 구성된다.

먼저 '진상규명'에 관해서는, 5조(제주4·3사건진상규명및희생자명예회복위원회)가 개정되면서 위원회의 구성과 기능, 권한을 확대하는 근거가 정비됐다. 기존 20명 이내의 위원 구성 역시 '국회가 추천하는 4명'을 추가하여 25명까지 증원되게 됐다. 기획재정부 장관을 비롯하여 법무부 장관, 국방부 장관, 행정안전부 장관, 보건복지부 장관, 법제처장 등 임명직 위원이 구체적으로 명시됐다. 추가 진상조사를 전담하는 별도의 분과위원회가 설치될 수 있게 된 것도 주요한 변화이다. 15조(직권재심 청구의 권고), 20조(실종선고 청구에 대한 특례)와 함께 추가 진상조사에 관한 사항을 심의·의결하도록 위원회의 역할도 확대됐다. 추가 진상조사의 결과를 보고서로 발간하여 국회에 보고하는 11조(진상조사 결과 보고)도 신설됐다.[10]

'명예회복'에 관한 조문이 추가된 것도 중요한 변화이다. 먼저 16조(희생자에 대한 위자료 등)는 '희생자'에 대한 보상을 명시한 근거 조항으로 개정법의 핵심 내용으로 꼽는다. 막대한 국가 예산이 수반되고 유사 사건의 해결 방식에도 파급효과를 가져올 보상 문제가 법안 심사 과정에서 공론화되자 기획재정부가 제동을 걸고 나섰다. 특정 사건이 선례가 되면 노근리, 여수·순천10·19, 거창사건 등에도 모두 배·보상을 해야 한다며 보상 조항이 명시되는 것에 반대 입장을 견지했고, 한때 공식적인 논의가 중단되기도 했다.[11]

그러나 당·정·청 간의 이견이 좁혀지고, '보상 실시', '기준 마련을 위한 연구용역 실시', '2022년 예산안에 관련 예산 반영'과 같은 원칙이 합의되면서 논의가 빠르게 재개됐다.[12] 거기에 대통령까지 보상 조항을 명시한 4·3특별법에 대해 "유사한 민간인 희생 사건의 입법 기준"[13]으로 의미를 부여하면서, 4·3 사례가 과거청산의 준거이자 모델로 역할할 가능성이 커지게 됐다.

그럼에도 불구하고 보상에 따른 기준과 절차, 액수, 대상 등 세부사항을 도출하는 데에는 지난한 협상과 절충의 시간이 뒤따랐다. 이는 16조가 다른 조문들과 달리, "국가는 희생자에 대하여 위자료 등의 특별한 지원을 강구하며, 필요한 기준을 마련한다."와 같이 간결하게 명시되고, 21년 3월의 전부개정이 보완 입법이 필요한 '징검다리 개정'[14]으로 의미 규정된 이유이기도 하다.

16조가 '희생자' 모두에 적용되는 조항이라면, '행방불명인'과 '수형인'에 대해서는 별도의 '명예회복' 조치가 신설됐다. 그 가운데

20조(실종선고 청구에 대한 특례)와 21조(인지청구의 특례)는 '행방불명인'의 사후처리와 관련이 깊다. 20조는 현행 민법에서 규정하는 시효(5년)에도 불구하고, 4·3위원회가 법원에 '행방불명으로 결정된 희생자'의 실종선고를 청구할 수 있고, 법원의 실종선고가 확정되면 '가족관계의 등록 등에 관한 법률'에 따라 실종선고의 신고를 할 수 있도록 명시한 특례이다. 또한 21조에서는 민법 조항에도 불구하고, 특별법 시행일 이후 2년 이내에 검사를 상대로 인지청구의 소를 제기할 수 있도록 규정했다. 혼외 출생자의 법적 처우를 개선하기 위한 특례인 셈이다.

14조(특별재심)와 15조(직권재심 청구의 권고)는 수형인에 대한 '명예회복' 조치로, 특별재심의 청구는 제주지방법원이 관할하고, 직권재심의 청구는 4·3위원회가 법무부 장관에게 권고할 수 있도록 명시했다. 특히 14조에서는 재심 청구의 대상을 '희생자로 결정된 사람'뿐 아니라 '수형인 명부 등 관련 자료로서 위와 같은 사람으로 인정되는 사람'까지 폭넓게 설정했다. 이 조문을 통해 군법회의 수형자가 개별적으로 재심을 청구하지 않으면 안 되는 불편과 부담이 경감되고, 유족이 없는 수형자에 대해서도 재심 청구가 가능하게 됐다.[15]

2. 2. '완전한 해결을 위한 법적 근거'[16]

개정법의 특징은 크게 세 가지로 요약될 수 있다.

먼저, 기존 14개의 조문이 31개로 확대된 것에서 알 수 있는 것처럼,[17] 과거청산 프로그램의 외형적 확장과 변화가 예측된다. 4·3특별법은 2000년 제정된 이래 07년과 14년, 16년 등 크게 세 차례 개정된 바 있다. 이를 통해 '희생자'와 '유족'의 범위, 4·3위원회의 기능과 역할이 확대됐다.[18] 또한 국가 및 지방자치단체가 재단을 만들어 추가 진상조사, '희생자/유족'에 대한 복지사업을 하도록 토대를 만들었다. 4·3위원회의 결정사항에 대해 재심의를 신청할 수 있도록 '희생자/유족'의 권리를 강화하는 조문도 신설됐다. 지난 20여 년의 과거청산이 제정법의 미비점을 부분적으로 개정하는 데 주력해 왔다면, 21년의 개정법에서는 과거청산의 후속 과제들을 세분화하여 더 구체적으로 접근하려는 방향성이 확인된다.

둘째, 법 개정을 통해 과거청산 프로그램의 내용적 변화가 시도된다는 점에서도 특징적이다. 무엇보다 16조는 국가가 '희생자로 결정된 사람'에게 보상금을 지급할 수 있는 근거와 방식을 규정하고 있다는 점에서 '대전환'을 견인하는 핵심 조항으로 평가된다. "한국전쟁 전후 민간인 집단 희생 사건에 대한 첫 입법적 보상"이라는 의의를 가지며,[19] '정의로운 과거사 해결의 이정표'로서 여수·

순천 10·19사건이나 노근리사건, 거창·산청·함양 민간인학살사건이 남긴 과거사 문제의 공적 해결에도 직접적인 영향을 끼칠 것으로 전망된다.[20]

31개 조문 가운데 가장 큰 논쟁거리인 만큼 재개정을 통해 용어를 '위자료 등'에서 '보상금'으로 바꾸고 신청-심사-지급에 필요한 기준과 절차, 대상을 구체화하는 작업도 신속하게 진행됐다. 20여 년간의 '명예회복' 프로그램이 '희생자'를 선별하여 공식 인증하는 데 주력해 왔다면, 개정법 이후에는 '희생자로 결정된' 개개인에게 국가가 보상금을 지급하는 방식으로 심화되는, 과거청산 방식의 전환을 예고하고 있다.

셋째, 강화된 국가의 책무와 역할이 개정법 곳곳에서 확인된다. 4·3위원회는 2003년 『제주4·3사건진상조사보고서』를 채택하면서 '유족 생계비 지원'과 같은 7개 분야의 후속조치를 발표했고, 정부 역시 이를 후속과제로 채택하여 이행해 왔다.[21] 법 개정 이후에는 '과거 국가권력의 잘못'[22]을 바로잡기 위한 실효적 조치가 강도 높게 시행될 것으로 예상된다. 추가 진상조사(5, 10, 11조)가 제도화되고, 불법적인 재판으로 유죄판결을 받은 사람들이 재심을 청구할 수 있도록 규정이 정비됐다(14, 15조). 가족관계등록부를 작성하거나 기록을 정정할 수 있게 되고(12조), 정부가 트라우마 치유사업(23조)과 기념사업(24조)을 수행하도록 조문에 명시됐다.

2-3. '위자료'에서 '보상금'으로

21년 10월, 개정법이 시행된 지 4개월여 만에 다시 일부개정법률안이 발의됐고, 12월 국회 본회의를 통과했다. 한 해 두 차례 법이 개정되면서 기존 14개 조문에서 31개로 전부개정된 법률이 시행 반년 만에 다시 12개 조문이 손질되고 11개 조문이 추가됐다. 신설된 11개 조문은 모두 '보상금'과 관련된 것으로, 신속하게 이루어진 법률 개정의 주요 목적이 보상의 근거 조항이었던 16조를 구체화하기 위한 것임을 알 수 있다.[23] 이에 앞서 행정안전부는 '과거사 배·보상 기준 제도화에 관한 연구' 용역을 통해 보상 기준을 마련하고 제주4·3유족회를 창구로 여론을 모았다.

'희생자'에 대한 보상과 관련하여 16조(보상금)와 17조(재심의), 18조(결정전치주의)가 정비됐는데, 보상 기준을 비롯하여 청구권자 범위, 심의·결정·지급 절차, 형사보상청구의 특례, 다른 법률에 따른 보상 등과의 관계 등에 관한 조항이 신설됐다. 16조의 명칭은 '희생자에 대한 위자료 등'에서 '보상금'으로 바뀌고, 금액 산정 기준을 비롯하여 신청, 심의, 지급에 관한 절차가 구체적으로 명시됐다. 보상금액은 사망 또는 행방불명 '희생자'로 결정된 사람에게 9천만 원을, 후유장애와 수형인 희생자로 결정된 사람에게 9천만 원 이하의 범위에서 4·3위원회가 결정한 금액을 지급하는, '균분 지급'

방식으로 확정됐다.[24]

4·3특별법의 제명이 바뀐 것은 아니었지만, 16조가 구체화되면서, 1조(목적)와 2조(정의), 3조(희생자와 유족의 권리)에 각각 '보상', '보상금' 용어가 추가됐다. 또한 제주도지사 산하의 4·3실무위원회가 '보상금의 신청접수와 조사'를 맡고 위원회 규모 역시 15명에서 20명으로 증원되도록 개정됐다. 국무총리 소속의 4·3위원회는 새롭게 '보상금 등의 지급에 관한 사항'을 심의·의결하기 위해 '보상심의분과위원회'를 신설하도록 체제를 정비할 수 있게 됐다.

3. '정의'와 '보상금'을 둘러싼 정치

3. 1. '희생자'의 역할과 효과

4·3특별법의 잇달은 개정으로 법률의 전체적인 구성 체계와 내용에 큰 변화가 생겼지만, '사건'과 '희생자'에 대한 '정의'(2조)는 2000년 법 제정 당시와 크게 달라진 것이 없다. 특히 '희생자'는 여전히 유형으로만 분류될 뿐, 입장과 해석, 가치판단이 보류된 채, 심사와 결정에 관한 모든 사항은 4·3위원회에 위임된다.[25] '희생자'의 '정의'가 바뀌지 않음으로써 '희생당한 주민'(1조)의 범주를 둘러

싼 논쟁 역시 진전 없이 반복되게 됐다.

'누가 희생자인가'를 둘러싼 갈등과 알력 다툼은 2000년의 법 제정을 전후한 시기까지 거슬러 올라갈 수 있는데, 지난한 논쟁을 거친 끝에 4·3위원회는 '제주4·3사건 발발에 직접적인 책임이 있는 남로당 제주도당의 핵심간부'와 '군·경의 진압에 주도적·적극적으로 대항한 무장대 수괴급 등'을 '희생자 범위에서 제외 대상'으로 합의하고, 그러할 때 '행위를 객관적으로 입증할 수 있는 구체적이고 명백한 증거자료'가 전제되어야 한다는 내용을 포함해 '희생자 심의·결정 기준'을 확정 지었다.[26] 그러한 기준에 따라 '희생자에서 제외 대상'을 특정하고, 신고된 사람 가운데 '제외 대상'을 선별하는 방식으로 현재까지 1만 4천577명의 '희생자'를 공식 인정해 왔다.

이로 인해 다종다양한 죽음 혹은 실종, 부상, 감금의 이력을 갖는 주체들의 사회적 지위는 '희생자'로 일원화되는 한편, '희생자'와 '희생자 제외 대상'이라는 서열화된 구도로 재편되게 됐다. 4·3에 연루됐던 사람들의 공적 신분은 크게 '토벌대'와 '주민'이 '희생자'로 재구성되고, 무장대 가운데서도 '남로당 제주도당의 핵심간부'와 '무장대 수괴급 등'으로 지목된 사람들은 '자유민주적 기본질서 및 대한민국의 정체성을 훼손'한 것으로 간주하여 제외됐다. 이로써 본래의 사전적 의미나 살상 현장에서 생환한 사람들의 체험과 기억, 근친을 잃은 유족들의 실감과 달리 '희생자'는 토벌대와 주민만을 포괄하는 한편, 무장대를 제외하는 방식으로 2000년 이후 제주/한국 사회에서 재구성되는 개념으로 이해하지 않으면 안 되게 됐다.[27]

'제외 대상'에 저촉되지 않는 토벌대와 주민이 '희생자'로 재편되고, 과거청산 국면에서 '희생자'가 모든 성원의 목소리를 대변하는 상징적 주체로 등장함에 따라 사건의 성격이나 인명피해에 대한 해석에도 새로운 이해가 필요하게 됐다. 그럼에도 불구하고 '희생자'로 회수되지 않는 개개인 사이의 구체적인 가해와 피해를 둘러싼 사실관계와 그에 대한 질문은 과거청산의 쟁점에서 주변화되게 됐고, 다종다양한 경험과 기억은 '희생자'의 서사로 일원화, 균질화되는 동시에 '희생자'와 '제외 대상'(non-victims)이라는 서열과 위계가 작동하는 구조로 재편되게 됐다.[28]

그림2 제주4·3평화공원 내 위패봉안소. '희생자'의 역할과 효과가 상징적으로 드러나는 장소이다.[29]

그로 인해 구체적인 가해와 피해의 사실, 가해와 피해라는 극단적 구도로는 수렴될 수 없는 관계의 실체가 더욱 불명료해져버렸다. 가해와 피해의 구분 기준, 혹은 양극단 사이에 존재하는 개개인들의 다층적인 경험과 관계의 역동, 파편화된 기억에 대한 재평가는 보류된 채 탈맥락화된 '희생자'만이 등장함으로써, 4·3의 기억을 획일화하고 4·3의 유산에서 저항의 의미를 탈각시켜버렸다.

4·3위원회의 '희생자' 정책은 무장대를 '주민'(2조)에서 분리시킨다. 그러나 그렇다고 해서 과거청산의 법과 제도가 무장대를 가해자로 구도화하는 것도 아니다. 2021년의 전부개정에서 새롭게 등장한 '가해자'(4조) 또한 이러한 역학관계를 반영한 개념이라 할 수 없다.[30] 4·3특별법과 과거청산은 '희생자'를 선별하여 공식화할 뿐 특정 대상을 가해자로 규정하지 않고, 따라서 가해자를 선별하기 위한 기준도 존재하지 않는다. 오직 '제외 대상'으로 분류된 무장대만 과거청산의 대상에서 배제된 채 '희생자'도 아닌 그렇다고 가해자도 아닌, 애매모호한 '보류의 영역'으로 재위치되었다.

공적 기관에서 발표된 인명피해 통계에서 가해자를 명시한 사례가 없었던 것은 아니다. 제주도의회 4·3특별위원회가 1994년부터 5년간 신청받은 '4·3피해신고서'를 토대로 집계된 '4·3 피해조사현황(가해자별)'을 보면, 전체 1만 2천 240명 중 토벌대 1만 277명, 무장대 1천 353명, 기타 209명, 분류불능 404명으로 확인된다.[31] 또

2000년 이후 제주4·3위원회에 접수된 '희생자 신고서'를 토대로 분류된 '가해 유형별 희생자 현황'은 토벌대 84.4%, 무장대 12.3%'로 발표된 바 있다.[32] 그러나 여기서 언급되는 가해자란 특정 기간 동안 제주도의회나 4·3위원회에 수리된 '신고서'에 근거하여 간행된 보고서 상의 표현에 지나지 않는다. 때문에 '누구를 가해자로 볼 것인지', '누구를 가해자에서 제외할 것인지'와 같은 논의가 공론장에서 다루어진 적이 없고, 공적 영역에서 가해자를 심의·결정하기 위한 기준도 없다. 과거사 해결은 오로지 '희생자로 인정할 것인가, 제외할 것인가'의 양자택일 구도에서 행정기관을 통해 접수된 신고서 상의 인물을 심사하여 선별할 뿐이다.[33]

주민과 토벌대가 유일하게 공식화의 대상이 되는 구조는 과거청산의 논점에서 무장대가 상징하는 항쟁의 역사를 후경화하고 저항의 기억을 말소시키는 데에도 기여해 왔다. 무장대를 '희생자'에서 제외함으로써 그들의 사상과 행동, 기억은 '희생자'에게만 자격을 부여하는 과거청산의 무대에 들어설 수 있는 기회를 박탈당했다. 통일정부를 갈망하는 민중의 의지[34], 섬 공동체의 자치지향성[35], 외부세력에 대한 반격[36]이라는 역사성 역시 소위 '4·3정신'으로 주목받지 못하게 됐다. 부당한 공권력 행사에 대한 도민들의 저항 표현은, 한국사회에서 4·3이 현재화되는 과정에 강하게 개입되는, '국민화합'(4·3특별법 1조)[37]이나 '대한민국의 정체성'(4·3위원회의 '희생자 심의·결정 기준'), '화해와 상생'(4·3특별법 16조)과 같은 이념에 압도되어 다시 금기의 영역으로 회귀되어 버린다.

이처럼 '희생자'는 2000년 이후에 4·3이 공적 영역에서 법적, 제도적으로 재평가되는 과정에서 제주/한국 사회의 갈등과 합의 과정을 통해 새롭게 등장한 집단으로, 공적 해결의 주요 성과로 공표되는 한편, 4·3을 둘러싼 복합적인 갈등 지형을 단순화시키는 데 효과적인 장치로 역할하게 됐다.

3. 2. '사건'이라는 퇴행

닫힌 결말, 불가역적 종결을 의미하는 '완전한 해결'이 짧은 시간에 대중언어로 정착될 수 있었던 데는 '희생자'의 역할이 커 보인다. 사건의 복잡한 역학 구도를 단순화시킴으로써 현재화, 기억화, 제도화 과정에서 터져 나올 수 있을 다양한 목소리를 묶음 처리하는 데 '희생자'가 활용됐기 때문이다.[38] 공적 기념비에 각명되고 추념식에서 호명될 수 있는 대상을 '희생자'로 특정하는 재구성의 정치(politics of reconstruction)를 재생산해온 결과, 무장대를 제외하고 토벌대와 주민을 '희생자'로 일괄하는 법과 제도, 정책, 사회적 합의를 문제시하는 공론장도 형성되기 어려울 가능성이 커졌다.[39] '희생자'를 위한 법과 그들의 처우를 개선하기 위한 프로그램이 세분화되면서, '희생자'의 역사성에 부합되지 않는, 가령 저항의 경험과 기억을 추체험할 수 있는 기회 역시 더 줄어들게 됐다.

차별을 구조화하는 과거청산의 전략과 방법론이 법 개정으로 인해 고도화되어 가는 상황은 '제주4·3사건'의 '정의'를 명시하는 2조가 2000년 이래 바뀌지 않는 현실을 통해서도 확인할 수 있다.

물론 4·3특별법 2조를 개정하려는 시도가 없었던 것은 아니다. '사건'이라는 공식 명칭과 그것을 각명하지 않는 '백비' 간의 긴장관계가 촉발한 정명(正名) 논쟁이 법 개정 움직임으로 발전된 것은 20대 국회에서였다. 2021년 개정법의 토대가 이때 만들어졌는데, 십수 년간의 진상조사 성과를 반영하여 '사건'의 '정의'를 재정의하는 작업이 본격적으로 착수됐던 것이다. 이러한 작업은 '제주4·3사건'을 '1947년 3월 1일'과 '1948년 4월 3일', '1954년 9월 21일'이라는 시간축 위에 '소요사태'와 '무력충돌', '진압'으로 정의한 2000년 제정법이 사건의 배경과 원인, 전개과정을 왜곡한다는 문제 의식을 바탕에 두고 있다. [40]

[2] 미군정기인 1947년 3·1절 기념행사에서 발생한 경찰의 발포사건을 기점으로 하여 경찰과 서북청년회의 탄압에 대한 제주도민의 저항과 단독선거, 단독정부 반대를 기치로 1948년 4월 3일 남로당 제주도당을 중심으로 한 무장대가 봉기한 이래, 대한민국 정부 수립 이후 1954

년 9월 21일 한라산 통행금지가 전면 해제될 때까지 무장대와 토벌대 간의 무력충돌과 토벌대의 진압과정에서 수많은 제주도민이 희생당한 사건.[41]

위와 같이, 2000년 제정법의 '소요사태'와 대조적으로, 2017년의 개정 발의안은 『제주4·3사건진상조사보고서』(2003)의 결론을 반영하여 '소요사태'를 '저항', '봉기'로 바꾸고, 그것이 '경찰과 서북청년회의 탄압'에 대한 방어적, 대항적 성격이었음을 명확하게 표현했다[2].[42] '미군정기'나 '단독선거, 단독정부', '대한민국 정부 수립', '한라산 통행금지'처럼 도민들의 저항과 희생이 어떠한 시대적 배경과 국면 속에서 발생됐는지에 대해서도 보강됐다. 그러나 20대 국회 임기 만료와 함께 법안은 자동 폐기됐고, 정의 조항의 개정 논의도 중단되어버렸다.

그 후 2020년 7월 전부개정법률안이 새롭게 발의됐다. 20대 국회에서 제안됐던 개정안의 주요 내용을 계승하면서도, 정의 조항은 개별 사건 간의 인과관계를 더 구체화하는 방향으로 수정된 것이다. 4·3위원회의 진상조사 성과가 반영되어 47년과 48년, 54년 사이의 공백이 메꾸어지기는 했지만, 각각의 개별 사건을 병렬식으로 나열함으로써 시기별로 '중요한 경과를 반영하는 선'[43]에 그쳤기 때문이다.

[3] 1947년 3·1절 기념행사에서 경찰발포에 의한 민간인 사망사고를 계기로 저항과 탄압, 1948년 4월 3일의 봉기에서 1954년 9월 21일 한라산 금족령의 해제까지 무력충돌과 공권력의 진압과정에서 민간인이 집단적으로 희생된 사건.[44]

'계기로'라는 용어가 상징하는 것처럼, 새로운 '정의'는 47년의 3·1절 기념행사와 48년 봉기 간의 관계를 보다 명확하게 표현하고자 했다[3]. 공청 과정에서는 '사망사고'라는 중립적인 개념 대신 '살상사건'으로 수정하자는 의견이 제시되기도 했다.[45]

그리고 7개월간의 법안 심사를 거쳐 2021년 2월, 우여곡절 끝에 전부개정안이 국회에서 통과되게 됐다. 그러나 이 역시도 개정 법률에는 포함되지 못했다. 2조는 개정 대상에서 제외된 채 2000년의 제정법 그대로 유지되어 버렸다[1].

[1] 1947년 3월 1일을 기점으로 1948년 4월 3일 발생한 소요사태 및 1954년 9월 21일까지 제주도에서 발생한 무력충돌과 그 진압과정에서 주민들이 희생당한 사건.[46]

수년간의 숙의와 공론 과정을 거쳐 이룬 전부개정의 위상과 의의, 기대에도 불구하고 '정의' 조항은 20여 년째 바뀌지 않았고,

1947년 3월 1일과 48년 4월 3일을 전후로 발생한 사건들과 도민들의 집단행동은 여전히 2000년 제정법의 역사인식을 반영하는 '소요사태'로 규정되게 됐다. 개정법을 21년간의 '진상조사 결과의 후속조치'로 의미화하고, 특히 '사건의 진상이 충실히 드러나고 희생자들의 명예회복에 기여하기'[47] 위해 무엇보다 2조가 개정되어야 한다는 주장이 지속적으로 제기되어 왔지만, 결국 개정 목록에는 포함되지 않게 됐다.

대규모 인명 피해의 배경과 원인을 어떻게 규정할 것인가를 둘러싼 역사 갈등은 2000년 법 제정 당시에도 여당과 야당, 그리고 시민사회 진영 간에 극명하게 드러났고, 이는 법 제정 마지막 단계까지 '논란의 불씨'였다.[48] 그 후 특별법 개정을 위해 마련된 토론장에서 2조를 개정해야 한다는 의견이 강하게 제기됐지만 매번 우선 순위에 포함되지 못했다.[49]

'사건을 어떻게 정의할 것인가'에 대한 갈등과 합의는 과거청산을 둘러싼 다양한 알력의 상호작용을 상징적으로 나타내준다. 2000년 제정법 상의 '소요사태'는 2년 6개월여의 진상조사를 거쳐 발간된 『제주4·3사건진상조사보고서』와 이를 토대로 기획된 노무현 대통령의 발표문에서 이미 '봉기'로 전환된 바 있다. 그리고 대통령의 사과 표명이 그 후 수차례 더 이루어졌지만 '소요사태'로 회귀된 적은 없었다. 그럼에도 2021년의 개정법은 사건을 여전히 '소요사태'로 정의함으로써 과거청산의 궤적과 성과에 역행하는, 퇴행적인 해석을 채택해 버리고 말았다. 이행기의 시간성과 무관하게, '소요사태'라는 잔재는 지난 20여 년간 이어져온 피해자들의 분투와 역사인식의 변혁에도 불구하고, 과거청산의 사회화가 요원한 우리의 현실을 방증한다.

3. 3. '보상금'의 성격

수차례의 개정 시도에도 불구하고 유독 '정의' 조항이 바뀌지 않은 이유는 무엇일까. 법 개정에 핵심적으로 참여한 인사들은 '야당과의 이견'[50]이나 '국회 논의과정에서 심한 칼질'[51], '정부 쪽의 난색'[52] 등으로 회고하지만, 그 이유를 단지 외부에서 비롯된 불가항력적 요인으로만 설명될 수 있을까. 오히려 발의법에서 비중 있게 제시됐던 새로운 '정의'가 개정법에 최종적으로 반영되지 못했을 때 질타나 아쉬움, 자성과 성찰을 요청하는 어떠한 목소리도 제기되지 않았던 무반응 현상이 이러한 물음을 이해하는 데 도움이 될지 모른다.

무엇보다 16조 집행에 유리한 조건을 확보하려 했던 것, 즉 '희생자로 결정된 사람'에게 보상금이 지급될 수 있는 정치적, 사회적 환경 조성이 더 우선시되어야 하고, '소요사태'라는 규정이 비록 구시대의 잔재라 하더라도 보상 프로세스의 안정성을 해칠 수 있다면 협상 테이블에 안건으로 올라서는 안 된다고 본 암묵적인 합의에 주목해볼 필요가 있다.

'저항'이라는 2조의 이상과 '보상'이라는 16조의 현실을 양립시키기 어려운 상황을 인지하고, 16조가 안정적으로 수행되기 위해 2조의 변혁이 초래할지 모를 불안정성은 제거되어야 했다. '희생자'에 대한 '보상금' 지급이 과거청산 후속 조치의 최우선순위로 부상된 상태에서 '정의'를 개정하는 데 발생하는 갈등 혹은 지체는 감수될 수 없는 선택지였다. 2000년 제정법의 한계를 인정하고 20여 년간의 과거청산 성과를 반영해 법 조항을 갱신함으로써 사건의 '정의'를 교정하기 위한 노력은 엄중한 현실에서 포기할 수밖에 없었던 것이었다.

'어둠에서 빛으로', '침묵에서 외침으로'와 같은 구호가 상징하는 것처럼 한편에서는 진보와 발전의 도식 위에서 성공적인 운동 서사를 써 내려가면서도 4·3의 법적 '정의'를 20여 년째 바꾸지 않은 현실은 결국 과거청산 추진 세력들의 전략적 판단이 작용한 결과였다. 다양한 이해관계가 충돌하는 상황에서 16조의 안정적인 운용을 의식해서 내려진 것이다. 그 점에서 '보상금'은 일종의 사고정지를 반영하게 된 '정의'와 밀접한 상관관계를 가지게 됐고, 21년의 시차를 지닌 두 조항이 병존하는 기이한 현상은 '4·3 문제 해결에 새로운 해법을 찾을 수 있는 대전환점'[53]으로 규정되는 이행기 현상을 이해하는 데 중요한 시사점을 제시한다.

16조의 성격은 2조에 의해 결정된다. '보상금'은 '소요사태'라는 '사건'의 '정의', 그리고 주민과 토벌대만을 일괄하는 '희생자'의 '정의'와 무관할 수 없다. 그런 만큼 22년부터 지급되는 '보상금'이 어떠한 환경에서 어떠한 타협과 절충을 통해 무엇을 포기하고 쟁취한 성과인지, 어떠한 용어 정의에 기반한 돈인지 꼼꼼히 따지지 않으면 안 되게 됐다.[54] '유족'과 '상속인(청구권자)'이 보상 이후의 시대를 어떻게 영위하는지에 대한 관찰과 분석 역시 소홀히 해서는 안 될 것이다.

4·3특별법 2기 체제에서 보상 대상을 '희생자'로 한정한다는 사회적 합의는 47~48년의 '저항'과 '봉기'를 '소요사태'로 회귀시켜 다른 '정의'를 수용하지 않으려는 전략과 밀접하게 연관되고, 이는 4·3에 연루됐던 사람들을 '희생자'로 일원화, 균질화하는 한편, '희생자'와 비(非) '희생자'로 위계화, 서열화하는 과거청산의 방식을 고착화한다. '저항'과 '봉기'가 개정법에 전면화되지 않음으로써 '남로당 제주도당의 핵심간부' 등을 제외 대상으로 특정하는 4·3위원회의 '희생자' 선별 기준도 계속해서 당위성을 유지할 수 있게 됐다.

4·3특별법이 21년에 두 차례 개정되는 동안 16조의 명칭이 '위자료 등'에서 '보상금'으로 바뀌고, 금액 산정 기준을 비롯하여 신청-

심의-지급에 관한 절차가 구체적으로 표현됐다. 이러한 발 빠른 갱신은 4·3 문제 해결에 대한 정부와 국회의 확고한 실천 의지를 나타낸다. 그러나 이는 어디까지나 '희생자' 연대 안에서의 유의미한 전환일 뿐, 위자료든 보상금이든 모두 '희생자'에게만 지급될 수 있도록 대상을 한정하고, '희생자'로 결정되지 못한 사람을 외부화시킨다는 점에서 차이를 발견하기 어렵다.

또한 2000년 제정법은 적용 대상을 4·3에 연루됐던 모든 사람으로 설정했지만, 21년 개정법을 토대로 추진하게 될 보상금 지급은 그 가운데서도 '희생자'만을 대상으로 특정한다. "국가가 희생자로 결정된 사람에게 보상금을 지급한다."(16조)는 조항은 무장대를 배제해 왔던 과거청산 방식이 개정법 이후에도 계승, 심화되는 사태를 예견한다. '보상에 관한 구체적 사항'[55]은 어디까지나 '희생자'에게만 적용되는 것으로, 그 점에서 법 개정 이후의 과거청산의 시야가 편협해질 가능성이 더 커졌다.

4. 끝의 서막

개정법은 '희생자'에 대한 '보상'에 단초를 제공함으로써 '과거사 정리의 큰 전기'[56]를 마련할 것으로 평가된다. 그러나 그간의 성과에 역행하는 '사건'의 정의는 21년째 변화가 없고, '보상금'을 비롯하여 기획될 앞으로의 과거청산 프로그램 역시 '소요사태'라는 인식적 토대 위에 법률의 적용 대상을 '희생자'로 협소화시키게 됐다. 16조를 구체화하는 과정에서 '보상금'의 차등 지급으로 인한 공동체 갈등을 우려한 나머지 균분 지급 방식으로 의견이 모아졌지만,[57] 이것은 어디까지나 '희생자'에게만 적용되는 논리일 뿐 보상금 집행 과정에서 '희생자'와 비 '희생자' 간의 구분과 차이는 더욱 선명해질 것이고, '희생자' 자격을 얻지 못한 혹은 박탈된 사람들은 더욱 논외 대상으로 밀려나게 됐다.

보상금(16조) 외에도 의견을 제출할 권리(3조)나 불이익 처우 금지(8조), 권익보호(13조), 의료지원금 및 생활지원금(19조), 실종선고 청구에 대한 특례(20조), 공동체 회복(22조), 트라우마 치유사업(23조), 기념사업(24조)의 적용 대상 역시 모두 '희생자' 혹은 그들의 '유족'으로 국한된다. 또한 20조와 21조(인지청구의 특례)는 16조와 긴밀하게 연동되어, 공적 기록상의 혈연관계 정리가 많은 경우 적법한 보상 절차를 밟기 위한 사전 단계로 인식되어버린다. '희생자'와 비 '희생자' 간의 '기울어진 운동장'은 고착화될 것으로 보이며, 대통령이 예고한 '제주의 봄'의 온기는 공평하지 않게 전파될 가능성이 커졌다.

2021년의 법 개정 이전에는 '희생자'의 공적 승인을 둘러싼 갈등이 신고 창구에서 혹은 4·3위원회의 회의석상에서, 법정에서, 4·3 평화공원의 각명비 곳곳에서 발생했지만, '유족'이 갈등의 당사자로 부상되는 일은 거의 없었다. 그러나 2기 체제에서 보상 프로그램이 시작되면, '유족' 혹은 '상속인'이 중요한 행위자로 등장하게 되면서 '누가 청구권자인가', '누가 우선 순위를 갖는가'를 둘러싼 다툼이 벌어질 가능성이 높아지게 됐다.[58]

'16조(보상금)'의 이상과 현실이 타협점을 찾고 나랏돈이 '유족' 혹은 '상속인'에게 입금되어 갈수록 4·3 이후 70년 넘게 역할해온 사람들 간의 암묵적 양해에 균열이 생길 가능성이 예견되는 것은 그 때문이다. 보상이 현실화되고 그에 따른 여러 격차가 부각되게 되면 마을 주민 간, 친족 간, 혹은 세대 간의 사회적, 심리적 불평등은 더 가중될 수 있다. 그때는 이미 '재판상 화해가 성립'(18조의3)되어 버린 상태로 간주되어 국가가 더 이상 문제 해결의 당사자로 나서지 않을 가능성이 크다.

갈등의 책임이 오롯이 개인에게 떠넘겨져 보상으로 인한 생채기가 집 안에 갇혀 곪아버릴 수도 있다. 새로운 4·3특별법이 초래할 사회문제가 그제서야 가십거리로 소비되지 않도록, 단선적 이행 모델을 전제로 하는 과거청산의 방향성을 상대화할 시각과 문법 형성이 무엇보다 중요한 이유는 그 때문이다.

선별의 정치와 위계질서가 격화되면서 갈등과 위화감은 잠재되

그림3 개정법이 초래할 사회 문제와 이에 대한 대응을 촉구하는 목소리는 오사카에서 처음 나왔다.[59]

어온 국적의 유무와 차이, 친족 성원으로서의 의무와 부채감, 홀로 감내해온 고통들을 소환해버릴지도 모른다. 4·3 시기 제주를 탈출한 많은 사람들이 피난처로 택했던 오사카(大阪) 역시 예외일 수 없다. 4·3특별법 16조의2에 따라 설치될 '대한민국 재외공관의 보상금 접수처'가 한국과 일본, 북한을 가교해온 초국적 혹은 무국적 가족의 성원 모두에게 열려 있는 곳은 아니기 때문이다.[60]

20여 년의 역사성을 무색하게 하는 '소요사태', '희생자', '사건' 위에, 법 개정으로 인해 새롭게 등장하게 된 '가해자'(4조), '보상금'(2,

16조 등), '공동체'(16, 22조), '트라우마'(23조), '화해'(4, 16, 18의3조), '상생'(16조)이 촉발할 사회 현상을 이해하기 위해서는 또 어떠한 관점과 분석틀이 필요할까.[61] 불완전성을 내재하는 '완전한 해결'이 어떠한 상태의 돌이킬 수 없는 마무리를 의미한다면, 이러한 말들은 어쩌면 끝의 서막을 알리는 징후가 되지 않을까.

참고문헌

제주4·3사건, 민족자결권과 저항권
(이재승)

1. 단행본

강경선, 2017, 『헌법전문주해』, 에피스테메.

게인, 마크, 편집부 역, 1986, 『해방과 미군정: 1946. 10-1946. 11』, 까치.

교과서포럼, 2008, 『대안교과서 한국 근·현대사』, 기파랑.

롤스, 존, 황경식 역, 2003, 『정의론』, 이학사.

미드, 그란트, 안종철 역, 1993, 『주한미군정연구』, 공동체.

梶村秀樹 외, 김동춘 엮음, 1988, 『한국현대사연구Ⅰ』, 이성과현실사.

박찬표, 2007, 『한국의 국가형성과 민주주의』, 후마니타스.

송광성, 1993, 『미군점령4년사』, 한울.

양정심, 2008, 『제주4·3항쟁-저항과 아픔의 역사』, 선인.

양조훈, 2015, 『4·3 그 진실을 찾아서』, 선인.

여운형, 2004, 『조선독립의 당위성(외)』, 범우.

제주4·3사건진상규명및피해자명예회복위원회, 2003, 『제주4·3사건진상조사보고서』, 제주
    4·3사건진상규명및피해자명예회복위원회.

커밍스, 브루스, 김자동 역, 1986, 『한국전쟁의 기원』, 일월서각.

풀러, 론, 박은정 역, 2015, 『법의 도덕성』, 서울대학교 출판문화원.

허호준, 2021, 『4·3, 미국에 묻다』, 선인.

Benvenisti, Eyal, 2012, *The International Law of Occupation*, Oxford U. P.

Bordwell, Percy, 1908, *The Law of War between Belligerents: A History and Commentary*, Callaghan.

Cassese, Antonio, 1995, *Self-determination of peoples*, Cambridge U. P.

Cristescu, Aureliu, 1981, *The Right to Self-Determination: Historical and Current Development on the Basis of United Nations Instruments, Untied Nations*, New York.

Crawford, James(ed.), 1988, *The Rights of Peoples*, Oxford U. P.

Dinstein, Yoram, 2009, *The International Law of Belligerent Occupation*, Cambridge U. P.

Friedrich, Carl J.(ed), 1948, *American Experiences in Military Government in World War II*, Reinhardy & Company.

Garner, James Wilford, 1920, *International Law and the World War* Vol.2, Longmans, Green and Co.

Gordenker, Leon, 1959, *the United Nations and the Peaceful Unification of Korea. The Politics of Field Operations 1947-1950*, Martinus Nijhoff.

Gross, Aeyal, 2017, *The Writing on the Wall: Rethinking the International Law of Occupation*, Cambridge U. P.

Henckaerts, Jean Marie & Doswald-Beck, Louise, 2005, *Customary International Humanitarian Law*, Vol. I, Cambridge U. P.

The Judge Advocate General's School, 1944, *Law of Belligerent Occupation*, Ann Arbor.

Longobardo, Marco, 2018, *The Use of Armed Force in Occupied Territory*, Cambridge U. P.

Matte-Blanco, Ignacio, 1975, *The Unconsciousness as infinite Sets: An Essay in Bi-logic*, Kamack.

Nabulsi, Karma, 1999, *Traditions of War: Occupation, Resistance, and the Law*, Oxford U. P.

Oppenheim, L., 2005, *International Law: An Treatise*, Vol.II, The Lawbook Exchange.

Rousseau, Jean-Jacques, Victor Gourevitch(ed.), 1997, *The Social Contract and other later political writings*, Cambridge U. P.

2. 논문

김득중, 2016, 「제2차세계대전후 미국의 군사점령논리와 냉전-에른스트 프랭켈의 국제법적 분석을 중심으로-」, 『동북아시아역사논총』 51호, 93-123쪽.

박명림, 1988, 「제주도 4·3민중항쟁에 관한 연구」, 고려대학교 석사학위논문.

송기춘, 2006, 「미군정하 군정재판에 관한 소고」, 『공법학연구』 12-5, 275-300쪽.

안준형, 2018, 「해방직후 주한미군정의 국제법적 성격-주류적 견해에 대한 비판적 접근」, 『서울국제법연구』 25-2, 51-88쪽.

오승진, 2016, 「국제법상 제노사이드금지하 국가의 책임-제주4·3사건에 대한 미국의 책임을 중심으로」, 『국제법학회논총』 61-4, 121-141쪽.

오윤석, 2004, 「제주4·3사건에 관한 국제법적 고찰」, 『법학연구』 15-1, 299-331쪽.

이기범, 2014, 「'국제점령법' 체계에서 1907년 헤이그 육전규칙 제43조의 실효성」, 『국제법평론』 40, 97-123쪽.

이재승, 2016, 「대칭성 법학」, 『민주법학』 61, 11-48쪽.

이춘선, 2017, 「해방직후 미군정에 대한 국제법적 검토-한국의 국가성과 제주4·3사건을 중심으로」, 『국제법학회논총』 62-2, 177-199쪽.

조동걸, 1987, 「임시정부 수립을 위한 1917년의 '대동단결선언'」, 『한국학논총』 9, 123-48쪽.

Baxter, Richard, 1950, "The Duty of Obedience to the Belligerent Occupant", *British Yearbook of International Law*, Vol. 27, pp.235-266.

Ben-Naftali, Orna & Gross, Aeyal & Michaeli, Keren, 2005, "Illegal Occupation: Framing the Occupied Palestinian Territory", *Berkeley Journal of International Law*, Vol. 23, pp.551-614.

Benvenisti, Eyal, 2003, "The Security Council and the Law of Occupation: Resolution 1483 on Iraq in Historical Perspective", *IDF Law Review*, Vol.1, pp.19-38.

Benvenisti, Eyal & Keinan, Guy, 2010, "The Occupation of Iraq: A Reassessment", *International Law Studies*, Vol. 86, pp.263-286.

Berman, Nathaniel, 1988-1989, "Sovereignty in Abeyance: Self-determination and International Order", *Wisconsin International Law Journal*, Vol. 7, pp.52-106.

Bowring, Bill, 2008, "Positivism versus Self-determination: the contradiction of Soviet international law", Marks, Susan(ed.), *International Law on the Left*, Cambridge U. P., pp.133-168.

Campanelli, Danio, 2008, "The law of occupation put to the test of human rights law", *International Review of the Red Cross*, Vol. 90. No. 871, pp.653-668.

Cohen, Jean L., 2006, "The Role of International Law on Post-Conflict Constitution-Making: Toward a *Jus Post Bellum for interim Occupation*," *New York Law School Law Review*, Vol. 51, pp.498-532.

Dowdeswell, Tracy Leigh, 2017, "The Brussels Peace Conference of 1874 and the Modern Laws of Belligerent Qualification", *Osgoode Hall Law Journal*, Vol. 54, pp.805-850.

Fox, Gregory, 2005, "The Occupation of Iraq", *Georgetown Journal of International Law*, pp.195-297.

Fraenkel, Ernst, 1999, "Korea-ein Wendepunkt im Völkerrecht?(1951)", *Ernst Fraenkel Gesammelte Schriften Band 3: Neuaufbau der Demokratie in Deutschland und Korea*, Nomos, pp.491-540.

Hannum, Hurst, 1993, "Rethinking Self-Determination", *Virginia Journal of International Law*, Vol. 34, pp.1-69.

Joenniemi, Pertti & Roberts, Adam, 1974, "Civil Resistance and the Military Occupation", *Instant Research on Peace and Violence*, Vol. 4, pp.38-46.

Mallison, W. T. & Jabri, R. A., 1974, "Juridical Characteristics of Belligerent Occupation and the Resort to Resistance by the Civilian Population: Doctrinal Development and Continuity", *George Washington Law Review*, Vol. 42, pp.185-221.

McCordale, Robert, 1994, "Self-determination: A Human Rights Approach", *International and Comparative Law Quarterly*, Vol. 43, pp.857-885.

Kelsen, Hans, 1944, "The International Legal Status of Germany to be Established Immediately upon Termination of the War", *The American Journal of International Law*, Vol. 38, pp.518-526.

Laun, Kurt v., 1951, "The Legal Status of Germany," *The American Journal of International Law*, Vol. 45, pp.267-285.

Mutua, Makau, 2000, "What is TWAIL?", *Proceedings of the ASIL Annual Meeting*, Vol. 94, pp.31-38.

Oppenheim, L., 1917, "On War Treason", *Law Quarterly Review*, Vol. 33, pp.266-286.

Razmetaeva, Yulia, 2014, "The Right to Resist and The Right of Rebellion", Jurisprudence, Vol. 21, pp.758-783.

Roberts, Adam, 2006, "Transformative Military Occupation: Applying the Laws of War and Human Rights," *The American Journal of International Law*, Vol. 100, pp.580-622.

Roberts, Adam, 2017, "Resistance to Military Occupation: An Enduring Problem in International Law", *American Journal of International Law*, Vol.111, AJIL Unbound, pp.45-50.

Saul, Matthew, 2010, "The Impact of the legal Right to Self-determination on the Law of Occupation as a Framework for Post-conflict State Reconstruction", N. Quenivet and S. Shah(eds.) *INTERNATIONAL LAW AND ARMED CONFLICT*, T.M.C Asser Press, pp.398-416.

Schweisfurth, Theodor, 1995, "GERMANY, OCCUPATION AFTER WORLD WAR II", *The Max Planck Encyclopedia of Public International Law*, Vol. II, pp.582-590.

Tierney, Brian, 1983, "Tuck on Rights: Some Medieval Problems", *History of Political Thought*, Vol. 4, pp.429-441.

Zemach, Ariel, 2015, "Can Occupation Resulting from a War of Self-Defense Become Illegal?", *Minnesota Journal of International Law*, Vol. 24, pp.313-350.

3. 기타 자료

김종배, "4·3도화선이 된 3·1절 발포사건", 제주의 소리(2003년 12월 1일), http://www.jejus ori.net/news/articleView.html?idxno=386, 검색일: 2021년 7월 30일.

서중석, "해방정국 좌우합작 지지 많았다", 한겨레신문(2003년 11월 28일), https://news.nav er.com/main/read.nhn?mode=LSD&mid=sec&sid1=103&oid=028&aid=0000034590, 검색일: 2021년 7월 30일.

양정심, "1947년 3월 1일, "통일독립전취" 목소리가 울려 퍼졌다", 오마이뉴스(2018년 3월 13일), http://www.ohmynews.com/NWS_Web/View/at_pg.aspx?CNTN_CD=A00 024 13359, 검색일: 2021년 7월 30일.

정인보, 〈광복 선열의 영령 앞에 삼천만 다함께 머리 숙이자〉, 동아일보(1946년 3월 1일). http://egloos.zum.com/jayouropen/v/4687614, 검색일: 2021년 7월 30일.

제주4·3사건진상규명및희생자명예회복에관한특별법의결행위취소등 (2001. 9. 27. 2000헌 마238·302(병합) 전원재판부).

조선공산당,〈민주주의 조선의 건설-3·1운동 27주년 기념문〉, 1946년 3월 1일, http://egloos. zum.com/jayouropen/v/4687614, 검색일: 2021년 7월 30일.

ICRC, Occupation and international humanitarian law: questions and answers, 2 August 2014, https://www.icrc.org/en/doc/resources/documents/misc/634kfc.htm, 검색일:

2022년 12월 30일.

IMT Judgement: The Law Relating to War Crimes and Crimes Against Humanity",
http://avalon.law.yale.edu/imt/judlawre.asp, 검색일: 2021년 7월 30일.

Nasri, Reza, "The West's Illegal "transformative Occupations"", The National Interest, 2 April
2014, https://nationalinterest.org/commentary/the-wests-illegal-transformative-occu
pations-10172, 검색일: 2021년 7월 30일.

President Woodrow Wilson's fourteen points, 1 January 1918, http://avalon.law.yale.
edu/20th_century/wilson14.asp, 검색일: 2021년 7월 30일.

President Wilson's Address to Congress, Analyzing German and Austrian Peace Utterances,
11 February 1918, http://www.gwpda.org/1918/wilpeace.html, 검색일: 2021년 7월 30일.

Ticehurst, Rupert, "The Martens Clause and the Laws of Armed Conflict", International
Review of the Red Cross, no. 317, 30 April 1997, https://www.icrc.org/en/doc/resourc
es/documents/article/other/57jnhy.htm, 검색일: 2021년 7월 30일.

재일 제주인의 시각에서 본 제주4·3-과거청산의 아포리아: 법정립적 폭력
(문경수)

1. 단행본

金時鐘, 2015, 『朝鮮と日本に生きる-済州島から猪飼野へ』, 岩波書店.

박찬식, 2008, 『4·3과 제주역사』, 각.

재일제주인의 생활사를 기록하는 모임, 김경자 역, 2015, 『재일제주인의 생활사 2-고향의 가
족, 북의 가족』, 선인.

제주4·3사건진상규명및희생자명예회복위원회, 2003, 『제주4·3사건진상조사보고서』.

제주4·3사건진상규명및희생자명예회복위원회, 2008, 『화해와 상생-제주4·3위원회 백서』.

제주4·3연구소편, 2009, 『그늘 속의 4·3-死·삶과 기억』, 선인.

진실·화해를위한과거사정리위원회, 2010, 『진실화해위원회 종합보고서(1)』.

Jon Elster, 최용주 역, 2022, 『책장 덮기-역사적 관점에서 본 이행기 정의』, 진인진.

李光奎, 1983, 『在日韓國人-生活實態를 中心으로』, 一潮閣.

武野義治, 1954, 「密入国の概況」, 『警察学論集』7-5, 立花書房.

金本春子·金性鶴, 2004, 『HARUKO-母よ!引き裂かれた在日家族』, フジテレビ出版.

金廣烈, 2010, 「一九四〇年代日本の渡日朝鮮人に対する規制政策」, 『帝国日本の再編と二つ
     の〈在日〉-戦前, 戦後における在日朝鮮人と沖縄人』, 明石書店.

金石範·金時鐘, 2015, 『なぜ書きつづけてきたかなぜ沈黙してきたか-済州島4·3事件の記憶
     と文学』, 平凡社.

金太基, 1997, 『戦後日本政治と在日朝鮮人問題』, 勁草書房.

金昌厚, 2010, 『漢拏山(ハルラサン)へひまわりを―済州島四·三事件を体験した金東日の歳
     月』, 新幹社.

高誠晩, 2017, 『〈犠牲者〉のポリティクス: 済州4·3/沖縄/台湾2·28 歴史清算をめぐる苦悩』,
     京都大学学術出版会.

朴日粉, 2011, 『いつもお天道さまが守ってくれた―在日ハルモニ·ハラボジの物語』, 梨の木舎.

朴沙羅, 2017, 『外国人をつくりだす-戦後日本における「密航」と入国管理制度の運用』, ナカ
     ニシヤ出版.

文京洙, 2018, 『済州島四·三事件―「島のくに」の死と再生の物語』, 岩波書店.

玄吉彦, 玄善允訳, 2016, 『島の反乱, 一九四八年四月三日 済州四·三事件の真実』, 同時代社.

法務省入国管理局編, 1981, 『出入国管理の回顧と展望』, 法務省入国管理局.

松本邦彦, 1996, 『GHQ日本占領史⑯外国人の取扱い』, 日本図書センター.

Walter Benjamin, 野村修 訳, 1994, 『暴力批判論 他十篇 ベンヤミンの仕事1』, 岩波書店.

2. 논문

고현범, 2010, 「현대 폭력론에 관한 연구-발터 벤야민의 「폭력 비판론」에 대한 데리다의 독해를 중심으로」, 『대동철학』 50.

이영재, 2015, 「다층적 이행기 정의의 포괄적 청산과 화해 실험-진실화해위원회의 진실·화해 모델을 중심으로」, 『정신문화연구』 38-4.

이재승, 2021, 「제주4·3항쟁론과 자결권」, 『일감법학』 49.

장제형, 2019, 「법의 수행성과 자기해체-벤야민과 데리다의 법과 폭력 비판」, 『人文學研究』 32.

정근식, 2020, 「5월운동의 성과와 한계-과거청산과 이행기 정의 사이에서」, 『경제와 사회』 126.

황정아, 2012, 「법의 폭력, 법 너머의 폭력」, 『인문논총』 67.

황현숙, 2014, 「민주화 이후 한국의 과거청산-진실화해위원회의 성과와 한계를 중심으로」, 서강대학교 일반대학원 정치외교학과 석사학위논문.

UN. Secretary-General, 2004, The rule of law and transitional justice in conflict and post-conflict societies : report of the Secretary-General, *UN. SECURITY COUNCIL*.

藤永壯ほか, 2008, 「解放直後·在日済州島出身者の生活史調査(5·上)-高蘭姫さんへのインタビュー記録」, 『大阪産業大学論集. 人文·社会科学編』 2.

森田芳夫, 1955, 「在日朝鮮人処遇の推移と現状」, 『法務研究報告書』 第43集第3号, 法務研修所.

3. 기타 자료

「제주4·3사건 진상규명 및 희생자 명예회복에 관한 특별법 전부개정 법률안」, 『4·3과역사』 17, 506-519쪽.

「[토요인터뷰] 6월에 활동 끝나는 진실화해위 이영조 위원장」, 중앙일보 2010. 4. 24.

東風 + PLACE TO BE編, 2022, 『スープとイデオロギー(ヤン·ヨンヒ監督)公式プログラム』, 東風 + PLACE TO BE.

가라앉은 기억들-반공주의와 개발이라는 쌍생아
(김동현)

1. 단행본

가라타니 고진, 박유하 역, 2001,『일본 근대문학의 기원』, 민음사.

김동윤, 2008,『제주문학론』, 제주대학교출판부.

김병택, 2010,『제주 예술의 사회사 상·하』, 보고사.

김영화, 2000,『변방인의 세계』, 제주대학교출판부.

에드워드 사이드, 박형규 역, 2014,『문화와 제국주의』, 문예출판사.

이문교, 1997,『제주언론사』, 나남출판.

제주대학교 탐라문화연구소 편, 1995,『濟州文學, 1900-1949』, 제주대학교 탐라문화연구소.

조르조 아감벤, 양창렬 역, 2010,『장치란 무엇인가』, 난장.

제주민주화운동사료연구소 편, 2014,『제주민주화운동 사료집 1』, 제주민주화운동사료연구소

제주4·3사건진상규명및희생자명예회복위원회, 2003,『제주4·3사건진상조사보고서』.

현기영, 1999,『지상에 숟가락 하나』, 실천문학사.

高誠晚, 2017,『〈犧牲者〉のポリティクス: 済州4·3 / 沖縄 / 台湾2·28 歴史清算をめぐる苦悩』, 京都大学学術出版会.

杉原達, 1998,『越境する民-近代大阪の朝鮮人史研究』, 新幹社.

2. 논문

강재언, 1996,「제주도와 대판(大阪)-대판(大阪)에서의 동아통항조합과 노동운동」,『제주도연구』13.

김건우, 2009,「1964년 담론지형-반공주의, 민족주의, 민주주의, 자유주의, 성장주의」,『대중서사연구』15.

이병재, 2015, 「이행기정의와 인권-인과효과분석을 위한 틀」, 『국제정치논총』 55-3.

이영재, 2012, 「이행기정의의 본질과 형태에 관한 연구: 공감적 정의 원리를 중심으로」, 『민주주의 인권』 12-1.

조성윤·문형만, 2000, 「지역주민 운동의 이념과 조직-제주도 송악산 지구 군사기지 건설 반대 운동을 중심으로」, 한국사회학회 사회과학대회 논문집.

3. 기타 자료

월간제주(1968~1980, 1989), 월간제주사.

제주4·3평화공원 조성의 정치학-폭동론의 '아른거림'과 세 곳의 여백
(김민환)

1. 단행본

김종민, 1999, 「4·3 이후 50년」, 『제주4·3연구』, 역사비평사.

박명림, 1999, 「민주주의, 이성, 그리고 역사이해-제주4·3과 한국현대사」, 『제주4·3연구』, 역사비평사.

제민일보 4·3취재반, 1994, 『4·3은 말한다 ①』, 전예원.

제주4·3사건진상규명및희생자명예회복위원회, 2003, 『제주4·3사건진상조사보고서』.

제주4·3사건진상규명및희생자명예회복위원회, 2008, 『화해와 상생-제주4·3위원회 백서』.

제주도·제주발전연구원, 2001, 『제주4·3평화공원 조성 기본계획』.

조현연, 2000, 『한국 현대정치의 악몽: 국가폭력』, 책세상.

2. 논문

고성만, 2005, 「제주4·3담론의 형성과 정치적 작용」, 『4·3과 역사』 5, 각.

고성만, 2008, 「4·3위원회의 기념사업에서 선택되고 제외되는 것들」, 『역사비평』 82, 역사비평사.

김동춘, 2000, 「민간인 학살 문제 왜, 어떻게 해결되어야 하나」, 『전쟁과 인권-학살의 세기를 넘어서』(한국전쟁 전후 민간인 학살 문제에 대한 학술 심포지움 발표문집).

김민환, 2012, 「동아시아의 평화기념공원 형성과정 비교연구: 오키나와, 타이페이, 제주의 사례를 중심으로」, 서울대학교 대학원 박사학위논문.

김백영·김민환, 2008, 「학살과 내전, 담론적 재현과 공간적 재현의 간극: 거창사건추모공원의 공간분석」, 『사회와역사』 78.

김영범, 2003, 「기억에서 대항기억으로, 혹은 역사적 진실의 회복」, 『민주주의와 인권』 3-2.

박경훈, 2008, 「4·3평화기념관의 문제점 분석과 대안 모색」, 제주4·3연구소 창립 제19주년 기념 학술심포지엄 발표문집 『4·3 평화와 기억』.

박찬식, 2007, 「'4·3'의 公的 인식 및 서술의 변천」, 『한국근현대사연구』 41.

양정심, 2000, 「제주4·3특별법과 양민학살담론, 그것을 뛰어 넘어」, 『역사연구』 7.

정근식, 2007, 「광주민중항쟁에서의 저항의 상징 다시 읽기: 시민적 공화주의를 중심으로」, 중앙대학교 콜로키움 발표문.

정근식, 2009, 「한국의 민주화와 이행기 정의 또는 '과거청산'」, 臺灣歷史與人權跨學科學生交流工作坊 발표문.

3. 기타 자료

편집부, 2002a, 「4·3평화공원 현상공모의 문제덩어리들」, 『제주문화예술』 6.

편집부, 2002b, 「4·3평화공원 당선작과 낙선작 비교」, 『제주문화예술』 6.

「김대중 작가의 '미군정의 실체'」, 한겨레신문 2008. 4. 18. 25면.

「'아름다운 공원', '성령의 연못'」제주의소리 2010. 8. 10. (http://www.jejusori.net/news/art icleView.html?idxno=85906#).

「대통령 4·3 불참, 보수측 이념 공세 때문?」노컷뉴스 2014. 4. 3. (http://www.nocutnews.co. kr/news/4000020, 4월 17일 검색).

한라일보 2011. 4. 1. (http://www.ihalla.com에서 '현수막 위패'로 검색).

제주4·3 트라우마와 치유의 정치

(김종곤)

1. 단행본

미셸 드기, 2005,「고양의 언술」,『숭고에 대하여』문학과지성사.

박찬승, 2011,『민족·민족주의』소화.

샹탈 무페, 이보경 역, 2007,『정치적인 것의 귀환』후마니타스.

양정심, 2008,『제주4·3항쟁-저항과 아픔의 역사』선인.

엠마누엘 레비나스, 강영안 역, 2004,『시간과 타자』문예출판사.

이재승, 2014,「화해의 문법-시민정치가 희망이다」,『트라우마로 읽는 대한민국』역사비평사.

자크 랑시에르, 양창렬 역, 2008,『정치적인 것의 가장자리에서』길.

제프리 C. 알렉산더, 박선웅 역, 2007,『사회적 삶의 의미: 문화사회학』한울아카데미.

제프리 버튼 러셀, 최은석 역, 1999,『악마의 문화사』황금가지.

조르조 아감벤, 박진우 역, 2008,『호모 사케르』새물결.

주디스 허먼, 최현정 역, 2009,『트라우마』플래닛.

황상익, 1999,「의학사(醫學史)적 측면에서 본 '4·3'」,『4·3연구』역사비평사.

허영선, 2014,『제주4·3을 묻는 너에게』서해문집.

현기영, 2012, 「쇠와 살」, 『20세기 한국소설 36』, 창비.

2. 논문

김명희, 2015a, 「고통의 의료화-세월호 트라우마 담론에 대한 실재론적 검토」, 『보건과 사회
과학』 38.

김명희, 2015b, 「세월호 이후의 치유-제프리 알렉산더의 '외상 과정' 논의를 중심으로」, 『문화
와 사회』 19.

김종민, 1998, 「제주4·3항쟁-대규모 민중학살의 진상」, 『역사비평』 42, 역사비평사.

박명림, 2015, 「'세월호 정치'의 표층과 심부: 인간, 사회, 제도」, 『역사비평』 110, 역사비평사.

육영수, 2011, 「상흔의 역사에서 치유의 역사학으로-3가지 유형」, 『4·3과 역사』 11, 각.

한순미, 2009, 「고통, 말할 수 없는 것: 역사적 기억에 대해 문학은 말할 수 있는가」, 『호남문화
연구』 45.

3. 기타 자료

「제주4·3이 뼛속까지 남긴 상처 '트라우마' 치유되나」 제주의소리 2015. 1. 16.

「'그날'의 악몽 68년째…떨치지 못한 제주4·3 트라우마」 제주의소리 2016. 3. 28.

『제주신보』 1960. 5. 26.

오사카 4·3운동이 구축하는 로컬적 화해 실천

(이지치 노리코)

1. 단행본

김창후, 2017, 『4·3으로 만나는 자이니치』, 진인진.

재일제주인의 생활사를 기록하는 모임, 김경자 역, 2012,『재일제주인의 생활사 1-안주의 땅을 찾아서』, 선인.

재일제주인의 생활사를 기록하는 모임, 김경자 역, 2015,『재일제주인의 생활사 2-고향의 가족, 북의 가족』, 선인.

藤永壯, 2012,「第二次大戰後における済州島民の日本への「密航」について」,『東アジアの間地方交流の過去と現在-済州と沖縄・奄美を中心にして』, 彩流社, pp. 143-164.

伊地知紀子, 2000,『生活世界の創造と実践-韓国・済州島の生活誌から』, 御茶の水書房.

金石範・金時鐘, 2001,『なぜ書きつづけてきたか　なぜ沈黙してきたか-済州4・3事件の記憶と文学』, 平凡社.

金良淑, 2002,「クッ」,『在日コリアン辞典』, 明石書店, pp. 126-127.

金良淑, 2018,「巫俗信仰――一万八千の神々が宿る島」,『済州島を知るための55章』, 明石書店, pp. 64-69.

高誠晩, 2017,『〈犠牲者〉のポリティクス-済州4・3 / 沖縄 / 台湾二・二八　歴史清算をめぐる苦悩』, 京都大学出版会.

桝田一二, 1976,『桝田一二地理学論文集』, 弘詢社.

文京洙, 2008,『済州島四・三事件―「島(タムナ)のくに」の死と再生の物語』, 岩波書店.

文京洙, 2018,「済州島の「4・3運動」「4・3特別法」までの道のり」,『済州島を知るための55章』, 明石書店, pp. 291-295.

村上尚子, 2010,「凍りついた記憶-済州4・3事件と在日朝鮮人」,『漢拏山へひまわりを-済州島4・3事件を体験した金東日の歳月』, 新幹社, pp. 189-209.

2. 논문

藤永壯, 1999,「総論――一九九八年済州島国際シンポジウムを振り返る」, 国際シンポジウム日本事務局(出版部).

玄武岩, 2007, 「密航・大村収容所・済州島-大阪と済州島を結ぶ「密航」のネットワーク」, 『現代思想』35-7, 青土社, pp.158-173.

林志弦, 2017, 「グローバルな記憶空間と犠牲者意識-ホロコースト、植民地主義ジェノサイド、スターリニズム・テロの記憶はどのように出会うのか一」, 『思想』1116, 岩波書店, pp.55-73.

梶村秀樹, 1985, 「定住外国人としての在日朝鮮人」, 『思想』732, 岩波書店.

徐勝, 2000, 「双勝と慈悲-朝鮮半島における和解・協力・統一」, 『現代思想』28-13, 青土社, pp.70-77.

松田素二, 2000, 「共同体の正義と和解-過去の償いはいかにして可能か」, 『現代思想』28-13, 青土社, pp.122-133.

梁優子, 2019, 「済州4・3運動」「個から考える」, 『女性・戦争・人権』17, pp.78-84.

村上尚子, 2005, 「プランゲ文庫所蔵の在日朝鮮人刊行新聞にみる済州4・3認識　一九四八-一九四九」, 『在日朝鮮人史研究』35.

3. 기타 자료

呉光現, 2018, 「和解としての「済州4・3」7〇周年＝立場を認め合って」, 和解学の創成～正義ある和解を求めて～(http://www.prj-wakai.com/essay/300/, 2021. 7. 18. 검색)

4·3특별법의 고도화, 과거청산의 편협화
(고성만)

1. 단행본

고호성, 2017, 「4·3특별법 제정의 경과」, 『제주4·3 70년 어둠에서 빛으로』, 제주4·3평화재단.

김동춘, 2013, 『이것은 기억과의 전쟁이다-한국전쟁과 학살, 그 진실을 찾아서』, 사계절.

김종민, 2017, 「4·3희생자 확정」, 『제주4·3 70년 어둠에서 빛으로』, 제주4·3평화재단.

박찬식, 2008, 『4·3과 제주역사』, 각.

양정심, 2008, 『제주4·3항쟁-저항과 아픔의 역사』, 선인.

양조훈, 2017, 「4·3특별법 제정 운동」, 『제주4·3 70년 어둠에서 빛으로』, 제주4·3평화재단.

제주도의회 4·3특별위원회, 2000, 『제주도4·3피해조사보고서(2차 수정·보완판)』.

제주4·3사건진상규명및희생자명예회복위원회, 2003, 『제주4·3사건진상조사보고서』.

제주4·3사건진상규명및희생자명예회복위원회, 2008, 『화해와 상생-4·3위원회 백서』.

제주4·3평화재단, 2020, 『제주4·3사건추가진상조사보고서 Ⅰ』.

文京洙, 2008, 『済州島四·三事件―「島のくに」の死と再生の物語』, 平凡社.

Boraine, Alex, 2001, *A Country Unmasked: Inside South Africa's Truth and Reconciliation*, New York: Oxford University Press(=下村則夫, 2008, 『国家の仮面が剥がされるとき―南アフリカ「真実和解委員会」の記録』, 第三書館).

2. 논문

고성만, 2010, 「4·3 과거청산과 '희생자'-재구성되는 죽음에 대한 재고」, 『탐라문화』 38.

고성만, 2021, 「4·3 '희생자'의 변용과 활용-무장대 출신자의 과거청산 경험을 사례로」, 『사회와 역사』 129.

김민환, 2012, 「동아시아의 평화기념공원 형성과정 비교연구-오키나와, 타이페이, 제주의 사례를 중심으로」, 서울대학교 대학원 사회학과 박사학위논문.

김민환, 2014, 「전장(戰場)이 된 제주4·3평화공원-폭동론의 '아른거림(absent presence)'과 분열된 연대」, 『경제와 사회』 102.

문성윤, 2006, 「4·3특별법의 주요 내용과 성격」, 『4·3과 역사』 6, 각.

정한샘, 2022, 「'제주4·3사건 진상규명 및 희생자 명예회복에 관한 특별법'상 유족의 범위와 보상금 수령권자에 대한 검토」, 『법조협회』 71-6.

제주4·3연구소, 2004, 「제주4·3특별법 개정을 위한 도민 토론회」, 『4·3과 역사』 4, 각.

3. 기타 자료

고호성, 2022, 「제2강: 제주4·3특별법의 이해」, '주제별 제주4·3 바로알기' 대중강좌 자료집.

문성윤, 2021, 「제주4·3사건 진상규명 및 희생자 명예회복에 관한 특별법 일부개정법률안' 검토의견」, '제주4·3사건 진상규명 및 희생자 명예회복에 관한 특별법 일부개정법률안' 공청회 자료집.

이재승, 2020a, 「4·3특별법의 개정방향」, '4·3특별법' 개정을 위한 토론회 자료집.

이재승, 2020b, 「검토의견: '제주4·3사건법' 전부개정안」, 제주4·3사건 진상규명 및 희생자 명예회복에 관한 특별법 전부개정법률안 공청회 자료집.

양조훈, 「우리는 또다시 해냈습니다」, 제민일보 2021. 3. 2.

오영훈, 「4·3특별법 개정 논의상황」, 2021. 1. 11.

제주도 특별자치행정국 보도자료, 「4·3사건 희생자 보상금 1차 신청자 70% 심사 마무리-22년 1차 보상 신청자 중 제주실무위원회 95%, 중앙위원회 70% 심사」, 2023. 1. 12.

제주도 관광교류국 보도자료, 「"4·3 정의로운 해결 재일본 희생자·유족 소외 안 돼"-오영훈 도지사, 통국사 위령비 참배 및 유족 간담회 개최」, 2023. 1. 30.

제주4·3희생자유족회, 「성명서」, 2021. 2. 26.

제주4·3진실규명을 위한 도민연대 준비위원 일동, 「제주4·3사건진상규명 및 희생자명예회복에 관한 특별법 전부개정 법률안에 대한 우리의 입장」, 2018. 1. 19.

행정안전부, 「제주4·3희생자 보상 실시, 과거사 문제 완결을 위한 한 걸음」, 2021. 10. 28.

헌법재판소, 2001, 「제주4·3 사건 진상규명 및 희생자 명예회복에 관한 특별법 의결행위취소 등-2001. 9. 27. 2000 헌마 238, 302 병합 전원재판부」, 『헌법재판소 판례집』 13-2.

「제주4·3사건 진상규명 및 희생자 명예회복에 관한 특별법(법률 제17963호)」, 2020. 1. 12.

「제주4·3사건 진상규명 및 희생자 명예회복에 관한 특별법 일부개정법률안(제주4·3사건 진상규명과 희생자 명예회복 및 보상 등에 관한 특별법안)」, 2017. 12. 18.

「제주4·3사건 진상규명 및 희생자 명예회복에 관한 특별법 전부개정법률안(의안번호:2102388)」, 2020 .7. 27.

「제주4·3사건 진상규명 및 희생자 명예회복에 관한 특별법 일부개정법률안(의안번호:13015)」, 2021. 10. 28.

「문재인 "4·3특별법 공포…70년 만에 정의실현 다행"」, 제주의소리 2022. 1. 4.

「보상 길 열린 '노근리 사건' 유족 "치유 늦었지만 환영"」, 한겨레 2021. 9. 30.

「여순사건특별법 제정② '73년의 한'…특별법 의미와 과제」, 매일경제 2021. 6. 30.

「이낙연 "제주4·3 '완전한 해결'에 함께하겠다"」, 연합뉴스 2021. 2. 28.

「'제주4·3' 피해자, 2022년 국가 배·보상 받는다」, 한국일보 2020. 12. 15.

「제주4·3 희생자 배·보상액 1조3천억원…과거사 관련 최대 규모」, 연합뉴스 2021. 10. 8.

「제주4·3 희생자 '위자료' 지원…액수·지급범위 등 과제 많아」, 한겨레 2021. 3. 8.

「제주 4·3 70년 특집-비극은 평화와 만나야 한다」, 한겨레21 1204호(제주4·3 70년 특집호), 2018. 3. 26.

「4·3희생자 보상 제주특별법 개정안 통과 의미와 과제」, 한라일보 2021. 12. 10.

「문재인 대통령의 추념사」, 제70주년4·3추념식 2018. 4. 3.

「오영훈 의원, 마침내 "제주4·3 희생자 보상 규정 담은 '제주4·3' 특별법 일부개정법률안 발의"」, 대한뉴스 2021. 10. 28.

「오영훈 의원, 4·3 특별법 어떻게 되고 있나?」, 제주도민일보 2021. 1. 11.

주석

비판적 4·3 연구를 열어가며
(고성만)

1) 제주4·3 제50주년 기념사업추진 범국민위원회, 1999, 『제주 4·3 연구』, 역사비평사.

2) 김종민, 1999, 「4·3 이후 50년」, 『제주 4·3 연구』, 역사비평사, 338-424쪽. 강조는 필자가 한 것이다.

3) 위상에 미묘한 차이가 있지만, 『제주4·3사건진상조사보고서』(2003) 이후 세부 영역별로 추가적인 사실이 더해져 『제주4·3사건추가진상조사보고서』(2020)가 발표됐다.

4) 최근 '사건'의 종점을 둘러싼 논란이 '희생자'를 선별, 심의하는 자리에서 불거졌다. 1956년 5월 서귀포시 남원리 목장지대에서 폭발물에 의해 사망한 10세, 13세 어린이의 '희생자' 심사에서 보류 결정이 내려진 것이 대표적인 사례다. 2022년 7월 20일 열린 제주4·3위원회 제30차 회의에서는 이들의 사망 시점이 4·3사건법에 명시된 4·3사건 외의 시기라는 점에서 희생자로 인정되지 못했다. 「폭발물에 죽은 10살~13살 꼬마들이 4.3희생자 결정 왜 보류됐나」, 『제주의소리』, 2022. 7. 22.

5) 한편, '누구든지 공공연하게 희생자나 유족을 비방할 목적으로'라는 단서가 달려 있기는 하지만, 개정법 제13조(희생자 및 유족의 권익 보호)에 '제주4·3사건의 진상조사 결과 및 제주4·3사건에 관한 허위의 사실을 유포하여 희생자, 유족 또는 유족회 등 제주4·3사건 관련 단체의 명예를 훼손하여서는 아니 된다'는 조항은 자칫 이러한 시도를 위축시킬 수도 있어 우려된다.

6) 현기영, 1978, 『순이삼촌』, 창작과비평사.

7) 이창기, 1999, 『제주도의 인구와 가족』, 영남대학교출판부.

8) 권귀숙, 2006, 『기억의 정치-대량학살의 사회적 기억과 역사적 진실』, 문학과지성사.

제주4·3사건, 민족자결권과 저항권

(이재승)

1) 교과서포럼, 2008, 『대안교과서 한국 근·현대사』, 기파랑, 144쪽.

2) 메릴, 존, 1988, 「제주도의 반란」, 『한국현대사연구 Ⅰ』, 이성과현실사, 135-204쪽.

3) 5·10 선거거부는 미군정 당국자들에게는 점령의 실패로 여겨져 강경진압의 배경으로 작
   용하였다. 허호준, 2021, 『4·3, 미국에 묻다』, 선인, 16쪽.

4) 박명림, 1988, 「제주도 4·3민중항쟁에 관한 연구」, 고려대학교 석사학위논문; 송광성, 1993,
   『미군점령4년사』, 한울, 75쪽 이하.

5) 양정심, "1947년 3월 1일, "통일독립전취" 목소리가 울려 퍼졌다", 오마이뉴스(2018년 3월
   13일), http://www.ohmynews.com/NWS_Web/View/at_pg.aspx?CNTN_CD=A0002413
   359, 검색일: 2021년 7월 30일.

6) 오윤석, 2004, 「제주4·3사건에 관한 국제법적 고찰」, 『법학연구』 15-1, 299-331쪽; 오승진,
   2016, 「국제법상 제노사이드금지와 국가의 책임-제주4·3사건에 대한 미국의 책임을 중심
   으로」, 『국제법학회논총』 61-4, 121-141쪽; 이춘선, 2017, 「해방직후 미군정에 대한 국제법
   적 검토-한국의 국가성과 제주4·3사건을 중심으로」, 『국제법학회논총』 62-2, 177-199쪽.

7) 점령군의 법령이 국내법으로서 점령법이라면, 국제점령법은 유엔헌장, 유엔 및 안보리의
   결의, 개별조약, 헤이그협약(1907), 제네바협약(1949) 및 동협약에 대한 제1추가의정서
   (1977)와 국제관습인도법 중 점령상황을 규율하는 법을 가리킨다. 제네바협약에 대한 제2
   추가의정서(1977)는 점령법은 아니지만 1948년 8월 15일 이후 상황에 고려할 규범이다.

국제인권법도 오늘날에는 점령상황을 통제하는 규범이라는 점에 의문이 없다.

8) 이 글에서는 민족자결권 또는 간단히 자결권이라는 개념을 사용한다. 그러나 유엔헌장, 자유권규약, 지역적 인권규약은 등은 자결권(right of self-determination)의 주체를 민족(nation)이 아닌 인민(people)으로 규정한다. people은 역사적 전통, 인종적 또는 민족적 정체성, 문화적 동질성, 언어적 통일, 종교적 이데올로기적 친연성, 영토적 결집, 공통의 경제생활, 일정 수준의 인구규모까지 포함하는 인구집단을 의미한다. McCordale, Robert, 1994, "Self-determination: A Human Rights Approach", International and Comparative Law Quarterly, Vol. 43, p.857(n. 52).

9) 상호성과 대칭성에 대해서는 론 풀러, 박은정 역, 2015, 『법의 도덕성』, 서울대학교 출판문화원, 48쪽 이하; 이재승, 2016, 「대칭성 법학」, 『민주법학』 61, 11-48쪽. 대칭성 사고에 대해서는 Matte-Blanco, Ignacio, 1975, The Unconsciousness as infinite Sets: An Essay in Bi-logic, Kamack.

10) Campanelli, Danio, 2008, "The law of occupation put to the test of human rights law", International Review of the Red Cross, Vol. 90. No. 871, pp.666-668.

11) 롤스, 존, 황경식 역, 2003, 『정의론』, 이학사, 52쪽 이하.

12) 송기춘, 2006, 「미군정하 군정재판에 관한 소고」, 『공법학연구』 12-5, 275-300쪽; 점령당국의 조치에 대한 사법적 통제의 국제적인 사례들에 대해서는 Benvenisti, Eyal, 2012, The International Law of Occupation, Oxford U. P., pp.318-347.

13) "수괴급 공산무장병력지휘관 또는 중간간부로서 군경의 진압에 주도적·적극적으로 대항한 자, 모험적 도발을 직·간접적으로 지도 또는 사주함으로써 제주4·3사건 발발의 책임이 있는 남로당 제주도당의 핵심간부, 기타 무장유격대와 협력하여 진압 군경 및 동인들의 가족, 제헌선거관여자 등을 살해한 자, 경찰 등의 가옥과 경찰관서 등 공공시설에 대한 방화를 적극적으로 주도한 자와 같은 자들은 '희생자'로 볼 수 없다." 제주4·3사건진상규명및희생자명예회복에관한특별법의결행위취소등 (2001. 9. 27. 2000헌마238·302(병합) 전

원재판부).

14) 라스 카사스의 인권론에 대해서는 Tierney, Brian, 1983, "Tuck on Rights: Some Medieval Problems", History of Political Thought, Vol. 4, pp. 429-441.

15) 제1차 세계대전 이전 자결권을 둘러싼 볼셰비키적 관념과 오스트로-마르크스주의적 관념의 대립상에 대해서는 Bowring, Bill, 2008, "Positivism versus Self-determination: the contradiction of Soviet international law", Marks, Susan(ed.), International Law on the Left, Cambridge U. P., pp. 133-168.

16) President Woodrow Wilson's fourteen points, 8 January 1918, http://avalon.law. yale.edu/20th_century/wilson14.asp, 검색일: 2021년 7월 30일.

17) Hannum, Hurst, 1993, "Rethinking Self-Determination", Virginia Journal of International Law, Vol. 34, pp. 1-69; 상해에서 신한청년당을 결성한 여운형은 1918년《신한청년》창간호의 "윌슨 미국 대통령에게"라는 글에서 민족자결의 원칙을 거론하며 조선독립을 동양평화와 세계평화의 전제라고 밝혔다. 여운형, 2004, 『조선독립의 당위성(외)』, 범우, 27-33쪽.

18) President Wilson's Address to Congress, Analyzing German and Austrian Peace Utterances, 11 February 1918, http://www.gwpda.org/1918/wilpeace.html, 검색일: 2021년 7월 30일.

19) Crawford, James(ed.), 1988, The Rights of Peoples, Oxford U. P., p. 162.

20) Berman, Nathaniel, 1988-1989, "Sovereignty in Abeyance: Self-determination and International Order", Wisconsin International Law Journal, Vol. 7, pp. 52-106.

21) 조동걸, 1987, 「임시정부 수립을 위한 1917년의 '대동단결선언'」, 『한국학논총』 9, 123-48쪽.

22) 헌법전문에 대한 해설로는 강경선, 2017, 『헌법전문주해』, 에피스테메, 74쪽 이하.

23) 자결권의 역사적 전개에 대해서는 Cristescu, Aureliu, 1981, The Right to Self-Determi

nation: Historical and Current Development on the Basis of United Nations Instruments, Untied Nations, New York.

24) Cassese, Antonio, 1995, Self-determination of peoples, Cambridge U. P., p. 11.

25) 정인보, "광복 선열의 영령 앞에 삼천만 다함께 머리 숙이자", 동아일보, 1946년 3월 1일; 조선공산당, "민주주의 조선의 건설-3·1운동 27주년 기념문", 1946년 3월 1일. 두 문서 모두 http://egloos.zum.com/jayouropen/v/4687614, 검색일: 2021년 7월 30일.

26) 브루스 커밍스, 김자동 역, 1986, 『한국전쟁의 기원』, 일월서각, 345쪽 이하; 양정심, 2008, 『제주4·3항쟁-저항과 아픔의 역사』, 선인, 27쪽 이하.

27) 당시 동맹휴업에 참여한 중고등학생들의 주장에 대해서는 김종배, "4·3도화선이 된 3·1절 발포사건", 제주의 소리(2003년 12월 1일), http://www.jejusori.net/news/articleView.html?idxno=386, 검색일: 2021년 7월 30일.

28) 제주4·3특별법 제2조 1. "제주4·3사건"이란 1947년 3월 1일을 기점으로 1948년 4월 3일 발생한 소요사태 및 1954년 9월 21일까지 제주도에서 발생한 무력충돌과 그 진압과정에서 주민들이 희생당한 사건을 말한다.

29) 냉전구도 아래 제주4·3사건에 접근하려는 시도는 허호준(2021), 앞의 글, 23쪽 이하.

30) '1946년 가을'부터 민중저항에 대한 미군정의 무력진압이 전쟁을 방불케 한다는 관찰은 게인, 마크, 편집부 역, 1986, 『해방과 미군정: 1946.10-1946.11』, 까치, 65쪽 이하.

31) 2021년 7월 31일 현재 4·3위원회의 공식집계에 따르면 제주4·3사건의 희생자(사상자 및 실종자)는 14,533명에 이른다. 희생자 중 8할이 군경 및 토벌대에 의한 피해이고, 나머지는 무장대에 의한 피해로 추정하고 있다.

32) 대구시의회는 대구지역의 저항을 "10월항쟁"으로 정명하는 조례를 제정하였고, 대구시는 2020년에 희생자를 위해 위령탑을 건립하였다.

33) 게인(1986), 앞의 글, 110쪽.

34) 제주4·3사건진상규명및희생자명예회복위원회, 2003, 『제주4·3사건진상조사보고서』,

539쪽; 양조훈, 2015, 『4·3 그 진실을 찾아서』, 선인, 83쪽 이하.

35) 자결권의 대세적 의무에 대해서는 East Timor (Port. v. Austl.), 1995 I.C.J. 90, 102 (June 30).

36) Mutua, Makau, 2000, "What is TWAIL?", Proceedings of the ASIL Annual Meeting, Vol. 94, pp. 31-38.

37) 독일의 법적 지위를 설명하는 데에 전시점령(occupatio bellica), 복속(debellatio), 무주지(terra nullius), 신탁통치(trusteeship), 개입점령(occupatio interveniens), 혼성점령(occupatio mixta) 등 다양한 용어가 등장하였다. Schweisfurth, Theodor, 1995, "GERMANY, OCCUPATION AFTER WORLD WAR II", The Max Planck Encyclopedia of Public International Law, Vol. II, p. 588.

38) Kelsen, Hans, 1944, "The International Legal Status of Germany to be Established Immediately upon Termination of the War", The American Journal of International Law, Vol. 38, pp. 518-526.

39) Laun, Kurt v., 1951, "The Legal Status of Germany," The American Journal of International Law, Vol. 45(1951), pp. 267-285.

40) 헤이그협약(1907) 육전규칙 제43조. "정당한 권력이 사실상 점령군에게 이관되면 점령군은 절대적인 지장이 없는 한 점령지의 현행법을 존중하며, 가능한 한 공공의 질서 및 안녕을 회복하고 확보하기 위하여 권한 내에 있는 모든 조치를 취하여야 한다."

41) 이기범, 2014, 「'국제점령법' 체계에서 1907년 헤이그 육전규칙 제43조의 실효성」, 『국제법평론』 40, 97-123쪽.

42) Benvenisti, Eyal, 2003, "The Security Council and the Law of Occupation: Resolution 1483 on Iraq in Historical Perspective", IDF Law Review, Vol. 1, pp. 20-22.

43) 보존주의 원칙이라는 용어를 폭스가 처음 사용하였다. Fox, Gregory, 2005, "The Occupation of Iraq", Georgetown Journal of International Law, p. 263; 안준형, 2018, 「해

방직후 주한미군정의 국제법적 성격-주류적 견해에 대한 비판적 접근」,『서울국제법연구』25-2, p. 28; Gross, Aeyal, 2017, The Writing on the Wall: Rethinking the International Law of Occupation, Cambridge U. P., p. 18.

44) Roberts, Adam, 2006, "Transformative Military Occupation: Applying the Laws of War and Human Rights,"The American Journal of International Law, Vol. 100, p. 580.

45) 프랑켈은 현대국제법에서 무주지 개념이 불가능한 것이지만 한반도에 자체 정부가 존재하지 않았다는 특수성(식민지)으로 인해 한국을 무주지(terra nullius)로 부른다. 그러나 프랑켈의 주권이해는 해당 지역의 주민보다는 국가와 정부에 편향되었다고 볼 수 있다. Fraenkel, Ernst, 1999, "Korea-ein Wendepunkt im Völkerrecht?(1951)", Ernst Fraenkel Gesammelte Schriften Band 3: Neuaufbau der Demokratie in Deutschland und Korea, Nomos, p. 494; 김득중, 2016,「제2차세계대전후 미국의 군사점령논리와 냉전-에른스트 프랑켈의 국제법적 분석을 중심으로-」,『동북아시아역사논총』51호, 93-123쪽.

46) 에른스트 프랑켈,1988,「주한미군정의 구조」,『한국현대사연구 Ⅰ』,이성과현실사, 1988, pp. 93-107; 이춘선(2017), 앞의 글, 187쪽; 안준형(2018), 앞의 글, 51-88쪽.

47) Friedrich, Carl J.(ed), 1948, American Experiences in Military Government in World War Ⅱ, Reinhardy & Company, pp. 3-22.

48) Cassese, Antonio(1995), 앞의 글, p. 99.

49) Ben-Naftali, Orna & Gross, Aeyal & Michaeli, Keren, 2005, "Illegal Occupation: Framing the Occupied Palestinian Territory", Berkeley Journal of International Law, Vol. 23, pp. 551-614.

50) Benvenisti, Eyal(2003), 앞의 글, p. 33.

51) Zemach, Ariel, 2015, "Can Occupation Resulting from a War of Self-Defense Become Illegal?", Minnesota Journal of International Law, Vol. 24, pp. 313-350.

52) Gross, Aeyal(2017), 앞의 글, p. 2 참조.

53) Definition of Aggression, United Nations General Assembly Resolution 3314 (XXIX), 14 December 1974.

54) Resolution 1483, S/res/1483(2003).

55) ICJ, Legality of the Threat or Use of Nuclear Weapons, Advisory Opinion, ICJ Reports 1996, para. 25.; ICJ, Legal Consequences of the Construction of a Wall in the Occupied Palestinian Territory, Advisory Opinion, ICJ Reports 2000m para.106; ICJ, Armed Activities on the Territory of the Congo, Judgment, ICJ Reports 2005, para. 216.

56) Benvenisti, Eyal & Keinan, Guy, 2010, "The Occupation of Iraq: A Reassessment", International Law Studies, Vol. 86, p.274.

57) Benvenisti(2012), 앞의 책, pp.326-327.

58) 적십자사는 점령을 규율하는 열여섯 가지 주요 원칙을 제시한다. ICRC, Occupation and international humanitarian law: questions and answers, 2 August 2004, https://www. icrc.org/en/doc/resources/documents/misc/634kfc.htm, 검색일: 2022년 12월 30일.

59) Ben-Naftali & Gross & Michaeli(2015), 앞의 글 참조.

60) 아랍인권헌장 제1조. ①모든 민족은 자결권, 자신의 부와 천연자원에 대하여 통제할 권리를 가지며, 정치체계를 자유로이 선택하고 자신의 경제적, 사회적, 문화적 발전을 자유로이 추구할 권리를 가진다. ②모든 민족은 국가적 주권과 영토적 완전성에 대한 권리를 가진다. ③모든 형태의 인종주의, 시온주의, 외국의 점령과 지배는 인간존엄에 대한 침해이며 민족의 근본적 권리들의 행사에 주요한 장애물이다. 이러한 모든 관행들은 반드시 비난받아야 하고 이를 제거하기 위한 노력이 반드시 경주되어야 한다. ④모든 민족은 외국의 점령에 저항할 권리를 가진다.

61) HRC General Comment No. 12; CERD General Recommendation No 21; 자유권규약위원회(HRC)는 자결권(제1조)이 집단적 권리이므로 제1선택의정서상 개인통보대상으로 보지 않는다. Ivan Kitok v. Sweden, Communication No. 197/1985 (1988).

62) GA resolution 1514 (XV), 2145 (XXI), 2625 (XXV), 2649 (XXV), 2955 (XXVII), 3070 (XXVIII), 3314(XXIX), 3236 (XXIX), 3246 (XXIX), 3281(XXIX), 3382 (XXX).

63) 국제점령법과 국제인권법의 교차지대에 대해서는 Dinstein, Yoram, 2009, The International Law of Belligerent Occupation, Cambridge U. P., p.81; Campanelli(2008), 앞의 글, p.662.

64) 티서허스트는 마르텐스 조항의 의미를 세 가지로 해명한다. 최협의로, 조약이 채택된 이후에도 국제관습법은 계속 적용되어야 한다. 광의로, 무력충돌에 관한 조약이 완전하지 않기 때문에 조약에 의하여 명시적으로 금지되지 않는 행위라도 당연히 허용되지는 않는다. 최광의로, 무력충돌에서의 행동은 조약이나 관습뿐만 아니라 마르텐스 조항이 언급하고 있는 국제법의 원칙들에 따라 평가되어야 한다. Ticehurst, Rupert, "The Martens Clause and the Laws of Armed Conflict", International Review of the Red Cross, no. 317, 30 April 1997, https://www.icrc.org/en/doc/resources/documents/article/other/57jnhy.htm, 검색일: 2021년 7월 30일.

65) "그 협약(1907년 헤이그협약)에서 표현된 육전규칙들은 채택 당시 현존하는 국제법에 대하여 하나의 전진을 명확히 표현하였다. 그러나 헤이그협약은 동협약이 당시에 현존하는 것으로 승인하였던 '전쟁의 일반적 법과 관습을 수정하려는' 시도였다는 점을 분명히 선언하였지만, 1939년까지는 이 협약에 규정된 이러한 규칙들은 모든 문명국가들에 의해 승인되었고, 헌장 제6조(b)에서 거론되는 전쟁의 법과 관습을 서술한 것으로 간주되었다." IMT Judgement: The Law Relating to War Crimes and Crimes Against Humanity", http://avalon.law.yale.edu/imt/judlawre.asp, 검색일: 2021년 7월 30일.

66) Baxter, Richard, 1950, "The Duty of Obedience to the Belligerent Occupant", British Yearbook of International Law, Vol. 27, pp.235-266; Mallison, W. T. & Jabri, R. A., 1974, "Juridical Characteristics of Belligerent Occupation and the Resort to Resistance by the Civilian Population: Doctrinal Development and Continuity", George Washington Law

Review, Vol. 42, pp.185-221; Dowdeswell, Tracy Leigh, 2017, "The Brussels Peace Conference of 1874 and the Modern Laws of Belligerent Qualification", Osgoode Hall Law Journal, Vol. 54, pp.805-850.

67) Bordwell, Percy, 1908, The Law of War between Belligerents: A History and Commentary, Callaghan, p.300; 할렉과 피오레도 보호와 복종의 교환관계라는 계약적 사고에서 복종의무를 의제한다. Longobardo, Marco, 2018, The Use of Armed Force in Occupied Territory, Cambridge U. P, p.135.

68) Oppenheim, L., 2005, International Law: An Treatise, Vol. II, The Lawbook Exchange, p.238. 이 이론은 법철학에서 실력설로 불린다. 그러나 실력은 복종의 필연을 낳을 수 있지만 복종의 의무를 확립하지 못한다. 일찍이 루소는 정당한 힘만이 권리를 만든다고 설파하였다. Rousseau, Jean-Jacques, Victor Gourevitch(ed.), 1997, The Social Contract and other later political writings, Cambridge U. P., p.44.

69) 제2차 세계대전기까지의 학자들의 논의 상황에 대해서는 The Judge Advocate General's School, 1944, Law of Belligerent Occupation, Ann Arbor, pp.82-86.

70) Longobardo(2018), 앞의 글, p.141.

71) 주민의 무장저항과 관련된 국제인도법의 사상사에 대해서는 Nabulsi, Karma, 1999, Traditions of War: Occupation, Resistance, and the Law, Oxford U. P.

72) U.S. War Department, General Orders No. 100(1863) 제52조. "어떠한 교전자도 체포된 의용군(man in arms of levée en masse)을 반도나 폭도로 취급한다고 선언할 권리를 갖지 못한다. 군대에 의해 이미 점령된 나라 또는 그 일부의 주민으로서 군대에 맞서 봉기한 자는 전쟁법의 위반자이므로 보호를 받지 못한다."

73) 전시반역(war treason)이나 전시반란(war rebellion)은 실상을 제대로 반영하지 못하는 개념이다. 점령군에 대한 저항, 봉기, 태업, 항의시위, 정보수집은 자국과 자민족에 대한 점령지 주민의 충성심의 발로이기 때문에 전시반역이나 전시반란이라는 개념이 어울리

지 않는다. Oppenheim, L., 1917, "On War Treason", Law Quarterly Review, Vol. 33, p. 266. 점령군에 저항한 민간인을 전쟁범죄자나 전시반역자 또는 전시반란자로 규정하는 것은 오로지 점령국의 국내법상의 기술적인 규정일 뿐 국제법적인 사안이 아니다. Joenniemi, Pertti & Roberts, Adam, 1974, "Civil Resistance and the Military Occupation", Instant Research on Peace and Violence, Vol. 4, p. 42.

74) Roberts, Adam, 2017, "Resistance to Military Occupation: An Enduring Problem in International Law", American Journal of International Law, Vol. 111, AJIL Unbound, pp. 45-50.

75) Longobardo(2018), 앞의 글, p. 149.

76) 주권을 국가조직이나 정부를 중심으로 고려한다면 일본제국에서 분리된 한반도는 무주지이거나 주권 부재의 공간이므로 주권의 교체라는 말이 합당하지만, 주권을 해당 지역에 거주하는 주민들의 조직을 중심으로 사고한다면 1948년 8월 15일은 통치권(치안권)의 교체일에 지나지 않는다.

77) 대표적으로는 Declaration on Principles of International Law concerning Friendly Relations and Co-operation among States in accordance with the Charter of the United Nations. A/RES/2625 (XXV), 24 October 1970.

78) Advisory Opinion on the Legal Consequences for States of the Continued Presence of South Africa in Namibia, International Court of Justice (ICJ), 21 June 1971, para. 52-53; East Timor (Port. v. Austl.), ICJ, 30 June 1995, para. 29-30; Advisory opinion on the Legal Consequences of the Construction of a Wall in the Occupied Palestinian Territory, ICJ, 9 July 2004, para. 88, 155-156.

79) General Assembly A/RES/2649, 30 November 1970; General Assembly A/RES/37/43, 3 December 1982.

80) 아프리카 인권헌장 제20조. "②식민지배와 억압 아래 있는 민족은 국제공동체가 인정한

모든 수단을 활용하여 지배의 속박에서 스스로를 해방시킬 권리를 가진다."

81) Razmetaeva, Yulia, 2014, "The Right to Resist and The Right of Rebellion", Jurisprudence, Vol. 21, pp. 758-783.

82) 이라크 점령에서 점령국의 경제정책에 대한 보존주의적 시각에서 문제제기는 Fox, Gregory H. (2005), 앞의 글, pp. 215-228.

83) Cohen, Jean L., 2006, "The Role of International Law on Post-Conflict Constitution-Making: Toward a Jus Post Bellum for interim Occupation," New York Law School Law Review, Vol. 51, pp. 498-532; Benvenisti(2012), 앞의 책, p. 272; Saul, Matthew, 2010, "The Impact of the legal Right to Self-determination on the Law of Occupation as a Framework for Post-conflict State Reconstruction", N. Quenivet and S. Shah(eds.) INTERNATIONAL LAW AND ARMED CONFLICT, T. M. C Asser Press, pp. 398-416.

84) 미드, 그란트, 안종철 역, 1993, 『주한미군정연구』, 공동체, 85, 92쪽.

85) 1946년 8월 미군정이 한국인 8천여 명을 대상으로 실시한 여론조사의 결과를 보면, 정치형태에 대해서는 대중정치(대의정치) 85%, 계급독재 3%, 체제에 대해서는 사회주의 70%, 자본주의 14%, 공산주의 7% 등의 응답을 보였다고 한다. 여기서 사회주의는 공산주의와는 다른 광범위한 사회개혁의 지지론이라고 할 수 있다. 서중석, "해방정국 좌우합작 지지 많았다", 한겨레신문(2003년 11월 28일), https://news.naver.com/main/read.nhn?mode=LSD&mid=sec&sid1=103&oid=028&aid=0000034590, 검색일: 2021년 7월 30일.

86) 1947년 당시 제2차미소공위의 준비 및 실행단계에서 미국무부가 제안한 '중도파 중심의 정치세력 동향'과 '광범위한 사회경제적 개혁' 방안(국무성 경제고문 번스)이 오스트리아식 정치체제와 가장 흡사했을 것이다. 박찬표, 2007, 『한국의 국가형성과 민주주의』, 후마니타스, 199쪽.

87) 박찬표(2007), 앞의 책, 426쪽.

88) Resolution of General Assembly, November 14, 1947, 112 (II); Resolution of General

Assembly, December 12, 1948, A/RES/293.

89) Nasri, Reza, "The West's Illegal "transformative Occupations"", The National Interest, 2 April 2014, https://nationalinterest.org/commentary/the-wests-illegal-transformative-occupations-10172, 검색일: 2021년 7월 30일.

90) 프랭켈은 미국과 소련이 남북한에서 시행한 점령을 사실상 신탁통치(de-facto trusteeship)로, 모스크바 3상회의가 예정한 미영중소 4개국 공동관리방안을 법률상 신탁통치(de-jure trusteeship)로 부른다. Fraenkel(1999), 앞의 글, p.496, 506.

91) '우호적인 정부'는 위성정부의 암호이다. 미소공동위원회에서 소련 대표 스티코프 장군은 "소련은 한국이 장래 소련에 대한 공격기지가 될 수 없도록 한국이 소련과 우호적이며 민주적이고 독립적인 국가가 되는 것에 지대한 관심을 갖고 있다."고 말했다. Fraenkel(1999), 앞의 글, p.499.

92) 제1차 세계대전 중에 독일은 벨기에를 점령한 후 언어문화권에 따라 두 지역으로 분할하였다. 이에 대해서는 Garner, James Wilford, 1920, International Law and the World War Vol.2, Longmans, Green and Co., pp.78-79.

93) Declaration on the Granting of Independence to Colonial Countries and Peoples, U.N. Doc. A/59/565(Dec. 14, 1960); 프랭켈은 한국의 분단은 지속가능한 해법이 아니며 카이로선언에 담긴 기본원칙과 양립하기 어렵다고 지적한다. Fraenkel(1999), 앞의 글, p.493.

94) 독일점령에서 나치당의 처벌과 해체에 대해서는 연합국 통제위원회법률 제10호(1945년 12월 24일), 전쟁범죄자, 나치 군국주의자의 체포와 처벌 및 요시찰 독일인의 구금, 통제, 감독에 관한 통제위원회지시 제38호(1946년 10월 12일); 바트당의 청산과 관련해서는 Coalition Provisional Authority Order No.1. De-Ba'athification of Iraqi Society, CPA/ORD/16 May 2003/01.

95) 커밍스(1986), 앞의 책, 318쪽 이하.

96) 박찬표(2007), 앞의 책, 68쪽 이하.

97) 1907년 헤이그협약 제50조; 1949년 제네바 제4협약 제33조 참조.

98) Henckaerts, Jean Marie & Doswald-Beck, Louise, 2005, Customary International Humanitarian Law, Vol. I, Cambridge U. P., pp. 372-375.

99) Gordenker, Leon, 1959, the United Nations and the Peaceful Unification of Korea. The Politics of Field Operations 1947-1950, Martinus Nijhoff, pp. 81-82.

100) 롤스(2003), 앞의 책, 478쪽 이하.

재일 제주인의 시각에서 본 제주4·3 과거청산의 아포리아: 법정립적 폭력 (문경수)

1) 4·3특별법 개정 이후에 도래할 '보상의 시대'의 특징과 문제에 관해서는 7장을 참조할 만하다.

2) 제주4·3사건진상규명및희생자명예회복위원회, 2008, 『화해와 상생-제주4·3위원회 백서』.

3) 高誠晚, 2017, 『〈犠牲者〉のポリティクス: 済州4·3/沖縄/台湾2·28 歴史清算をめぐる苦悩』, 京都大学学術出版会; 文京洙, 2018, 『済州島四·三事件─「島のくに」の死と再生の物語』, 岩波書店.

4) 일본어판 『暴力批判論 他十篇 ベンヤミンの仕事1』(野村修 訳, 1994, 岩波書店)에는 '법조정 폭력(法措定暴力)'으로 번역되지만, 한국어판 '폭력비판을 위하여」(최성만 역, 2008, 『발터 벤야민 선집 5』, 길)에서는 '법정립적 폭력'으로 번역된다. 관련 연구로는 고현범, 2010, 「현대 폭력론에 관한 연구-발터 벤야민의 「폭력 비판론」에 대한 데리다의 독해를 중심으로」, 『대동철학』 50; 황정아, 2012, 「법의 폭력, 법 너머의 폭력」, 『인문논총』 67; 장제형, 2019, 「법의 수행성과 자기해체-벤야민과 데리다의 법과 폭력 비판」, 『人文學研究』 32 등이 참조할 만하다.

5) '5·18 민주화운동 등에 관한 특별법'과 같은 시기에 제정된 '헌정질서 파괴범죄의 공소시효 등에 관한 특례법'.

6) 진실·화해를위한과거사정리위원회, 2010, 『진실화해위원회 종합보고서(1)』, 57쪽.

7) UN. Secretary-General, 2004, The rule of law and transitional justice in conflict and post-conflict societies : report of the Secretary-General, UN. SECURITY COUNCIL.

8) 이영재, 2015, 「다층적 이행기 정의의 포괄적 청산과 화해 실험-진실화해위원회의 진실·화해 모델을 중심으로」, 『정신문화연구』 38-4.

9) Jon Elster, 최용주 역, 2022 『책장 덮기-역사적 관점에서 본 이행기 정의』, 진인진.

10) 다양한 정치 행위자/세력 간의 타협(협약) 등을 통한 제도 변혁을 가리키며, 1987년의 민주화를 특징지을 용어로 종종 쓰이기도 한다.

11) 황현숙, 2014, 「민주화 이후 한국의 과거청산-진실화해위원회의 성과와 한계를 중심으로」, 서강대학교 일반대학원 정치외교학과 석사학위논문.

12) 「토요인터뷰] 6월에 활동 끝나는 진실화해위 이영조 위원장」, 중앙일보 2010. 4. 24.

13) 진실·화해를위한과거사정리위원회(2010), 앞의 책.

14) 황현숙(2014), 앞의 글.

15) Walter Benjamin, 野村修 訳, 1994, 『暴力批判論』, 岩波書店, p.45.

16) 정근식, 2020, 「5월운동의 성과와 한계-과거청산과 이행기 정의 사이에서」, 『경제와 사회』 126.

17) 「제주4·3사건 진상규명 및 희생자 명예회복에 관한 특별법 전부개정 법률안」, 『4·3과 역사』 17, 506-519쪽.

18) 文京洙(2018), 앞의 책.

19) 제주4·3사건진상규명및희생자명예회복위원회, 2003, 『제주4·3사건진상조사보고서』.

20) 金時鐘, 2015, 『朝鮮と日本に生きる-済州島から猪飼野へ』, 岩波書店.

21) 金本春子·金性鶴, 2004, 『HARUKO—母よ!引き裂かれた在日家族』, フジテレビ出版.

22) 東風＋PLACE TO BE編, 2022, 『スープとイデオロギー(ヤン・ヨンヒ監督)公式プログラム』, 東風＋PLACE TO BE.

23) 金太基, 1997, 『戦後日本政治と在日朝鮮人問題』, 勁草書房.

24) 松本邦彦, 1996, 『GHQ日本占領史⑯外国人の取扱い』, 日本図書センター.

25) 森本芳夫, 1955, 「在日朝鮮人処遇の推移と現状」, 『法務研究報告書』第43集第3号, 法務研修所.

26) 法務省入国管理局編, 1981, 『出入国管理の回顧と展望』, 法務省入国管理局.

27) 武野義治, 1954, 「密入国の概況」, 『警察学論集』7-5, 立花書房.

28) 藤永壯ほか, 2008, 「解放直後・在日済州島出身者の生活史調査(5・上)-高蘭姫さんへのインタビュー記録」, 『大阪産業大学論集. 人文・社会科学編』2.

29) 金廣烈, 2010, 「1940年代日本の渡日朝鮮人に対する規制政策」, 『帝国日本の再編と二つの〈在日〉-戦前, 戦後における在日朝鮮人と沖縄人』, 明石書店.

30) 朴沙羅, 2017, 『外国人をつくりだす-戦後日本における「密航」と入国管理制度の運用』, ナカニシヤ出版.

31) 森田芳夫(1955), 앞의 글.

32) 武野義治(1954), 앞의 글.

33) 松本邦彦(1996), 앞의 글.

34) 法務省入国管理局編(1981), 앞의 글.

35) 森田芳夫(1955), 앞의 글.

36) 武野義治(1954), 앞의 글.

37) 金廣烈(2010), 앞의 책.

38) GHQ/SCAP Civil Affair Sect. Shikoku Civil Affairs Region. Illegal Entrants Rpt & Smuggling. July 1949-Oct. 1950. Box 3039 Loc:290/14/202. 朴沙羅(2017)에서 재인용.

39) 金昌厚, 2010, 『漢拏山(ハルラサン)へひまわりを—済州島四・三事件を体験した金東日の

歲月』, 新幹社.

40) 金本春子·金性鶴(2004), 앞의 책.

41) 재일제주인의 생활사를 기록하는 모임, 김경자 역, 2015,『재일제주인의 생활사 2-고향의 가족, 북의 가족』, 선인.

42) 제주4·3연구소편, 2009,『그늘 속의 4·3-死·삶과 기억』, 선인.

43) 출처는 李光奎, 1983,『在日韓國人-生活實態를 中心으로』, 一潮閣.

44) 金石範·金時鐘, 2015,『なぜ書きつづけてきたかなぜ沈黙してきたか-済州島4·3事件の記憶と文学』, 平凡社.

45) 朴日粉, 2011,『いつもお天道さまが守ってくれた—在日ハルモニ·ハラボジの物語』, 梨の木舎.

46) 金昌厚(2010), 앞의 책.

47) 朴日粉(2011), 앞의 책.

48) Walter Benjamin(1994), 앞의 책.

49) 제주4·3사건진상규명및희생자명예회복위원회(2003), 앞의 책.

50) 玄吉彦, 玄善允訳, 2016,『島の反乱, 一九四八年四月三日 済州四·三事件の真実』, 同時代社.

51) 金石範·金時鐘(2015), 앞의 책.

52) 이재승, 2021,「제주4·3항쟁론과 자결권」,『일감법학』49.

53) 제주4·3사건진상규명및희생자명예회복위원회(2003), 앞의 책.

54) 박찬식, 2008,『4·3과 제주역사』, 각

55) 이재승(2021), 앞의 글.

가라앉은 기억들-반공주의와 개발이라는 쌍생아

(김동현)

1) 제주대학교 탐라문화연구소 편, 1995, 『濟州文學, 1900-1949』, 제주대학교 탐라문화연구소.

2) 여기에 실린 작가는 김문준, 김명식, 김지원 등 모두 12명으로, 수록 작품은 시와 소설, 평론, 가사 등 43편이다. 일본어로 발표됐던 작품의 경우에는 번역과 일본어 원문을 함께 실었다.

3) 이 책에서는 발간 의미를 다음과 같이 밝히고 있다. "그동안 제주문학 연구는 주로 구비문학에 치우쳤다. 민요나 설화 등 구비문학은 제주민들 가운데 서민들의 세계를 다룬 문학이다. 제주민 가운데는 서민들 외에도 조선시대에는 양반유림들이 있었고, 개화 이후에는 신지식인들도 있었다. 이들의 세계를 다룬 문학도 연구할 때가 되었다." 여기에 수록된 작가와 작품에 대해서는 김영화, 김병택, 김동윤의 연구가 있다. 김영화, 2000, 『변방인의 세계』, 제주대학교출판부; 김병택, 2010, 『제주 예술의 사회사 상·하』, 보고사, 2010; 김동윤, 2008, 『제주문학론』, 제주대학교출판부.

4) 이러한 관점으로는 강재언, 1996, 「제주도와 대판(大阪)-대판(大阪)에서의 동아통항조합과 노동운동」, 『제주도연구』 13이 있다.

5) 杉原達, 1998, 『越境する民-近代大阪の朝鮮人史研究』, 新幹社.

6) 현기영, 1999, 『지상에 숟가락 하나』, 실천문학사, 157쪽.

7) 제주4·3사건진상규명및희생자명예회복에관한특별법 제2조(정의) 조항.

8) 에드워드 사이드, 박형규 역, 2014, 『문화와 제국주의』, 문예출판사, 537쪽.

9) 제주4·3사건진상규명및희생자명예회복위원회, 2003, 『제주4·3사건진상조사보고서』.

10) 이와 관련해서는 高誠晩, 2017, 『〈犧牲者〉のポリティクス: 済州4·3 / 沖縄 / 台湾2·28 歷史清算をめぐる苦悩』, 京都大学学術出版会가 있다. 이 책의 1부는 특별법 제정 이후 희

생자 심의와 결정, 그리고 진상규명과 명예회복의 불일치 등의 문제를 상세하게 다루고 있다.

11) 이와 관련해서 덧붙여 말해두고 싶은 것은 "4·3의 완전한 해결"이라는 표현이다. 미디어를 통해 확대, 재생산되는 이러한 표현의 문제점은 '완전성'의 의미가 무엇인지 묻지 않는데 있다. '완전한 해결'이라는 용어에는 해결의 계속된 지연이 내포되고 있다.

12) 이에 대해서 이행기 정의, 전환기의 정의, 과거사 청산, 지연된 정의 등의 용어로 설명하고 있다. 한마디로 민주주의 이행 단계에서 과거의 억압적 체제에서 이뤄진 광범위한 인권 탑압의 문제를 어떻게 바라볼 것인가라는 논의이다. 이병재, 2015, 「이행기정의와 인권-인과효과분석을 위한 틀」, 『국제정치논총』 55-3; 이영재, 2012, 「이행기정의의 본질과 형태에 관한 연구: 공감적 정의 원리를 중심으로」, 『민주주의 인권』 12-1 참조.

13) 가라타니 고진, 박유하 역, 2001, 『일본 근대문학의 기원』, 민음사, 104-106쪽 참조. 고진은 시가 나오야, 아리시마 다케오 등을 분석하면서 '고백의 제도'에 대해 말하고 있다. 그는 "고백이라는 행위에 앞서 고백이라는 제도가 존재"하는 것이라면서 "고백한다는 의무가 감추어야 할 것을 또는 '내면'을 만들어내는 것"이라고 말하고 있다.

14) 조르조 아감벤, 양창렬 역, 2010, 『장치란 무엇인가』, 난장.

15) 이문교, 1997, 『제주언론사』, 나남출판을 참조.

16) 이 복간사 원본은 행 나눔이 되어 있다. 원본의 분위기를 그대로 살리기 위해 원 텍스트의 형식을 그대로 사용하였다. 『월간제주』, 1989년 1월호. 앞으로 표기는 한글 맞춤법을 준수하고 한자의 경우, 명백하게 그 의미를 알 수 있는 것은 한글로 표기하고 의미를 밝힐 필요가 있을 경우에만 한자를 병기한다. 출처는 발간연월만 표기한다.

17) '누구를 위한 개발인가'는 당시 대기고등학교 교사였던 김학준이, '땅의 주인은 누구인가'는 서귀포 YMCA 총무였던 김관후가 썼다.

18) 송악산 군사기지 건설 반대 운동은 탑동 매립 반대 운동과 함께 87년 이후 제주 지역 사회 운동의 조직화에 영향을 주었다. 당시 운동과정의 의의와 한계에 대해서는 조성윤·문

형만, 2000, 「지역주민 운동의 이념과 조직-제주도 송악산 지구 군사기지 건설 반대 운동을 중심으로」, 한국사회학회 사회과학대회 논문집.

19) 오태현, 「문화 제주 건설에 앞장」, 1968년 창간호, 12쪽. 참고로 창간호의 목차는 다음과 같다.

(이달의 얼굴) 以德人和의 人 - 夫大炫 篇·外柔內剛의 金繼龍氏·人間味 풍기는 李東一氏

(企劃) 歷代道伯의 人物總評 - 無能. 固執. 唯我獨尊. 妓生型等 가지가지

(企劃) 人事行政에 公正하시길 - 구자춘 지사에게 보내는 公開書翰/강군황

(卷頭言) 文化 濟州建設에 앞장/오태현

(社說) 君廳所在地 選擧區調整은 어떻게 될까?

(梁. 玄議員에게 보내는 公開狀) 밝고 깨끗한 '이슈'를/고영기

(梁. 玄議員에게 보내는 公開狀) '절름발이' 開發 止揚하시길/송민훈

濟州道民의 主體開發問題/이근

生命/홍정표

제주도 관광개발의 문제점/김영돈

(젊은 일꾼) 洪官秀 篇/편집부

(해부기사) 종합의료센터 道立病院은 어디로?/송훈

윤락여성 선도 방안(抄)/김복희

(사업보고) 장학금 지급에 즈음하여/장공우

(수필) 待期過剩/신용준·役割期待/한창영·落鄕記/오성찬·廣告有感/현학순·遺骨/정인수

(연재만화) 고량부선생/양병윤

〈五賢閣〉에 대한 拙見/송석범

(부부교사의 수기) 내 작은 정원에 빛이 모이는 날/강려자

(고백수기) 내 고독속의 당신에게/김정현

(이색연재) 猥談講義/문종후

(신록에 부치는 편지)신록의 자숙/권일송

(쪼다여사의 생활잡기)백지의 얼룩〈1〉/조윤이

(장시) 아라바의 序歌/양중해·(시) 아내의 눈/오용수

(에세이 시리즈)칠성통산조〈3〉/최현식

20) 김건우, 2009,「1964년 담론지형-반공주의, 민족주의, 민주주의, 자유주의, 성장주의」,『대
    중서사연구』15 참조.

21) 송민호, 1968년 창간호, 22-24쪽.

22) 1969년 3월호.

23) 1968년 창간호.

24) '1968년 본도 경제 개발의 성과'(1968년 12월호), '국가의 장래와 본도의 개발을 위해 개헌
    되어야', '본도의 개발과 번영 위해 박 대통령 적극 지지를 호소'(1969년 9월호), '제주의
    종합개발 계획'(1971년 5월호), '제주도는 왜 바다를 외면하는가?-수산 개발만이 어민의
    살 길'(1971년 11월호), '제주도 종합개발계획은 이렇게'(1972년 10월호).

25) 민주헌법쟁취국민운동본부,「제주의 소리」, 1987년 10월 12일. 제주민주화운동사료연구
    소 편, 2014,『제주민주화운동 사료집 1』, 제주민주화운동사료연구소에서 재인용.

26) 현기영(1999), 앞의 글, 180-181쪽.

제주4·3평화공원 조성의 정치학-폭동론의 '아른거림'과 세 곳의 여백
(김민환)

1) 2014년 4월 2일 오후 7시에 방송된 CBS FM의『시사자키 정관용입니다』에 출연한 박찬식
   4·3 추가진상조사단장은 직접적으로 이러한 견해를 피력했다. 그의 발언은「대통령 4·3 불
   참, 보수측 이념 공세 때문?」, 노컷뉴스 2014. 4. 3.(http://www.nocutnews.co.kr/news/

4000020, 4월 17일 검색)에서 확인할 수 있다.

2) 제주4·3사건진상규명및희생자명예회복위원회, 2003, 『제주4·3사건진상조사보고서』, 536쪽.

3) 시간적 차원의 상징은 '국가기념일'이다.

4) 이하에는 필자의 박사학위논문에서 관련 내용이 발췌되어 이 글의 문제의식 및 서술방식에 부합하도록 재배치된 부분이 포함되어 있다.

5) 박찬식, 2007, 「4·3의 公的 인식 및 서술의 변천」, 『한국근현대사연구』 41, 172쪽.

6) 김영범, 2003, 「기억에서 대항기억으로, 혹은 역사적 진실의 회복」, 『민주주의와 인권』 3-2, 70-71쪽.

7) 박명림, 1999, 「민주주의, 이성, 그리고 역사이해-제주4·3과 한국현대사」, 『제주4·3연구』, 역사비평사, 438쪽.

8) 1990년대 후반부터 이 '양민'이라는 명칭이 갖고 있는 위험성에 대해 지적하면서 '양민' 대신에 '민간인'이라는 명칭을 사용할 것이 제안되었다. 여기에 대해서는 다음 연구를 참조할 것. 김동춘, 2000, 「민간인 학살 문제 왜, 어떻게 해결되어야 하나」, 『전쟁과 인권-학살의 세기를 넘어서』(한국전쟁 전후 민간인 학살 문제에 대한 학술 심포지움 발표문집); 조현연, 2000, 『한국 현대정치의 악몽: 국가폭력』, 책세상. 실제로 한국에서 이제는 '양민학살' 대신 '민간인학살'이라는 용어가 사용되고 있다.

9) 김영범(2003, 앞의 글, 78쪽)은 크게 '민중항쟁론'과 '국가폭력범죄론'으로 압축되었다고 파악했다. 여기서 김영범은 민중항쟁론을 큰 덩어리로 묶었지만, 글의 서술 내용에서는 민중항쟁론의 외포와 내연이 다양함을 스스로 지적하고 있다. 제주4·3사건은 장기간 다양한 국면에 따라 전개되었기 때문에 어떤 국면의 어느 지점에 주목하느냐에 따라 다양한 이론적 입장이 제기될 수 있다. 이런 다양한 이론적 입장 모두는 특정한 '역사적 진실'의 일부를 반영하고 있다고 할 수 있다. 1987년 6월 항쟁 이후 분출한 제주4·3에 관한 논의의 구체적인 양상에 대해서는 다음 연구를 참조할 것. 김민환, 2012, 「동아시아의 평화기념공원 형

성과정 비교연구: 오키나와, 타이페이, 제주의 사례를 중심으로」, 서울대학교 대학원 박사
학위논문, 162-164쪽.

10) 박명림(1999), 앞의 책, 435쪽.

11) 제민일보 4·3취재반, 1994, 『4·3은 말한다 ①』, 전예원, 44-49쪽.

12) 박명림(1999), 앞의 책, 443쪽.

13) 박명림(1999), 앞의 책, 439-440쪽.

14) 양정심, 2000, 「제주4·3특별법과 양민학살담론, 그것을 뛰어 넘어」, 『역사연구』 7, 282쪽.

15) 김영범(2003), 앞의 글, 78-79쪽.

16) 김종민, 1999, 「4·3 이후 50년」, 『제주4·3연구』, 역사비평사, 402쪽.

17) 정근식, 2009, 「한국의 민주화와 이행기 정의 또는 '과거청산'」, 臺灣歷史與人權跨學科學
生交流工作坊 발표문, 60쪽.

18) 고성만, 2005, 「제주4·3담론의 형성과 정치적 작용」, 『4·3과 역사』 5, 각, 353쪽.

19) 김영범(2003), 앞의 글, 79쪽.

20) 담론적으로 배제되었다는 의미이지, '적극적 항쟁론'을 주장하는 세력들이 '4·3특별법' 제
정운동과 그 이후의 진상규명 활동에 참여하지 않았거나 배제되었다는 말은 결코 아니
다. 오히려 가장 강력하게 '4·3특별법' 제정운동을 전개한 세력들은 오히려 이들이었을지
도 모른다. 이들은 제주4·3사건에 대한 '역사적 평가'에 대해서는 일단 유보하고 피해자들
에 대한 '명예회복'과 '국가폭력'에 대한 고발을 우선적 과제로 받아들이는 데 동의한 것으
로 파악해야 한다. 일종의 단계론적 전술로서, '역사적 평가'를 뒤집기 위한 '우회로'로서
'대한민국 공화주의'의 내용을 수용했던 것이다.

21) 『기본계획』에 대해서는 제주도·제주발전연구원, 2001, 『제주4·3평화공원 조성 기본계획』
을 참조할 것.

22) 김백영·김민환, 2008, 「학살과 내전, 담론적 재현과 공간적 재현의 간극: 거창사건추모공
원의 공간분석」, 『사회와역사』 78은 국립묘지 모델의 가장 중요한 특징으로 수직으로 치

솟은 위령탑의 존재를 거론하였다.

23) 편집부, 2002b, 「4·3평화공원 당선작과 낙선작 비교」, 『제주문화예술』6, 37쪽.

24) 편집부, 2002a, 「4·3평화공원 현상공모의 문제덩어리들」, 『제주문화예술』6, 32쪽.

25) '세화리 해녀항쟁'은 1931년 친일적인 해녀조합에 대항하여 세화리 해녀들이 벌인 시위를 말한다. 4·3과는 전혀 관계가 없는, 식민지 시기 해녀들의 저항운동이었다.

26) 편집부(2002a), 앞의 글, 31-32쪽.

27) 박경훈, 2008, 「4·3평화기념관의 문제점 분석과 대안 모색」, 제주4·3연구소 창립 제19주년 기념 학술심포지엄 발표문집 『4·3 평화와 기억』, 43쪽.

28) 제주4·3사건진상규명및희생자명예회복위원회, 2008, 『화해와 상생: 제주4·3위원회 백서』, 159-160쪽.

29) 정근식, 2007, 「광주민중항쟁에서의 저항의 상징 다시 읽기: 시민적 공화주의를 중심으로」, 중앙대학교 콜로키움 발표문, 3쪽.

30) 정근식(2007), 앞의 글, 4쪽.

31) 고성만, 2008, 「4·3위원회의 기념사업에서 선택되고 제외되는 것들」, 『역사비평』82, 역사비평사, 161쪽.

32) 제주4·3사건진상규명및희생자명예회복위원회(2008), 앞의 책, 150쪽

33) 고성만(2008), 앞의 글, 165쪽.

34) 4·3위원회 김종민 전문위원과의 인터뷰(2009. 11. 10.)에서 김종민 위원이 지적한 내용이다.

35) 제주4·3사건진상규명및희생자명예회복위원회(2008), 앞의 책, 178쪽

36) 이하의 내용은 김동화와의 인터뷰(2010. 1. 20.)를 바탕으로 작성된 것이다.

37) 김동화는 자신의 아버지의 유해가 옛 '정뜨르 비행장' 인근(현 제주국제공항)의 학살터에 있을 것으로 추정하였다. 현재 '정뜨르 비행장' 인근에서 발굴된 4·3사건 희생자 유해는 제주4·3평화공원 내 '4·3희생자 발굴유해 봉안관'에 모셔져 있는데, 그렇다면 김동화의 아

버지는 '4·3위원회'에 의해 희생자로 판정받지 못했지만, 그 시신은 제주4·3평화공원에 모셔져 있는 것이 된다. '위패봉안소'에 위패는 없지만 시신은 모셔져 있는 이런 상태는 국가가 희생자를 '선별'하는 것의 모순을 다시 한번 부각한다.

38) 4·3사건 희생자 판정과 관련된 또 다른 쟁점은 제주4·3사건 당시 유죄판결을 받은 수형인에 대해서 희생자로 인정할 것인가 하는 점이었다. 이것 역시 무장대 출신의 배제라는 원칙에서 문제가 되었지만, 1948년과 1949년에 이뤄진 군법회의는 법률이 정한 정상적인 절차를 밟은 재판으로 볼 수 없다는 결론을 내림에 따라 수형자들을 희생자로 인정하는 유리한 길이 열렸고, 결국 그들은 희생자로 인정받았다. 또한 제주4·3사건 진압작전에 참가했다가 전사한 군인과 경찰을 4·3사건 희생자로 볼 수 있느냐 하는 문제도 논란이 되었다. 이들도 피해자로 인정받았다.

39) 『진상조사보고서』에서는 전체 희생자 중 78.1%가 토벌대에 의한 희생자였음을 밝히고 있다. 제주4·3사건진상규명및희생자명예회복위원회(2003), 앞의 책, 537쪽.

40) 한 점은 전면 철거당했고, 다른 한 점은 중요한 구성요소 하나가 제외된 채 공개되었다.

41) 고성만(2008), 앞의 글, 182쪽.

42) 제주4·3사건진상규명및희생자명예회복위원회(2008), 앞의 책, 231쪽.

43) 제주4·3사건진상규명및희생자명예회복위원회(2008), 앞의 책, 270쪽.

44) 「김대중 작가의 '미군정의 실체'」, 한겨레신문 2008. 4. 18. 25면

45) 제주4·3사건진상규명및희생자명예회복위원회(2003), 앞의 책, 200쪽.

46) 제주4·3사건진상규명및희생자명예회복위원회(2008), 앞의 책, 211쪽.

47) 현재 전시에서는 영사기가 꺼져 있는 것이 아니라 사진 아니면 그림이 가려져 있는 방식으로 되어 있다. 원래의 의도와 달라졌다는 점에서는 차이가 없다.

48) 김종민 전문위원과의 인터뷰 2009. 11. 10.

49) 「아름다운 공원', '성령의 연못」 제주의소리 2010. 8. 10. (http://www.jejusori.net/news/articleView.html?idxno=85906#).

50) 출처:『제주의 소리』 2010. 8. 10. 「아름다운 공원」, '성령의 연못'」에서 인용. http://www.
   jejusori.net/news/articleView.html?idxno=85906#.

51) 제주4·3사건진상규명및희생자명예회복위원회(2008), 앞의 책, 125쪽.

52) 김종민 전문위원과의 인터뷰. 2009. 11. 10.

53) 박경훈과의 인터뷰. 2011. 4. 26.

54) '아른거림(absent presence)'이라는 용어는 롤랑 바르뜨가 특정한 사진에 대한 비평을 하
   면서 사용한 용어이다. 흔히 '부재하는 현전(顯前)'으로 번역하지만, 이 글에서는 '아른거
   림'이라는 번역어를 선택했다. 있는 듯 없고, 없는 듯 있는 이 상황에 완전히 부합하는 우
   리 고유어가 '아른거림'이라는 낱말이라고 판단했기 때문이다.

55) 2011년 1월에 이명박 정부 출범 이후 처음으로 '4·3위원회' 전체회의가 열려 희생자 469
   명과 유족 2,016명이 희생자와 유족으로 인정받았다. 그러나 이날 희생자로 인정받은 사
   람들의 위패는 4월 3일 위령제가 열리는 날까지 위패봉안소에 봉안되지 못했다. 예산 부
   족이 주요한 이유였는데, 여기에 대해서 4·3사업소 관계자는 "위패봉안실에 여유가 있지
   만 지역별로 봉안하도록 돼 있는 만큼 위패를 움직일 수 없어 추가 봉안실 설치를 위해 이
   번에는 현수막을 이용하기로 유족들과 합의했다."고 해명했다. 한라일보 2011. 4. 1. (htt
   p://www.ihalla.com에서 '현수막 위패'로 검색).

56) 제주4·3 제70주년 범국민위원회 뉴스레터의 구호는 "역사에 정의(正義)를, 4·3에 정명(正
   名)을"이었다. 50주년부터 본격화된 4·3 문제 해결의 '제도화'가 만들어낸 현재의 강력한
   구조를 넘어서고자 하는 범도민적 시도와 염원이 이 구호에 집약되어 있었다. 그러나 이
   구호와는 달리 현재 제주4·3과 관련된 상황은, 이 글에서 살펴본 현 단계의 '완성'을 향해
   서 가고 있는 것처럼 보인다. 피해자에 대한 배보상까지 결정된 상태이기 때문이다. 따라
   서 제주4·3에 대한 '폭동론'의 구조적 힘은 아주 미미하게 쇠락했으며, 혹시 제기된다고
   하더라도 비웃음을 당할 만한 '에피소드' 차원으로 전락했다. 그러나 이런 상황이 4·3문제
   의 '완전한' 해결이 될 수는 없다. 다음 단계로의 도약이 필요하기 때문이다.

제주4·3 트라우마와 치유의 정치

(김종곤)

1) 조르조 아감벤, 박진우 역, 2008, 『호모 사케르』, 새물결, 45쪽. '호모 사케르'는 부정한 것이기에 재단의 희생물로 바쳐서는 안 되지만 죽이더라도 처벌받지 않는 존재를 의미한다. 나치 치하에서의 유대인이 호모 사케르의 가장 명백한 사례라 할 수 있다. 제주4·3에서 제주인들 또한 빨갱이, 폭도로서, 비국민(非國民)으로서 대한민국을 위협하는 불순물로 간주되었다. 그리고 그런 그들을 죽이는 것은 오히려 정의로운 행위로서 살인죄에 해당하지 않았다.

2) 김종민, 1998, 「제주4·3항쟁-대규모 민중학살의 진상」, 『역사비평』 42, 역사비평사, 35쪽. 강조는 필자가 한 것이다.

3) 제프리 버튼 러셀, 최은석 역, 1999, 『악마의 문화사』, 황금가지, 14쪽. 강조는 필자가 한 것이다.

4) 현기영, 2012, 「쇠와 살」, 『20세기 한국소설 36』, 창비, 208쪽.

5) 또 황상익은 "함덕 해수욕장, 서귀포의 정방폭포, 표선의 백사장과 민속촌 자리, 성산포의 일출봉 주변, 제주 국제공항 주변의 그린벨트 등 오늘날 이름나고 아름다운 제주의 관광지들은 대부분 4·3 당시 살육의 현장이었다. 그러나 우리들이 무심코 찾는 그러한 관광지는 4·3의 피해자들에게는 아름답기는커녕 참극의 기억을 회상시켜 주는 곳일 뿐이다."라고 말하면서 4·3트라우마의 현재성을 잘 표현하고 있다. 황상익(1999), 앞의 책, 308쪽.

6) 「제주4·3이 뼛속까지 남긴 상처 '트라우마' 치유되나」 제주의소리 2015. 1. 16.

7) 「'그날'의 악몽 68년째…떨치지 못한 제주4·3 트라우마」 제주의소리 2016. 3. 28.

8) 2020년 5월 4·3트라우마센터가 설립되고 운영 중에 있다. 하지만 제주4·3의 피해 규모가 상당하며, 국가폭력 트라우마는 세대를 거듭하여 전승된다는 특징을 지니고 있다는 점에서 현재의 트라우마센터만으로는 역부족이라 판단된다. 더구나 이 글은 정신의료적 차원

을 넘어 사회적 치유를 제안하고 있다는 점에서 트라우마센터가 치유의 역할을 전적으로 맡을 수는 없다고 본다.

9) PTSD에 기초한 트라우마 진단과 치유에 대한 문제제기는 김명희, 2015b, 「세월호 이후의 치유-제프리 알렉산더의 '외상 과정' 논의를 중심으로」, 『문화와 사회』 19, 16-21쪽; 김명희, 2015a, 「고통의 의료화-세월호 트라우마 담론에 대한 실재론적 검토」, 『보건과 사회과학』 38, 232쪽을 참조.

10) 엠마누엘 레비나스, 강영안 역, 2004, 『시간과 타자』, 문예출판사, 75-76쪽.

11) 한순미가 말하는 고통은 이와 관련하여 너무나 적절한 것이 아닐 수 없다. "고통은, 언어 이전에 있는 것이며 또 언어를 초과하여 존재하기 때문에 어떤 말로도 재현할 수 없는 것, 즉 '말할 수 없는 것'이다. (아픔과 괴로움을 모두 말할 수 있다면-그것을 언어로 번역할 수 있다면, 그래서 고통의 흔적을 남김없이 가시화할 수 있다면-, 그것은 이미 고통이 아닐 것이다.) 이처럼 고통은 언제나 이미 있는 것, 하지만 투명한 언어로 재현될 수 없는 '그 무엇'이다." 한순미, 2009, 「고통, 말할 수 없는것: 역사적 기억에 대해 문학은 말할 수 있는가」, 『호남문화연구』 45, 98쪽.

12) 허영선, 2014, 『제주4·3을 묻는 너에게』, 서해문집, 213쪽. 이처럼 외상 경험자의 고통의 영역은 죽음의 영역과 같이 절대적 타자의 공간인지 모른다. 그래서 아무리 선한 의도라고 할지라도 타자의 고통을 완전히 동일시할 수 있다고 여기는 것은 오히려 타자의 공간을 침범하는 우를 범하게 된다.

13) 제주4·3평화공원 입구에서 열린 '4·3 폭도 위패 화형식'(2014. 3. 20. 고성만 촬영).

14) 분단 트라우마는 분단과 전쟁 과정에서 발생한 트라우마를 중핵으로 죄의식을 억압하고 북에 대한 증오와 원한의 감정을 (재)생산하는 '사회적 무의식'이다. 4·3의 진상규명은 한편으로 '분단 트라우마'를 자극한 것으로 보인다. 그렇기에 한편으로 4·3트라우마의 치유는 우리 사회 전체의 분단 트라우마 치유와 병행되어야 하는 문제이기도 하다. 이를 이 글은 정치의 문제와 연관하여 논의하고자 하는 것이다.

15) 박명림, 2015, 「'세월호 정치'의 표층과 심부: 인간, 사회, 제도」, 『역사비평』 110, 역사비평사, 32-33쪽.

16) 어느 특정 시기에 발생한 정신적인 강한 충격으로 인해 발생한 트라우마를 '빅 트라우마'라고 한다면, 이와 다르게 일상적이고 지속적인 스트레스 상황에 노출되면서 발생하는 트라우마를 '스몰 트라우마'라고 한다.

17) 주디스 허먼, 최현정 역, 2009, 『트라우마』, 플래닛, 267-276쪽.

18) 이 글이 치료(therapy)가 아닌 치유(healing)라는 용어를 사용하는 것은 바로 '정상성 vs 비정상성'에 근거한 해법은 트라우마 경험자를 비정상성으로 대상화할 뿐이라는 문제의식에서 비롯된다. 치유는 트라우마 경험자의 외상적 신체가 사회적 관계로부터 분리된 객체(의료적 대상)가 아니라 역사-사회적으로 재현되는 신체라고 본다. 따라서 치유의 목적은 그들이 사회적 관계성을 회복하고 궁극적으로 생명의 원활한 흐름을 만들어내는 것이다.

19) "일반 이론에 의하면, 외상이란 자연 발생적인 사건으로서 개인이나 집단 행위자의 안녕(well-bing) 의식을 산산조각 낸다. 다시 말해서 산산조각 내는 효력('외상')이 사건 자체에서부터 생겨나는 것으로 간주된다. 이러한 산산조각 내는 사건에 대한 반응('외상을 입음')은 즉각적이며 비성찰적인 대응이다. 일반 이론의 시각에 의하면, 외상을 입히는 사건이 인간의 특성과 상호작용할 때 외상 경험이 일어난다. 사람은 안정성, 질서, 사랑과 교감을 필요로 한다. 이러한 욕구에 심한 해를 끼치는 일이 발생하면, 일반 이론에 따르면 그 결과 사람들이 외상을 입게 된다는 것은 자연스러워 보인다." 제프리 C. 알렉산더, 박선웅 역, 2007, 『사회적 삶의 의미: 문화사회학』, 한울아카데미, 200쪽.

20) 제프리 C. 알렉산더(2007), 앞의 책, 75-77쪽. 이해를 돕기 위해 과거의 경험이 전혀 상처가 아니었는데, 사람들의 관계 속에서 사후적으로 상처가 되는 경우를 떠올려보라.

21) 주디스 허먼(2009), 앞의 책, 225쪽.

22) 이재승, 2014, 「화해의 문법-시민정치가 희망이다」, 『트라우마로 읽는 대한민국』, 역사비

평사, 172쪽.

23) 자크 랑시에르, 양창렬 역, 2008,『정치적인 것의 가장자리에서』 길, 249쪽.

24) 양정심, 2008,『제주4·3항쟁-저항과 아픔의 역사』 선인, 215쪽;『제주신보』1960. 5. 26.

25) 양정심(2008), 앞의 책, 215-233쪽.

26) 자크 랑시에르(2008), 앞의 책, 253쪽.

27) 육영수, 2011, 「상흔의 역사에서 치유의 역사학으로-3가지 유형」,『4·3과 역사』11, 각, 46-49쪽.

28) 노무현 전 대통령은 2006년 4월 3일 '제58주년 4·3희생자 위령제'에서 참석했을 때에도 그 이전과 유사한 맥락에서 "무력충돌과 진압과정에서 국가권력이 불법하게 행사되었던 잘못에 대하여 제주도민에게 다시 한번 사과드린다."며 추도사에서 밝혔다.

29) '제58주년 제주4·3사건 희생자 위령제'(2006. 4. 3. 고성만 촬영).

30) 허영선(2014), 앞의 책, 227쪽.

31) 1948년 5월 10일 단독 정부를 수립하기 위한 제헌의회선거에 제주도민의 상당수가 보이콧을 했다는 점을 상기하라.

32) 이러한 점에서 이승만 정권의 민족주의가 국가주의적 속성을 지닌 '에스닉 내셔널리즘'(ethnic nationalism)에 바탕을 둔 '일민주의'(一民主意)로 나아간 것은 우연이 아니었던 것이다. 박찬승, 2011,『민족·민족주의』 소화, 226-233쪽.

33) 샹탈 무페, 이보경 역, 2007,『정치적인 것의 귀환』 후마니타스, 15쪽.

34) 조르조 아감벤(2008), 앞의 책, 168쪽.

35) 분명 이러한 해석은 역사적으로 논쟁거리가 될 수 있다. 다만 여기에서 이야기하고자 하는 바는 4·3을 하나의 예외상태, 즉 '사건'으로 보았을 때 4·3 트라우마의 치유적 조건을 결코 형성할 수 없다는 것을 주장하기 위함이다.

36) 미셸 드기, 2005, 「고양의 언술」,『숭고에 대하여』, 문학과지성사, 23-24쪽.

37) 아니러니하게도 현기영의 〈순이삼촌〉의 실제 배경인 제주 북촌리 너븐숭이 4·3 추모공

원에는 태극기를 꼭대기에 새겨 넣은 위령탑이 있다.

오사카 4·3운동이 구축하는 로컬적 화해 실천
(이지치 노리코)

1) 呉光現, 2018, 「和解としての「済州4·3」7〇周年＝立場を認め合って」, 和解学の創成~正義
   ある和解を求めて~(http://www.prj-wakai.com/essay/300/, 2021. 7. 18. 검색); 梁優子,
   2019, 「済州4·3運動」個から考える」, 『女性·戦争·人権』 17, pp. 78-84.

2) 'double'의 일본어 표기. 서로 다른 문화적 배경을 중복되게 가지고 있다는 의미로, 일본인
   과 한국인 양쪽의 뿌리를 가진 아이를 가리킨다.

3) 藤永壯, 1999, 「総論──九八年済州島国際シンポジウムを振り返る」, 国際シンポジウム
   日本事務局(出版部).

4) 제주4·3특별법에서 '유족'의 정의는 다음과 같이 변천되어 왔다. '희생자의 배우자(사실상
   의 배우자) 및 직계존비속, 배우자 및 직계존비속이 없는 경우에는 형제자매'(2000. 1. 12.
   제정), '희생자의 배우자(사실상의 배우자) 및 직계존비속, 배우자 및 직계존비속이 없는 경
   우에는 형제자매, 형제자매가 없는 경우에는 4촌 이내의 방계혈족으로서 희생자의 제사를
   봉행하거나 분묘를 관리하는 사실상의 유족'(개정 2007. 1. 24.), '희생자의 배우자(사실상
   의 배우자)와 직계존비속, 배우자와 직계존비속이 없는 경우에는 그 형제자매, 형제자매가
   없는 경우에는 4촌 이내의 방계혈족으로서 희생자의 제사를 치르거나 무덤을 관리하는 사
   람'(전문개정 2014. 1. 7.), '희생자의 배우자(사실상의 배우자)와 직계존비속, 배우자와 직
   계존비속이 없는 경우에는 희생자의 형제자매, 형제자매가 없는 경우에는 4촌 이내의 방계
   혈족으로서 희생자의 제사를 치르거나 무덤을 관리하는 사람'(전부개정 2021. 3. 23.).

5) 文京洙, 2018, 「済州島の'4·3運動'-'4·3特別法'までの道のり」, 『済州島を知るための55章』,

明石書店, p.291.

6) 徐勝, 2000,「双勝と慈悲-朝鮮半島における和解・協力・統一」,『現代思想』28-13, 青土社, pp.73-77.

7) 松田素二, 2000,「共同体の正義と和解-過去の償いはいかにして可能か」,『現代思想』28-13, 青土社, pp.122-124.

8) 桝田一二, 1976,『桝田一二地理学論文集』, 弘詢社, p.27.

9) 梶村秀樹, 1985,「定住外国人としての在日朝鮮人」,『思想』732, 岩波書店.

10) 玄武岩, 2007,「密航・大村収容所・済州島-大阪と済州島を結ぶ「密航」のネットワーク」,『現代思想』35-7, 青土社, pp.158-173.

11) 藤永壮, 2012,「第二次大戦後における済州島民の日本への「密航」について」,『東アジアの間地方交流の過去と現在-済州と沖縄・奄美を中心にして』, 彩流社, pp.148-149.

12) 伊地知紀子, 2000,『生活世界の創造と実践-韓国・済州島の生活誌から』, 御茶の水書房, pp.103-104.

13) 文京洙, 2008,『済州島四・三事件—「島(タムナ)のくに」の死と再生の物語』, 岩波書店.

14) 村上尚子, 2005,「プランゲ文庫所蔵の在日朝鮮人刊行新聞にみる済州4・3認識　一九四八-一九四九」,『在日朝鮮人史研究』35, pp.186-190.

15) 1973년 고단샤 문고(講談社文庫)에서 출판됨.

16) 村上尚子, 2010,「凍りついた記憶-済州4・3事件と在日朝鮮人」,『漢拏山へひまわりを-済州島4・3事件を体験した金東日の歳月』, 新幹社, pp.191-197.

17) 김창후, 2017,『4・3으로 만나는 자이니치』, 진인진, 364쪽.

18) 해방 직후에 조직된 재일조선학생동맹(在日朝鮮学生同盟)이 남북 분단으로 내부 분열되었고, 1950년에 우파가 재일한국학생동맹으로 칭하면서 민단의 산하 조직이 되었다. 61년 이후 박정희 군사정권에 대한 반대 자세를 명확히 하고 재일 코리안 권익옹호를 기반으로 본국의 민주화와 민족통일을 위한 활동을 전개, 72년에는 민단이 산하 단체 인정을

취소. 그 후에도 활동은 자율적으로 지속됐고, 마지막까지 활동을 이어온 교토(京都) 지방본부가 2011년에 활동을 종료했다.

19) 1952년에 시행된 외국인등록법 제14조에 의해 부여된 지문 날인 의무를 둘러싸고 80년 한종현(韓宗碩)이 지문 날인 거부를 선언한 이후, 중벌화와 재입국 허가 신청 불인가와 같은 정부의 보복조치를 받으면서도 거부자가 속출했고 재일 코리안 이외의 재일 외국인도 가세했으며, 일본인 지원자도 증가했다. 85년에는 거부자가 1만 명을 웃돌았다. '개인'을 주축으로 시민운동, 지역주민운동이 연대하는 재일 코리안 민족운동으로 전개됐다.

20) 김창후(2017), 앞의 책, 205쪽.

21) 김창후(2017), 앞의 책, 214쪽.

22) 金石範·金時鐘, 2001, 『なぜ書きつづけてきたか なぜ沈黙してきたか－済州4·3事件の記憶と文学』, 平凡社.

23) 초대 회장은 강실(康實)이 맡았다.

24) 松田素二(2000), 앞의 글, pp.122-124.

25) 재류카드의 '국적' 란에 기재되는 '조선'은 지역을 가리키는 용어로 국적을 의미하는 것은 아니다.

26) 김창후(2017), 앞의 책, 258쪽.

27) 여기에서 '광주'란 광주5·18 민주화운동을 가리킨다.

28) 文京洙(2018), 앞의 글, p.299.

29) 金良淑, 2018, 「巫俗信仰――一万八千の神々が宿る島」, 『済州島を知るための55章』, 明石書店, pp.64-69.

30) 金良淑, 2002, 「クッ」, 『在日コリアン辞典』, 明石書店, pp.126-127.

31) 원효종(元曉宗) 화기산(和気山) 통국사. 황벽종(黃檗宗) 만후쿠지(万福寺)의 말사(末寺)였지만, 1969년에 재일 조선인 불교연맹에 의해 현재의 통국사로 개칭됐다.

32) 주요 연구로는 재일 제주인의 생활사를 기록하는 모임, 김경자 역, 2012, 『재일 제주인의

생활사 1-안주의 땅을 찾아서』, 선인; 재일 제주인의 생활사를 기록하는 모임, 김경자 역, 2015, 『재일 제주인의 생활사 2-고향의 가족, 북의 가족』, 선인 등을 꼽을 수 있다.

33) 高誠晩, 2017, 『〈犠牲者〉のポリティクス－済州4·3／沖縄／台湾二·二八　歴史清算を めぐる苦悩』, 京都大学出版会.

34) 이와 관련해서는 2022년 3월에 방송된 제주KBS의 「[탐사K] 4·3 또 하나의 상처…잃어버 린 땅」과 KCTV제주방송의 「4·3특별기획 뉴스멘터리-땅의 기억」이 참고할 만하다.

35) 林志弦, 2017, 「グローバルな記憶空間と犠牲者意識-ホロコースト、植民地主義ジェノサイド、 スターリニズム·テロの記憶はどのように出会うのか―」, 『思想』1116, 岩波書店, pp. 55-73.

4·3특별법의 고도화, 과거청산의 편협화
(고성만)

1) 제주4·3희생자유족회, 「성명서」, 2021. 2. 26.

2) 「오영훈 의원, 마침내 "제주4·3 희생자 보상 규정 담은 '제주4·3' 특별법 일부개정법률안 발 의"」, 대한뉴스 2021. 10. 28.

3) 박명림(연세대) 교수의 '제주4·3의 완전 해결을 위한 특별좌담회'(제주연구원 주최, 2021. 4. 1.)에서의 발언.

4) 「제주4·3 희생자 '위자료' 지원…액수·지급범위 등 과제 많아」, 한겨레 2021. 3. 8.

5) 이재승(건국대) 교수의 '제주4·3특별법의 역사적 민주성'('육지사는제주사름' 주최, 2021. 3. 27.) 강연에서의 발언.

6) 2000년의 4·3특별법 제정 과정에서는 여당과 야당, 시민사회 측에서 총 다섯 가지 법안이 제시됐다. 법학자 고호성에 따르면, "이 다섯 가지 4·3특별법안들은 기록으로 남겨둘 필요 가 크다고 생각한다. 그 법안들에 포함된 내용들이 제정된 4·3특별법에 모두 반영되지는

않았지만, 당시 4·3 문제의 해결방안에 대한 다양한 고민들이 해당 법안들에서 잘 나타나고 있기 때문이다. 또 앞으로 4·3 문제 해결방안을 모색하는 데에 있어서도 이 법안들은 중요한 참고자료가 될 수 있다." 고호성, 2017, 「4·3특별법 제정의 경과」, 『제주4·3 70년 어둠에서 빛으로』, 제주4·3평화재단, 527쪽. 이러한 견해는 2021년 개정 법률이 공표되기까지의 과정을 추적하고 그 의미를 분석하려는 이 글의 문제의식에 시사하는 바가 크다.

7) 고호성에 따르면, "2021년 전부개정과 22년 일부개정을 통하여 4·3특별법은 그 구조와 성격이 크게 변화되었다." 고호성, 2022, 「제2강: 제주4·3특별법의 이해」, '주제별 제주4·3 바로알기' 대중강좌 자료집. 법률 개정 작업에 핵심적인 역할을 자임했던 법학자 이재승 역시 4·3특별법의 전부개정을 '진상조사법에서 피해구제법으로의 대전환'으로, 개정 법률안을 '제주4·3법의 2.0버전'으로 의미 부여했다. 「제주4·3 70년 특집-비극은 평화와 만나야 한다」, 한겨레21 1204호(제주4·3 70년 특집호), 2018. 3. 26.

8) 2021년 3월 5일, 제주도 제공. 이날 4·3특별법 전부개정안의 국회 통과를 자축하기 위한 이벤트가 제주시 관덕정에서 열렸다.

9) "비극은 길었고, 바람만 불어도 눈물이 날 만큼 아픔은 깊었지만, 유채꽃처럼 만발하게 제주의 봄은 피어날 것입니다. (…) 여러분, 제주에 봄이 오고 있습니다." 「문재인 대통령의 추념사」, 제70주년4·3추념식 2018. 4. 3.

10) 4·3특별법에 따른 공적 조사의 결과가 보고서로 간행된 것은 두 차례로, 『제주4·3사건진상조사보고서』(제주4·3사건진상규명및희생자명예회복위원회, 2003)와 『제주4·3사건추가진상조사보고서 Ⅰ』(제주4·3평화재단, 2020)을 꼽을 수 있다.

11) 「'제주4·3' 피해자, 2022년 국가 배·보상 받는다」, 한국일보 2020. 12. 15.

12) 오영훈, 「4·3특별법 개정 논의상황」, 2021. 1. 11.

13) 2022년 1월 4일 국무회의에서 문재인 대통령 발언. 「문재인 "4·3특별법 공포…70년 만에 정의 실현 다행"」, 제주의소리 2022. 1. 4.

14) 오영훈(2021), 앞의 글.

15) 이 밖에도 개정 법률에는 22조(공동체 회복 지원을 위한 의무)와 23조(제주4·3트라우마 치료사업), 24조(기념사업 등)와 같이 구체적이고 세분화된 '희생자 명예회복' 조치가 신설됐다.

16) 개정 법률안이 국회를 통과한 직후 제주를 찾은 여당 대표는 개정법에 대해 "4·3의 완전한 해결을 위한 법적 근거"로 의미 부여했다. 「이낙연 "제주4·3 '완전한 해결'에 함께하겠다"」, 연합뉴스 2021. 2. 28.

17) 2000년 제정법은 11개 조문으로 구성됐다.

18) 2007년 일부개정을 통해 '사망자와 행방불명자, 후유장애자'로 국한되어 있던 '희생자' 범주에 '수형자'가 추가됐고, '유족' 역시 '형제자매가 없는 경우에는 4촌 이내의 방계혈족으로서 희생자의 제사를 치르거나 무덤을 관리하는 사람'이 추가됐다.

19) 전해철 행정안전부 장관 발언. 행정안전부, 「제주4·3희생자 보상 실시, 과거사 문제 완결을 위한 한 걸음」, 2021. 10. 28.

20) 2021년 6월에 제정된 '여수·순천 10·19사건 진상규명과 희생자 명예회복에 관한 특별법'에는 명예회복 조치로 의료지원금 및 생활지원금(제14조)에 관한 조문을 두었다. 진상조사가 선결과제로, "5·18이나 4·3사건 관련 특별법도 처음에는 배·보상이 빠진 상태에서 나중에 개정됐다."는 데 인식을 같이하고 있다(「여순사건특별법 제정② '73년의 한'…특별법 의미와 과제」, 매일경제 2021. 6. 30.). 같은 해 9월 제정된 '노근리사건 희생자심사 및 명예회복에 관한 특별법'의 전부개정안 역시 본안에는 보상 규정이 빠져 있지만, "'제주4·3사건 보상 기준을 참조해 방안을 강구한다.'는 부대 의견을 달았다."(「보상 길 열린 '노근리 사건' 유족 "치유 늦었지만 환영"」, 한겨레 2021. 9. 30.)

21) 그 밖에 '제주도민과 희생자에 대한 정부의 사과'에 대해서는 노무현 대통령이 '대통령과 도민과의 대화'(2003. 10. 31.)와 '제58주년제주4·3사건희생자위령제'(2006. 4. 3.)에서 공권력의 남용으로 인한 인명피해에 대해 사과했다. '국민 눈높이에 맞춘 과거사 문제 해결'을 100대 국정과제에 포함시킨 문재인 대통령 역시 2018년과 20년, 21년에 '제주4·3희생

자추념식'(18. 4. 3./20. 4. 3./21. 4. 3.)에 참석하고 사과했다. 이 외에도 대정부 7대 건의

안에는 '4·3사건 추모기념일 지정'과 '진상조사보고서의 교육자료 활용', '제주4·3평화공원

조성 지원', '집단 매장지 및 유적지에 대한 발굴사업 지원', '진상규명 및 기념사업에 대한

지속적인 지원'과 같은 내용이 포함됐으며 모든 과제가 21년 전부개정 이전에 시행됐다.

22) 노무현 대통령의 발언(제58주년제주4·3사건희생자위령제, 2006. 4. 3.)에서 발췌.

23) 신설된 11개 조문은 다음과 같다. 제16조의2(보상금의 신청), 제16조의3(심의·의결 등), 제16조의4(결정서 송달), 제17조의2(신청인의 동의와 보상금 등의 지급), 제17조의3(지연 이자), 제17조의4(보상금 등을 지급받을 권리의 보호), 제17조의5(조세 면제), 제18조의2(형사보상청구의 특례), 제18조의3(다른 법률에 따른 보상 등과의 관계), 제18조의4(보상금 등의 환수), 제18조의5(시효). 한편, 개정 법률안에 제시됐던 21조의2(혼인신고 등의 특례)는 신설되지 못했다. "4·3 당시 호적부 등이 제대로 갖춰지지 않거나 등재되지 않은 사실혼 관계가 많아 이에 대한 개선이 요구됐지만, 법원은 소송을 통한 가족관계 등록부 작성이나 정정을 고수해 결국 개정에 이르지 못했다."(「4·3희생자 보상 제주특별법 개정안 통과 의미와 과제」, 한라일보 2021. 12. 10.)

24) 보상금액을 둘러싼 이견도 존재한다. "제주4·3희생자유족회는 울산보도연맹사건에 대한 배상 판결과 4·3 수형 생존자들의 형사보상금 등을 고려하여 1인당 배·보상액을 1억3천 여만 원으로 제시했지만 결국, 특별법 재개정 절차를 고려해 대승적으로 정부안을 수용했다."(「제주4·3 희생자 배·보상액 1조3천억원…과거사 관련 최대 규모」, 연합뉴스 2021. 10. 8.) 한편 "최근 생존수형인들이 제기한 민사재판에서도 희생자 본인의 위자료를 1억 원으로 결정한 바 있음을 감안하면, 개정안에 반영된 보상금의 액수는 아쉬울 수밖에 없다."(이재승, 2020b, 「검토의견: '제주4·3사건법' 전부개정안」, 제주4·3사건 진상규명 및 희생자 명예회복에 관한 특별법 전부개정법률안 공청회 자료집, 39쪽)는 의견도 있다.

25) 4·3특별법 2조는 '희생자'를 '제주4·3사건으로 인하여 사망하거나 행방불명된 사람, 후유 장애가 남은 사람 또는 수형인(受刑人)으로서 (4·3위원회의 심의·의결-필자주)에 따라 제

주4·3사건의 희생자로 결정된 사람'으로 정의한다. 헌법재판소에 따르면, 이 법은 '희생자'의 범위를 스스로 확정적으로 규율하지 않고 있으며, '희생자'에 해당하는지 여부의 결정은 위와 같은 인식의 토대 위에서 위원회에 위임하고 있다. 여순사건법과 노근리사건법 역시 '희생자'의 심의·결정은 각 위원회의 역할로 규정하고 있다. 헌법재판소, 2001, 「제주4·3 사건 진상규명 및 희생자 명예회복에 관한 특별법 의결행위취소 등-2001. 9. 27. 2000 헌마 238, 302 병합 전원재판부」, 『헌법재판소 판례집』 13-2, 384쪽.

26) 제주4·3위원회는 2002년 헌법재판소 결정문에 명시된 "희생자의 범위에서 제외되어야 할" 사례를 '남로당 제주도당의 핵심간부'와 '무장대 수괴급 등'으로 완화해 '희생자 심의·결정 기준'을 확정했다. 제주4·3사건진상규명및희생자명예회복위원회, 2008, 『화해와 상생-4·3위원회 백서』, 167-168쪽; 김종민, 2017, 「4·3희생자 확정」, 『제주4·3 70년 어둠에서 빛으로』, 제주4·3평화재단, 715-745쪽.

27) 고성만, 2010, 「4·3 과거청산과 '희생자'-재구성되는 죽음에 대한 재고-」, 『탐라문화』 38, 260쪽.

28) 제주4·3평화공원에 설치된 각종 기념비는 4·3을 체험했던 사람들이 '희생자'와 비-희생자로 재구성되어 가는 과도기적 현상이 시각화, 공간화되는 장소이다. 이와 관련해서는 김민환의 두 연구가 선구적이다. 김민환, 2012, 「동아시아의 평화기념공원 형성과정 비교 연구-오키나와, 타이페이, 제주의 사례를 중심으로」, 서울대학교 대학원 사회학과 박사학위논문; 김민환, 2014, 「전장(戰場)이 된 제주4·3평화공원-폭동론의 '아른거림(absent presence)'과 분열된 연대」, 『경제와 사회』 102, 74-109쪽.

29) 2011년 4월 3일, 필자 촬영.

30) 개정법 '제4조(국가의 책무)'에는 "국가는 희생자와 유족의 명예회복을 위하여 필요한 조치를 시행하고, 진상규명에 적극 협조한 가해자에 대하여 적절한 화해조치를 취하여야 하며, 국민화합을 위하여 노력하여야 한다."라고 명시되어 있다.

31) 제주도의회 4·3특별위원회, 2000, 『제주도4·3피해조사보고서(2차 수정·보완판)』, 61쪽.

32) 제주4·3사건진상규명및희생자명예회복위원회, 2008, 『화해와 상생-4·3위원회 백서』, 187쪽

33) 사회학자 김동춘 역시 "제주4·3위원회는 경찰·군인 등 가해자에 대한 조사보다는 피해자 신고를 받아 피해 사실을 확인하는 데 치중했다."고 분석했다. 김동춘, 2013, 『이것은 기억과의 전쟁이다-한국전쟁과 학살, 그 진실을 찾아서』, 사계절, 289쪽. 이는 남아프리카의 진실화해위원회(TRC)가 "가해 당사자가 공청회에 출석하여 증언하지 않으면 안 되는"(Boraine, Alex, 2001, A Country Unmasked: Inside South Africa's Truth and Reconciliation, New York: Oxford University Press=下村則夫, 2008, 『国家の仮面が剝がされるとき―南アフリカ「真実和解委員会」の記録』, 第三書館, 175쪽) 방식과 큰 차이를 보인다.

34) 양정심, 2008, 『제주4·3항쟁: 저항과 아픔의 역사』, 선인, 120쪽.

35) 박찬식, 2008, 『4·3과 제주역사』, 각, 220쪽

36) 文京洙, 2008, 『済州島四·三事件―「島のくに」の死と再生の物語』, 平凡社, p.219.

37) 「제주4·3사건 진상규명 및 희생자 명예회복에 관한 특별법 일부개정법률안(의안번호:13015)」, 2021. 10. 28.

38) 고성만, 2021, 「4·3 '희생자'의 변용과 활용-무장대 출신자의 과거청산 경험을 사례로」, 『사회와역사』 129, 277쪽.

39) 제주/한국사회에서 '희생자'에 대한 사회적 논의의 장이 형성된 경우는 극히 드물다. 근래에 들어 개최된 학술토론회 '4·3 희생자 배제와 포용'(제주4·3연구소, 2019)과 '배제된 기억에서 내일의 역사로'(제주인권포럼, 2021)에서 관련 내용이 다루어지기는 했지만, 일회성 이벤트에 그쳐 버린 한계가 있다.

40) 대표적으로 "4·3의 책임을 공권력 행사에 저항한 제주도민에게 전가하고 3·1절 발포사건으로 인해 비등점으로 이른 도민들의 저항을 무시했다."(이재승, 2020a, 「4·3특별법의 개정방향」, '4·3특별법' 개정을 위한 토론회 자료집, 15-16쪽)는 지적을 꼽을 수 있다.

41) 「제주4·3사건 진상규명 및 희생자 명예회복에 관한 특별법 일부개정법률안(제주4·3사건 진상규명과 희생자 명예회복 및 보상 등에 관한 특별법안)」, 2017. 12. 18. 강조는 필자가 한 것이다.

42) 한편, 개정법률안이 발의되자 곧바로 '제주4·3진실규명을 위한 도민연대 준비위원 일동' 명의의 성명 '제주4·3사건진상규명 및 희생자명예회복에 관한 특별법 전부개정 법률안에 대한 우리의 입장'(2018. 01. 19.)이 발표되기도 했다. 주요 내용은 다음과 같다. "4·3특별 법 개정안에는 제주4·3의 정의를 '경찰과 서북청년회의 탄압에 대한 제주도민의 저항'으 로 미화되고 있다. 그러나 제주4·3에 대한 역사적 정의에서 '대한민국 건국을 반대하여 일으킨 남로당 공산주의자들의 폭동'이라는 진실을 묻어서는 안된다. (…) 4·3특별법으 로 무고한 희생자를 위무하고 화해와 상생을 이루어내려면 우선 4·3의 성격과 정의를 논 의한 후 도민의 합의와 국민의 동의를 얻어 법 개정에 나서는 것이 제대로 된 절차이다."

43) 이재승, 2020, 「검토의견: '제주4·3사건법' 전부개정안」, 『제주4·3사건 진상규명 및 희생자 명예회복에 관한 특별법 전부개정법률안 공청회 자료집』, 3쪽.

44) 「제주4·3사건 진상규명 및 희생자 명예회복에 관한 특별법 전부개정법률안(의안번 호:2102388)」, 2020. 7. 27. 강조는 필자가 한 것이다.

45) 이재승(2020), 앞의 글, 3쪽.

46) 「제주4·3사건 진상규명 및 희생자 명예회복에 관한 특별법(법률 제17963호)」, 2020. 1. 12. 제정. 강조는 필자가 한 것이다.

47) 「제주4·3사건 진상규명 및 희생자 명예회복에 관한 특별법 전부개정법률안(의안번 호:2102388)」, 2020. 7. 27. 발의.

48) 특히 여당과 야당, 시민사회 측이 제시한 법률안 간의 절충과 타협점을 찾고 합의점을 도 출하는 일이 난항에 부딪혔다. 1999년 11월 제주 출신의 여당(한나라당) 국회의원인 변 정일이 4·3특별법안(4·3사건 진상규명 및 희생자 명예회복에 관한 특별법안)을 발의했 다. 제2조(용어의 정의) 1항에서 '1948년 4월 3일 기점으로 제주도 전역에서 발생한 소요

사태 및 그 진압 과정'으로 명시했다. 시민사회 진영(4·3범국민위원회)에서도 '제주4·3피해배상등에 관한 특별법(안)'을 발표했고, '제2조(정의) 1항'에서 사건을 '1947년 3월 1일부터 1953년 7월 27일까지 제주도에서 일어난 무력 충돌과 사태 진압과 관련하여 미군정 경찰, 미군정 국방경비대, 국군, 경찰, 미군 그리고 서북청년단 및 기타 민간단체에 의하여 정당한 이유 없이 주민들이 피해를 입은 사건'으로 정의했다. 여당(새정치국민회의)은 뒤늦게 시민사회 진영의 안을 대폭 수용하여 '제주4·3 진상규명 및 희생자 명예회복에 관한 특별법안'을 제안했다. 여기서 사건은 '1947년 3월 1일부터 1954년 9월 21일까지 제주도에서 빚어진 무력 충돌 및 진압 과정에서 주민들이 희생당한 사건'으로 정의됐다. 법안 심사소위원회에서 최대의 논쟁점은 4·3의 정의 규정에 관한 것이었다. 한나라당 안은 사건의 정의를 간결하게 정리하고 1947~48년의 상황을 '소요사태'로 규정했다. 그럼으로써 사건의 정의를 단순하게 규정해서 논란의 불씨를 남겼다. 이에 대해 변 의원은 특별법의 국회 통과를 최우선 목표로 두어 불필요한 이념 논쟁을 피하기 위한 조치였다고 밝혔다. 반면, 범국민위는 가해 집단을 구체적으로 명시했지만 1947~48년 상황에 대한 판단을 생략했다. 국민회의는 가해 집단을 구체적으로 명시하지도 않았고, 47~48년 상황에 대한 입장도 보류했다. 4·3의 기점을, 한나라당은 '1948년 4월 3일로', 범국민위와 새정치국민회의는 '1947년 3월 1일'로 제시했다. 4·3의 기점을 어디로 볼 것인가의 문제는 4·3의 이데올로기적 성격 규정과 연관된 것이라고 할 수 있다. 4·3이라는 역사적 과정에서 1948년 4월 3일에 일어난 무장봉기만을 떼어내어 4·3을 규정하려는 태도는 과거와 마찬가지로 4·3을 이념적 갈등 속으로 몰아넣어 주민들의 희생을 희석시키려는 것이 아니냐는 문제 제기와 연관되는 것이다. 이 논란이 확대된다면 4·3특별법의 제정이 좌절될지도 모르는 위기의 순간이었다고 할 수도 있다. 결국 이 논란은 '1947년 3월 1일을 기점으로 하여 1948년 4월 3일 발생한 소요사태 및 1954년 9월 21일까지 제주도에서 발생한 무력 충돌과 그 진압 과정에서 주민들이 희생당한 사건'으로 정의하는 것으로 조정되었다. 한편, 법안 심사 과정에서는 '정의' 조항 외에도, 4·3추념일 관련 규정과 재심특례 관련 규정, '제주

4·3평화인권재단' 관련 규정도 삭제됐다(고호성(2017), 앞의 글, 527~565쪽; 양조훈, 2017, 「4·3특별법 제정 운동」, 『제주4·3 70년 어둠에서 빛으로』, 제주4·3평화재단, 478~523 쪽). '정의'를 제외하고 제정 과정에서 삭제된 조항들은 훗날 개정 작업을 통해 모두 조문에 반영됐다.

49) 4·3특별법 개정을 위해 2004년 9월 '제주4·3특별법 개정을 위한 도민 대토론회'가 열렸고, 이 자리에서도 2000년 제정법의 '제2조(정의)'를 개정해야 한다는 의견이 개진됐다. 양동윤(제주4·3도민연대 공동대표)은 "'정의' 부분은 정부에 의한 공식 조사 이전에 만들어진 '정의'입니다. 다시 말씀드리면, 4·3이 어떻다는 정의가 이루어지기 이전에 만들어진 정의라는 것입니다. 그래서 4·3이 소요사태로 기재되고 있습니다. 4·3특별법이 제정되고, 진상조사보고서가 작성되고, 또 대통령의 공식사과가 이루어졌다면, 4·3에 대한 정의는 반드시 다른 내용으로 채워져야 됩니다. 소요사태로 규정되고 있는 한 진상과 명예가 어떻게 규정이 된다는 것입니까?"라고 제안했다. 이에 대해 개정법률안 초안을 작성한 강창일(당시 국회의원)은 "목적·정의 부분 역시, 이 법에서는 고칠 수가 없습니다. 왜냐하면, 그 목적·정의에 따라서 이 법이 진행되었기 때문입니다."라고 답변했다(제주4·3연구소, 「제주4·3특별법 개정을 위한 도민 토론회」, 『4·3과 역사』 4, 각, 2004, 117-152쪽.). 문성윤(변호사) 역시 정의 조항의 수정을 제안했다. "특별법 제정 당시에는 그 실체적 진실들이 상당 부분 밝혀지지 않은 상태에 있었고 또한 입법과정에서 어느 정도의 정치적인 타협이 있었다는 것도 배제할 수 없는 현실이었다. 그러나 그 후 진상조사보고서가 작성이 되고 각종 자료가 다시 발굴되면서 입법 당시와는 다르게 좀 더 사안의 실체에 대하여 접근된 상황이 되었다. 그럼에도 4·3특별법 개정안에 그 부분이 반영되지 않은 것은 매우 유감이라고 하지 않을 수 없다"(문성윤, 2006, 「4·3특별법의 주요 내용과 성격」, 『4·3과 역사』 6, 각, 160쪽). 그러나 2007년 일부개정에서도 '2조(정의)'는 심의 대상에서 제외됐다.

50) 「오영훈 의원, 4·3 특별법 어떻게 되고 있나?」, 제주도민일보 2021. 1. 11.

51) 양조훈, 「우리는 또다시 해냈습니다」, 제민일보 2021. 3. 2.

52) "정부 쪽에서 난색을 표했습니다. '정의부터 다투게 되면 끝이 없을 것이다.'라며 지레 겁을 먹고, 정의 작업에서는 우리가 후퇴를 감수했다고 말씀을 드리고 싶습니다.", 이재승 (건국대) 교수의 강연 '제주4·3특별법의 역사적 민주성'('육지사는제주사름' 주최, 2021. 3. 27.)에서의 발언.

53) 제주4·3희생자유족회 성명서, 2021. 2. 26.

54) 제주도에 따르면, '보상금'은 22년 12월 31일까지 '희생자' 1,009명에게 625억 원 지급을 완료했으며, 23년에는 1월부터 6월까지 2,500명에게 지급할 계획이다. 제주도 특별자치 행정국 보도자료, 「4·3사건 희생자 보상금 1차 신청자 70% 심사 마무리-22년 1차 보상금 신청지 중 제주실무위원회 95%, 중앙위원회 70% 심사-」, 2023. 1. 12.

55) 「제주4·3사건 진상규명 및 희생자 명예회복에 관한 특별법 일부개정법률안(의안번호:13015)」, 2021. 10. 28.

56) 행정안전부(2021), 앞의 글.

57) 정부는 "균분 지급 방안은 4·3사건이 70년 이상 지난 사건임을 감안할 때, △소득증빙 곤란 △임금통계의 정확성 미흡 △차등지급으로 인한 공동체 갈등 우려 △집단 희생 보상을 통한 공동체 회복이라는 입법취지를 고려하고, △희생자 및 유족의 의견을 존중한 결과"라고 밝혔다. 행정안전부(2021), 앞의 글.

58) 정한샘, 2022, 「제주4·3사건 진상규명 및 희생자 명예회복에 관한 특별법」상 유족의 범위와 보상금 수령권자에 대한 검토」, 『법조협회』 71-6, 415-447쪽.

59) 2022년 3월 18일, '제주4·3을생각하는모임·오사카' 제공. '제주4·3을생각하는모임·오사카'의 설립 배경과 활동에 관해서는 6장을 참조할 만하다.

60) 제주4·3위원회 실무위원장이기도 한 제주지사가 일본에 거주하는 유족들을 만난 자리에서도 같은 내용이 재확인됐다. "오영훈 제주도지사는 이어 '외교부와 협의해 주오사카 대한민국 총영사관에서 피해 신고나 보상금 신청에 관련한 증명서 발급 및 접수가 가능하도록 방법을 찾아보겠다.'며 고 약속했다." 제주도 관광교류국 보도자료, 「4·3 정의로운

해결 재일본 희생자·유족 소외 안 돼"-오영훈 도지사, 통국사 위령비 참배 및 유족 간담회 개최」, 2023. 1. 30.

61) 이 외에도 '희생자와 유족의 권리'(3조), '제주특별자치도 주민의 의사'(3조), '안전보장'(11 조)과 같은 용어가 새롭게 추가됐다.